超大城市群协同发展研究丛书

全球城市区域协同创新战略研究

叶玉瑶　吴康敏　王长建　王翔宇　编著

科学出版社

北　京

内 容 简 介

本书是关于全球城市区域协同创新理论方法及案例的综合性研究著作。本书梳理了区域协同发展的内涵与协同创新的理论体系，重点研判了全球创新格局变化及对区域创新转型的影响，借鉴了典型全球城市区域协同创新的发展经验，并重点研究了珠江三角洲城市群协同创新的现实基础、地理格局、网络关系及创新探索。

本书适合从事区域战略、产业创新等相关管理和研究的各级政府部门、科研机构、高校及行业组织等人员阅读。

审图号：GS 京（2023）0696 号

图书在版编目（CIP）数据

全球城市区域协同创新战略研究 / 叶玉瑶等编著. —北京：科学出版社，2023.4

（超大城市群协同发展研究丛书）

ISBN 978-7-03-074838-6

Ⅰ. ①全… Ⅱ. ①叶… Ⅲ. ①城市管理－区域管理－研究－世界 Ⅳ. ①F299.1

中国国家版本馆 CIP 数据核字（2023）第 023846 号

责任编辑：郭勇斌 彭婧煜 杨路诗 / 责任校对：杨 赛
责任印制：张 伟 / 封面设计：刘 静

科学出版社 出版
北京东黄城根北街 16 号
邮政编码：100717
http://www.sciencep.com

北京中石油彩色印刷有限责任公司 印刷
科学出版社发行 各地新华书店经销

*

2023 年 4 月第 一 版 开本：720 × 1000 1/16
2023 年 4 月第一次印刷 印张：13 1/2 插页：8
字数：272 000

定价：98.00 元

（如有印装质量问题，我社负责调换）

丛书序

随着城市化进程的推进，城市空间、产业和人口规模不断扩展，相邻城市之间的联系日益增强，形成相互依存、合作紧密的城市群。城市群是资源要素高度集中的城市连绵区域，已成为经济、社会和科技发展的重要引擎。纽约、旧金山、伦敦、巴黎和东京等国际大都市，辐射带动了其周边不同等级规模的城市，形成特色鲜明、一体化程度高的城市群，在全球经济发展中具有重要地位。进入21世纪以来，我国逐步形成京津冀、长三角、珠三角三个特大城市群，成渝、长江中游、山东半岛、粤闽浙沿海城市群、中原、关中平原、兰州-西宁、北部湾等不同规模的城市群也逐步纳入国家发展规划。实施城市群战略有利于推动区域协调发展，形成新发展格局，实现“双碳”目标，从而提升城市化质量和城市群竞争力。

《粤港澳大湾区发展规划纲要》明确提出“建设世界级城市群”（珠三角城市群），促进区域协调发展。珠三角城市群是典型的超大城市群，由广东省9市和香港、澳门特别行政区共11个城市组成，经济社会密度高，创新要素集聚，产业体系完备，经济互补性强，区位和集群优势明显，国际化程度高，经济体量大，在我国发展大局和世界经济格局中均具有重要地位和作用。响应国家需求，强化城市协同，破解合作难题，向更高水平迈进，是珠三角城市群的内在发展需求和必要使命担当。如何充分利用独特的体制机制优势，破除障碍因素，促进市场互联互通、资源合理配置、治理合作协同是珠三角城市群发展面临的重要课题，需要政界、业界和学界共同努力，深入探究，破局求解。在数字技术和经济迅速发展的今天，通过数字湾区建设，强化珠三角城市群在数字空间、网络空间的融合是推进区域一体化协同发展的重要路径。基于立体感知、深度分析和智能优化技术的应用，有利于整合珠三角城市群的土地、人口、科技、经济、基础设施等资源，推动构建完整协调的产业生态链，降低企业的运营和创新成本，提升城市群综合竞争力，促进珠三角城市群经济、社会和环境的可持续发展。

深圳大学联合广东省科学院广州地理研究所、香港理工大学深圳研究院、中国科学院自动化研究所、广东省土地调查规划院、中山大学、广东省国土资源技术中心、北京高德云图科技有限公司、中电科新型智慧城市研究院有限公司、深圳市城市规划设计研究院股份有限公司9家单位，承担了国家重点研发计划“物联网与智慧城市关键技术及示范”专项项目“粤港澳大湾区城市群综合决策和协同服务研究与示范”（项目编号：2019YFB2103100）。研究团队聚焦珠三角城市群综合决策和协同管理服务需求，解析国内外城市群协同发展的规律与机理，构建珠三角城市群协同发展理论框架，制定数字化治理、网络化服务、智能化协同技术标准；探索面向城市群空间协同的多源（元）数据治理、集成分析、优化决策等关键技术，提出综合决策和协同服务范式，构建珠三角城市群综合数据一体化管理平台。通过近 3 年的合作研究，项目组取得一系列可喜的创新成果。“超大城市群协同发展研究丛书”是部分研究成果的总结，涉及珠三角城市群协同创新、发展状态感知与计算、综合模拟与优化、协同发展场景规划等内容。本人希望并相信，丛书的出版能够引起各界的广泛关注、讨论和思考，为珠三角城市群发展和国家城市群战略的实施提供有益的理论和方法参考及支持。

郭仁忠
中国工程院院士
深圳大学智慧城市研究院
2023 年 3 月

前　言

全球城市区域是指在全球化高度发展的今天，以经济联系、人员流动、生产网络组织等为基础，由全球城市及其腹地区域联结而成的巨型城市区域。全球城市区域已经成为新时期全球竞争的重要地域单元，创新、资本、高科技人才高度集聚于旧金山湾区、纽约湾区、东京湾区、京津冀、长三角等巨型城市区域地带。

2019 年，中共中央、国务院发布了《粤港澳大湾区发展规划纲要》，作为一个纲领性的文件，此纲要明确了粤港澳大湾区（即珠三角城市群）未来的主要发展方向，其中，具有全球影响力的国际科技创新中心是珠三角城市群的五个战略定位之一。在创新发展方面，珠三角城市群的重点在于瞄准世界科技和产业发展前沿，加强创新平台建设，大力发展新技术、新产业、新业态、新模式，加快形成以创新为主要动力和支撑的经济体系；扎实推进全面创新改革试验，充分发挥珠三角城市群科技研发与产业创新优势，破除影响创新要素自由流动的瓶颈和制约，进一步激发各类创新主体活力，建成全球科技创新高地和新兴产业重要策源地。

珠三角城市群包含了珠江三角洲九个地级市以及香港、澳门两个特别行政区，这种独特的跨尺度区域的特点，使得它形成了迥异于京津冀、长三角、成渝城市群的独特的发展特色。从改革开放后的“前店后厂”式协同到 2003 年《内地与香港关于建立更紧密经贸关系的安排》（CEPA）签订后的区域制度整合一体化再到当前的全面融合发展阶段，珠三角城市群的一体化协同发展经历了数次转型，在当前世界面临“百年未有之大变局”的新形势下，如何推动珠三角城市群的协同创新发展，成为理论研究与政策研究的一个重点。

有鉴于此，在广东省科学院广州地理研究所的支持下，以笔者主持的国家重点研发计划课题“城市群协同发展理论与统筹机制”（课题编号：2019YFB2103101）、中国科学院学部咨询评议项目“粤港澳区域联动机制与优化对策”为基础，《全球城市区域协同创新战略研究》聚焦协同创新战略，从理论梳理、协同发展的新形势、协同创新的基础与网络结构、区域实践与制度创新等几方面进行了深入研究，以期为珠三角城市群未来的创新化发展转型提供理论与实证支撑。

本书由叶玉瑶、吴康敏、王长建、王翔宇共同主编，全书分为 7 章。第 1 章绪论由叶玉瑶、吴康敏主笔；第 2 章全球创新格局与趋势由叶玉瑶、王翔宇主笔；第 3 章典型全球城市区域协同创新案例研究由王长建、吴康敏主笔，林晓洁协助完成；第 4 章珠三角城市群协同创新的基础由叶玉瑶、吴康敏、许吉黎主笔，杜志威、王景诗协助完成；第 5 章珠三角城市群创新要素的地理格局由吴康敏主笔；第 6 章珠三角城市群协同创新的网络关系，其中协同网络测度部分由吴康敏主笔，领先企业全球价值链格局部分由王长建主笔，卢敏仪、陈静、罗皓、汪菲协助完成；第 7 章珠三角城市群的创新探索由王翔宇主笔，王景诗协助完成。全书统稿工作由叶玉瑶、吴康敏主导，刘郑倩、卢秦协助完成。

在本书的撰写过程中，广东省科学院广州地理研究所、深圳大学、国家重点研发计划“粤港澳大湾区城市群综合决策和协同服务研究与示范”项目组等单位、组织的领导和工作人员给予了极大的支持，广东省科学院广州地理研究所张虹鸥研究员、周成虎院士、科学出版社编辑为本书的出版倾注了大量时间与心血，在此一并致谢。

叶玉瑶

2022 年 7 月 1 日

目　录

第1章 绪 论

本章首先介绍了新时期全球城市区域协同发展的内涵，然后从多尺度创新系统、创新生态系统、知识链接与生产链接等几个方面梳理了区域协同创新的相关理论与研究进展。在此基础上，进一步从理论研究与区域发展实践上明确了推动珠三角城市群协同创新的重要意义。

1.1 新时期全球城市区域协同发展的内涵

随着全球生产范式从福特主义向后福特主义的转型与信息技术对时空的压缩，知识、资本逐步取代传统的生产要素，要素的集聚与扩散开始超越城市尺度，全球城市区域已经成为新时期全球竞争的基本空间单元之一（Wu et al.，2021）。在复杂的全球化进程中，实现全球城市区域的协同式发展是提升区域竞争力的核心，因而，协同能力的提升成为经济全球化背景下区域发展的主要目标（符文颖和杨家蕊，2020；贺灿飞等，2014）。目前，以旧金山湾区、纽约湾区、东京湾区为代表的国际性湾区是全球城市群发展的成功典范，是高度创新化且具有全球影响力的湾区经济体。这些湾区已成为全球经济发展的核心增长极和创新策源地。据世界银行的数据显示，全世界约60%的经济总量来自海湾地带及其直接的经济腹地（张燕，2017）。由此可见，国家或区域间的竞争，实际上是以全球城市区域为龙头的“创新区域”间的竞争。

具体到中国而言，京津冀、长三角、珠三角城市群等也是典型的全球城市区域。其中，珠三角城市群已具备建成国际一流湾区的基础条件（张燕，2017），当然，其创新发展水平仍然与世界三大湾区存在差距（张虹鸥等，2018）。在创新能力已成为湾区进一步提升全球竞争力和影响力的关键因素的今天，推动珠三角城市群的协同发展是将珠三角城市群打造为世界级城市群的重要战略路径之一（刘毅等，2020；王云等，2020）。

珠三角城市群包括珠三角九市（广州、深圳、珠海、佛山、东莞、惠州、中山、江门、肇庆）和香港特别行政区、澳门特别行政区（图1-1），是当前中国乃至全球人口最为稠密的城市群之一。改革开放以来，珠三角地区的制造业迅速发展，目前在电子、家用电器、电信和计算机设备、玩具、钟表、照明设备、服装、鞋类、塑料、陶瓷等领域形成了全球领先的产业集群，港澳则在生产性服务业、

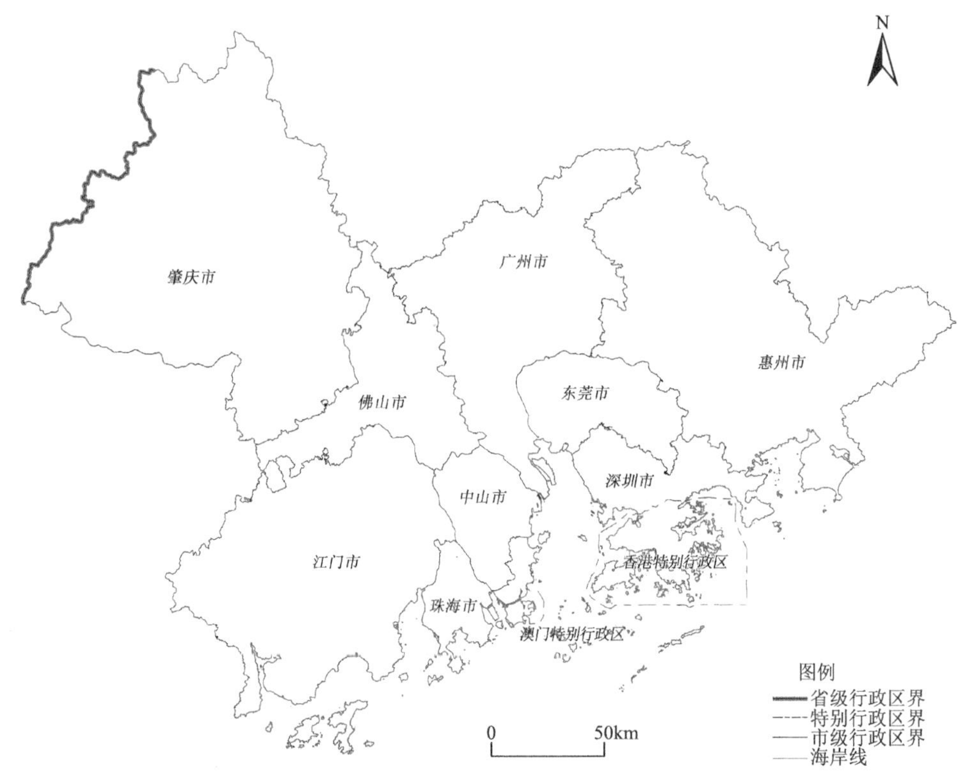

图 1-1　珠三角城市群行政范围图（后附彩图）

旅游与博彩业方面闻名全球（Bie et al.，2015）。珠三角城市群的崛起源于港澳和珠三角地区成功的战略耦合（Yang，2012）。然而，劳动力、土地等生产要素价格的上涨与全球贸易环境的改变，使得珠三角地区原有的发展模式面临严峻的挑战。2008 年发布的《珠江三角洲地区改革与发展规划纲要（2008—2020 年）》指出珠三角地区的发展存在着产业层次总体偏低、产品附加值不高、贸易结构不够合理、创新能力不足、整体竞争力不强等问题。珠三角地区的崛起速度快，但却一直处于全球价值链（global value chain）的末端（李郇等，2009）。2008 年起，“转型升级”开始成为各级政府发展的重要路径。2016 年 3 月，国务院印发《关于深化泛珠三角区域合作的指导意见》，提出打造珠三角城市群，构建以珠三角城市群为龙头，以珠江-西江经济带为腹地，辐射东南亚、南亚的重要经济支撑带。随后，珠三角城市群被纳入国家顶层设计。2017 年 10 月，党的十九大报告再次明确“以粤港澳大湾区建设、粤港澳合作、泛珠三角区域合作等为重点，全面推进内地同香港、澳门互利合作”。2019 年 2 月，中共中央、国务院发布了《粤港澳大湾区发展规划纲要》，旨在将珠三角城市群打造成比肩旧金山湾区、纽约湾区、东京湾区的世界级湾区。此纲要明确指出了珠三角城市群的五大战略定位，其中之一就是“充满活力的世界级城市群”；在创新空间的打造上，提出了“广州-深圳-香港-澳门”科技创新走廊的概念，“协同发展”成为该纲要的核心理念之一。国家知识产权局数据表明，2019年珠三角城市群的专利申请数约占全国的15%，这一数据超过了全国的主要城市群，“创新驱动”已成为珠三角城市群当前发展阶段的显著特征（张虹鸥等，2018；刘毅等，2019；叶玉瑶等，2020）。珠三角城市群具有独特的优势（叶玉瑶等，2020），主要体现在：第一，珠三角城市群具有独特而重要的区位条件，对内衔接国内经济腹地，对外面向东南亚及全球，是“一带一路”与国内国际双循环的战略支点，在全国经济格局中具有重要地位；第二，珠三角城市群之间优势互补，制造业（珠三角九市）和生产性服务业（港澳）发达，形成了“世界工厂＋全球服务中心”的格局，具备区域联动发展的基础；第三，珠三角城市群之间的科技资源优势互补，创新要素高度集聚。这些优势都有利于珠三角城市群实现更高程度的协同发展。

珠三角城市群以“前店后厂”（front shop，back factory）的模式起步，随着生产要素瓶颈的出现，需要寻求新的发展方式以提升其在全球价值链中的位置，推动“协同发展”自然成为其战略路径。珠三角城市群的发展历程及其特殊的制度背景，使其成为创新地理学研究中具有典型案例价值的研究区域。更为重要的是，珠三角城市群的制度特点使其创新发展既具有西方经济地理学刻画的市场灵活性，也具有中国特色发展的计划与统筹特征（安宁等，2018；钟韵和胡晓华，2017）。近年来，中美贸易摩擦不断出现、新型冠状病毒肺炎疫情[①]带来的不确定性、复杂的全球化新形势都对珠三角城市群发展提出更大的挑战（刘卫东，2020）。在这样的背景下，珠三角城市群更需贯彻创新驱动发展战略，推动协同发展，使“9＋2”的城市功能配置更合理，最大化释放生产潜力，以应对当前出现的新形势新问题。

协同，英文为collaboration、synergy、coordination或cooperation，意为相互配合、齐心协力（何郁冰，2012）。“协同”最早是作为系统论中的概念，强调子系统间的合作、协调，以达到系统功能大于各子系统功能之和的结构优化状态（袁莉，2014）。因而，“协同”强调的是子系统间、各要素间的相互作用与有机整合，既包含了协同合作，也包含了有序竞争，这些共同构成了系统的演化动力，通过这种相互作用，推动系统产生新的结构与新的功能，从而产生系统性的整体效应，达到“一加一大于二”的效果，形成更好的发展态势（袁莉，2014）。

推动城市群的协同发展是新时期地理学研究关注的重点议题。区别于20世纪初福特主义下城市经济是国民经济的增长引擎，新一轮生产范式的转型与信息技

① 2022年12月26日，国家卫生健康委员会发布公告，将新型冠状病毒肺炎更名为新型冠状病毒感染。本书将因新型冠状病毒而起的疫情称为新冠疫情。

术对时空的压缩，使得知识、创新、资本与信息取代了传统的生产要素，传统的“地方空间”（space of place）正在被“流空间”（space of flow）所取代（方创琳，2014）。这种新的形势推动了城市群崛起，为新的资本积累空间单元。在国家空间发展战略上，城市群也被视为推进新型城镇化与新经济增长极的重要空间载体。在 2013 年 12 月召开的中央城镇化工作会议上，优化城镇化布局和形态被视为推进城镇化的主要任务之一，京津冀、长三角、珠三角被视为三大国家级城市群，重点打造为全国的经济增长极。由于城市群涵盖了多个城市主体与产业、生态、交通、市场等多个子系统，加上城市间行政壁垒的存在，如何推动城市群的协同发展成为推动新一轮增长所需要解决的关键科学问题。

城市群的协同发展是指城市群内各城市间、各子系统间高效协作、功能互补、合作共生，从而形成一个协同有序的城市系统（方创琳，2017）。城市群是一个复杂的系统，其协同发展涉及了不同的维度，国内外学者也对城市群的协同发展提出了诸多框架解释，代表性的学者如方创琳（2017）在针对京津冀城市群的协同发展研究中提出，城市群的协同发展需要实现规划、交通、产业、城乡、市场、科技、金融、信息、生态、环境共 10 方面的协同（图 1-2）。其中，产业协同是城市群协同发

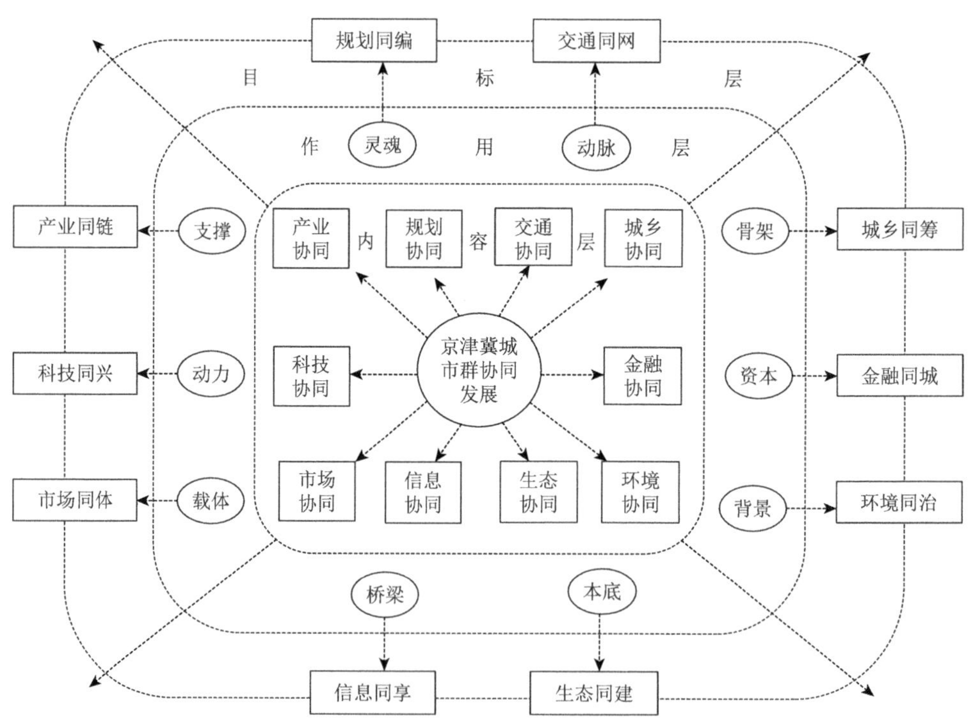

图 1-2　京津冀城市群协同发展的科学内涵

资料来源：（方创琳，2017）

展的基础，城市群发展必须发挥城市特色，深化城市间分工，在城市群内部形成系统化、链条化的产业体系，将城市群打造为产业同链的“经济共同体”。

在此基础上，本书结合新时期珠三角城市群协同发展的阶段特征，提出从5个维度理解新时期珠三角城市群协同发展的内涵（图1-3）。这5个维度涵盖了影响新时期珠三角城市群协同发展的关键领域，以期为进一步开展珠三角城市群协同发展的实证研究提供系统性的分析框架。

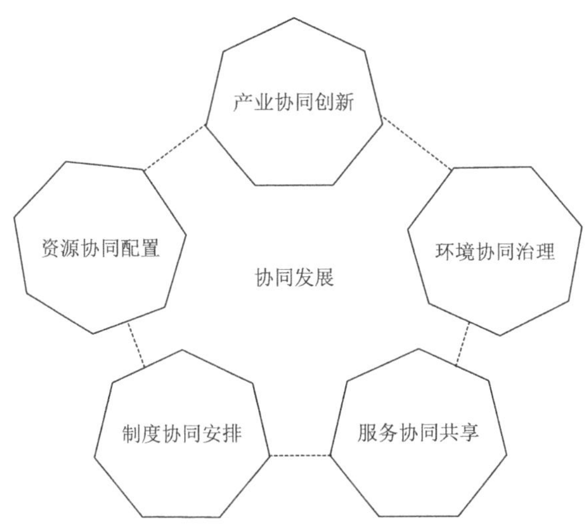

图1-3　新时期珠三角城市群协同发展的内涵

1. 产业协同创新

产业协同创新是实现珠三角城市群协同发展的关键，珠三角城市群作为涵盖“一国两制”、三关税区的独特跨境区域，在产业协同创新方面具有制度互补优势。通过产业协同创新共建国际科技创新中心，一方面有利于放大香港、澳门在基础研究、人才培养、现代金融和知识密集型服务以及国际化水平等方面的优势和影响力，帮助珠三角城市群企业、技术和标准“走出去”，与全球创新网络深度融合；另一方面，通过港澳与广东实体经济之间的互动以延伸产业链和创新链，开拓更加广阔的市场空间，将有利于保持港澳长期繁荣稳定，促进香港、澳门融入国家发展大局。然而，在“一国两制”框架下，珠三角城市群在人才、资金、技术等创新要素上仍然难以实现高效跨境流动，导致创新要素“聚而不联”，无法充分释放区域协同创新的巨大潜力。因此，迫切需要探索珠三角城市群协同创新的制度突破，从跨境区域创新体系、企业多尺度创新网络和创新价值链联动等理论视角研究珠三角城市群协同创新的机制与路径。

2. 环境协同治理

随着区域一体化的深入，珠三角城市群环境污染问题更加趋于区域性、复杂性和整体性。环境污染的负外部性，使污染企业和污染物排放更多地向城市边界区域集聚（Konisky and Woods，2010；Duvivier and Xiong，2013），环境污染的边界效应显现，特别是广佛交界、深莞交界等区域的问题更为突出（周沂等，2014；沈静等，2019）。因此，以政府为治理主体的跨界合作与行政边界地区环境污染治理逐渐成为环境协同治理的核心议题。然而，由于珠三角城市群环境治理各成体系，在治理模式、执行主体、规制对象、执法途径、监管标准上均存在显著差异（潘泽强等，2019），在很大程度上限制了环境协同治理与生态建设合作的广度和深度。因此，需要从多尺度推进跨区域环境协同治理、多元主体参与推进环境协同共治、多方合作构建环境治理统筹机制、多领域拓展环境协作内容等方面推进珠三角城市群环境协同治理以及相关议题的研究（许堞和马丽，2020）。

3. 资源协同配置

资源协同配置是实现珠三角城市群协同发展的基础，其涵盖的领域较广，既包括土地、水等主要自然资源的协同配置，也包括空港、海港、铁路等交通资源的协同配置。尽管资源类型不同，协同模式和路径大相径庭，但其内涵却是一致的，即发挥各区域、各行业或各主体的比较优势，将资源统筹配置到最急需、最高效的地方，以实现区域资源利用和产出效率的最大化。以港口资源的协同配置为例，珠三角城市群港口密集，目前已形成以香港港、广州港、深圳港为核心，以珠海港、惠州港、东莞港等周边港口为支撑的港口群。然而，由于各港口以自然独立的方式各自发展，高效协同共生的港口群尚未形成，其重复建设、资源分散、同质竞争等问题严重削弱了珠三角城市群港口群的整体运营效率和竞争力。因此，迫切需要从港口码头运营的微观层面研究主导经营港口的企业、集团以及治理港口发展的政府等多元行动主体之间的互动关系，为实现珠三角城市群资源协同配置提供科学依据。

4. 服务协同共享

跨境公共服务往往需要克服制度差异和应对文化冲突，是公共治理中的难题。特别是珠三角城市群在“一国两制”框架下，实行不同的社会制度，分属三个关税区以及不同法域，在目标协同、权力共享和规范对接等方面面临更大挑战，跨境公共服务合作治理的任务更加艰巨。尽管近年来珠三角城市群在推进基础设施互联互通、社会民生服务共建共享、社会保障领域沟通合作、共建优质生活圈等方面不断探索，但跨境公共服务的衔接标准尚未真正建立。珠三角城市群在就业保障制度、职业资格认证体系、医疗保障体系、医药准入标准、税制税率等方面还存在明显差异。因此，亟须出台国家层面的协调战略并建立区域性协调机构，促使治理主体跨越行政边界，建立各级政府联动、多元主体参与的跨区域、跨境合作治理架构（张紧跟和唐玉亮，2007；汪伟全，2014），从而形成网络化的治理体系（锁利铭等，2013）。通过不同行政层级、跨区域和跨部门的多元主体在区域协同治理共商共事，形成灵活有效的服务协同共享局面（申剑敏和陈周旺，2016）。

5. 制度协同安排

制度协同是区域协同发展的重要维度与机制保障（Zhang and Wu，2019）。在“一国两制”框架下，制度协同安排对于珠三角城市群协同治理意义重大。恢复对港澳行使主权以来，中央政府以及粤港澳三地政府围绕珠三角城市群合作推行了一系列制度安排，主要包括联席会议制度、经贸协定、联合规划的研究与制定、跨境区域共同开发、设施共建共享等（刘云刚等，2018；Zhong and Su，2019），在推进区域经济一体化进程中发挥了重要作用。随着珠三角城市群进入国家顶层设计，中央政府开始在区域经济一体化中起到更加突出的作用，珠三角城市群区域经济一体化向市场引导、制度整合、国家干预和尺度重组共同作用的区域全方位融合一体化转变（陈广汉等，2017；李郇等，2018；张虹鸥等，2018；刘毅等，2019；Zhong and Su，2019；Li et al.，2021；Liu and Shi，2021）。其间，无论是以《粤港澳大湾区发展规划纲要》为代表的区域规划出台，还是以中国（广东）自由贸易试验区（以下简称“广东自贸区”，包括广州南沙新区、深圳前海蛇口和珠海横琴新区 3 个片区）、横琴粤澳深度合作区、前海深港现代服务业合作区等为代表的一系列特别合作区的制度设计，无不体现出国家意志主导下中央政府与粤港澳三地政府之间的多尺度制度建构过程（Chao and Lin，2020）。只有在深刻理解珠三角城市群制度建构的空间多尺度性、多元主体复杂性的基础上，才可能发掘实现珠三角城市群协同治理的有效路径。

其中，城市群协同创新是城市群实现协同发展的关键维度。协同创新指的是系统性的创新组织方式（陈劲和阳银娟，2012）。在概念理解上，可以分为两个维度，一个维度是从管理学视角理解的协同创新，即创新要素的组织方式，在此概念下，协同创新的关键在于实现创新主体（高校、科研院所、企业等）、政府、中介机构、金融资本机构等多元主体协同的创新模式，通过多主体的深入合作与资源整合来产生大于简单系统叠加的效果。从这个维度上讲，协同创新在于创新要素与创新资源在系统内的高效流动与配置（陈劲和阳银娟，2012）。协同创新的另一个维度是从地理学视角的理解，即区域协同创新，在管理学视角上叠加了“空间”的视角，强调在一定地理边界内，结合地方特定的制度和社会网络背景，区域内创新主体、不同地理行政单元间的协同。城市群的协同创新即从地理学视角的概念出发，强调城市群系统内，特定的社会经济网络结构与制度背景下，区域创新系统的构建过程。通过实现多元创新主体的高效耦合和不同行政主体间的协调发展来实现创新要素的高效跨边界流动与多层次协同，最终实现城市群的创新效益最大化（叶林和宋星洲，2019）。

1.2 区域协同创新的相关理论

1.2.1 多尺度创新系统

地理学在“创新”的研究中引入了“空间”的概念，关注到了“创新”在空间分布上的不平衡特征。围绕“特定空间中的创新如何产生”这一关键科学问题，经济地理学发展出了产品生命周期理论、新产业地理、柔性专业化、创新环境、多维度邻近等多类型的概念和理论框架。随着对“创新产生”的解释的时空观从关注“集聚”与“多样性”到超越“地方”，创新研究开始更多关注多尺度的网络化关系如何推动知识的产生（张虹鸥等，2021）。

创新系统（innovation system）指的是在特定的地理边界范围内，由地理上相互关联分工的高校、科研院所、企业、政府机构组成的地方性组织系统（刘建丽，2014）。这个组织系统包含了生产结构与制度基础两个方面的内容，生产结构主要由区域内的各个产业集群构成，涵盖了集群内的支撑设施与企业，制度基础主要包含区域内各类制度性基础设施，包括研究机构、高校、中介机构与金融结构等（刘建丽，2014）。由于创新的地方嵌入性，多维度邻近、集聚、正式与非正式制度、社会关系网络等都对知识的创造与扩散发挥了巨大的作用，创新系统对区域内知识创造过程的描述突出了主体间知识溢出与地方性的影响。

创新系统是经济地理研究文献中重要的分支之一。学界普遍认为，“创新系统”这一概念的提出有助于研究者更好地理解在特定的空间中创新是如何产生的（Fagerberg，2006），这一概念超越了单一、同质的行为主体（actors），将行为主体置于更广泛的行动者网络中去考虑（Edquist，2006），并考虑了制度、知识与集群外部环境的重要性，集群之外的更广泛的环境属性开始受到关注（颜子明等，2018；邹琳等，2018；Kashani and Roshani，2019）。创新系统是理解城市群协同创新的重要工具之一。

创新系统的研究涵盖了多尺度概念，包括国家创新系统（national innovation system，NIS）和区域创新系统（regional innovation system，RIS）、技术创新系统（technological innovation system，TIS）和部门创新系统（sectoral innovation system，SIS）等。

国家创新系统被定义为一个知识创造系统，该系统决定了知识生产在政府与私营部门间的分配，创新来源于各种互动过程，各类创新要素在这种互动过程中扮演了重要的角色（Kashani and Roshani，2019）。国家创新系统的本质是将企业、高校与科研院所等创新主体融合为有机整体，通过相互协作以实现最大的创新绩效，因而，企业、高校与科研院所是国家创新系统的物质基础，而产业形态、市场导向等则是创新产生的关键要素，政府在推动市场与社会需求形成、推动方向性的技术演化中发挥着关键作用。国家创新系统在从国家尺度解释创新的产生与技术演化中有较强的解释力，然而也缺乏了区域尺度更微观的机制分析过程。

区域创新系统更适用于区域尺度的创新过程分析。区域创新系统分析方法基于以下概念，即随着经济增长方式的转型，区域竞争优势越来越依赖于创新能力，当现有知识在地方环境中不断重新配置并产生新知识时，区域便会产生创新，从而推动经济增长（Coenen et al.，2017）。依Cooke等（1997）所定义，区域创新系统是由知识开发系统相互间的知识探索与互动所构成，并且区域尺度的创新系统也与国家、全球尺度的其他创新系统相互联系，共同推进知识的演化与新知识、新技术的商业化。因而，区域创新系统被定义为通过以地方嵌入为特征的制度环境，区域中的企业与其他组织系统化地参与互动学习。从系统观的角度讲，区域创新系统强调了区域层面公共和私人主体（如企业、大学、研究机构、政府、供应商、消费者）之间的复杂互动，从构成看，它包含了系统组件，即各种创新的主体、创新要素、创新基础设施；系统链接，既包括创新主体间的知识链接，也包括不同尺度间创新系统之间的相互联系；系统边界则是一个尺度的划分概念，用以区分区域内外的知识参与者与知识链接（Coenen et al.，2017）。大量的研究案例支撑了不同地域系统具备不同类型区域创新系统的观点，创新系统分析方法已经发展成为一个被广泛采用的分析框架，为创新政策的制定创造了理论与经验分析基础（Lee and Lim，2001；Uyarra and Flanagan，2010），与区域政策制定紧密结合。无论是西方经济地理学界还是中国本土，都已经涌现了大量的理论与实证研究，这些研究通过对西方与中国的区域创新案例研究，极大推动了对创新与知识产生的区域机制驱动过程的理解（宋丽萍，2014；李习保，2007；曲然，2005；Fritsch et al.，2019）。

基于不同尺度，区域创新系统与国家创新系统也存在一定的差异（付淳宇，2015）（表1-1）。在边界上，区域创新系统具有相对开放性，而国家创新系统则有非常明确的国家行政边界；在要素流动上，区域内要素流动阻碍相对较少，基于地方增长联盟式的区域发展组织也在不断强化要素的流动性，而在国家创新系统中，要素的流动则会遭遇更多的行政边界与地域性的分割；在系统功能上，区域创新系统旨在推动并形成以区域优势产业为主、其余为辅的产业发展格局，而国家创新系统则需要更多考虑到领头羊产业与产业链的完整性，同时还需要重点围绕军事需求进行创新；在基础研究方面，不同尺度的创新系统也有非常大的差异，区域创新系统因为其不同的产业结构与发展背景，对基础研究的重视并不完全一致，而基础研究则是国家创新系统的发展基础。

表 1-1　区域创新系统与国家创新系统的对比

	区域创新系统	国家创新系统
边界	是以知识流动积聚为基础的开放性边界，不必然以行政区域为边界	具有明确行政边界
要素流动	创新要素可以自由流动	具有跨地区流动障碍
层次	中观层次	宏观层次
系统功能	以形成优势产业为主；服从国防要求	壮大优势产业，扶持弱势产业；必须进行军事创新
基础研究	选择性发展具有优势的基础研究	必须进行基础研究

资料来源：（付淳宇，2015）。

随着对创新系统分析尺度的不断下推，对于创新过程的分析也推动产生了技术创新系统与部门创新系统等分析框架，这些分析框架与国家、区域创新系统不同，框架中对于空间与尺度等地理学概念的关注更弱，它们继承了创新系统的分析思路，但更加关注某一类技术或者某一个生产部门的创新过程。

与区域创新系统的概念类似，技术创新系统被定义为一系列创新要素的集合，包括技术类型、技术创造的参与者、网络与制度特征，同样包含了系统组件、系统链接与系统边界三个层面的构成要素（Bergek et al.，2015）。

而对于不同部门创新绩效差异的关注则催生了部门创新系统的概念，关注“行为主体”“机构”“制度”三者的互动（Malerba，2004），部门创新系统的另一个理论版本是三螺旋模型（triple helix model）（Etzkowitz and Leydesdorff，2000），这个框架勾画了政府、行业和大学之间的互动。

1.2.2　创新生态系统

创新生态系统的概念发源于区域发展研究与管理学、经济学研究，与创新体系、创新系统等概念不同，在创新生态系统分析框架中，空间与边界并不是分析核心，取而代之的是，企业被置于分析核心地位（Donaldson，2021）。

创新生态系统的概念引入了生态系统概念，将创新的过程与生态学中的生态系统概念联系起来，认为创新的过程是创新要素不断随机选择与演变，从而最终产生结构化创新社群的过程（梅亮等，2014）。创新生态系统同样采用了系统观来描述创新的过程，以企业为分析主体，认为创新主体并非特指某类特定行业的企业，而是跨多行业的生态系统的组成部分，强调创新主体间的合作与竞争，通过不断迎合市场需求来达到产品或工艺上的创新。

创新生态系统与创新系统/创新体系的概念差异在于，创新系统强调系统内的组件构成、制度设计与创新系统间的联系，而创新生态系统更关注创新要素间、创新要素与创新环境间的竞合关系及动态过程。因而，创新生态系统的核心特征在于"共生与演化"（梅亮等，2014）。创新生态系统意指由创新主体（此处侧重强调企业）、市场、消费者以及外部的自然、社会经济环境所构成的系统，并侧重强调了这是一个由生产商、供应商、经销商、技术支持方与其他组织所共同构成的松散网络（梅亮等，2014）。一个健康的创新生态系统，将推动整体的社会经济以平台竞争为主，从创新要素独立发展向有序竞争、共生演化转变。

1.2.3　知识链接与生产链接

创新系统对于创新的关注局限于区域，该概念框架往往更关注地方（local）。随着创新的地域观转向关系观，网络（network）受到了越来越多的关注（司月芳等，2016）。Bathelt 等（2004）提出"本地蜂鸣与全球通道"（local buzz and global pipelines）概念框架（图 1-4），"本地蜂鸣"指地方"复杂的多层信息和通信生态"，

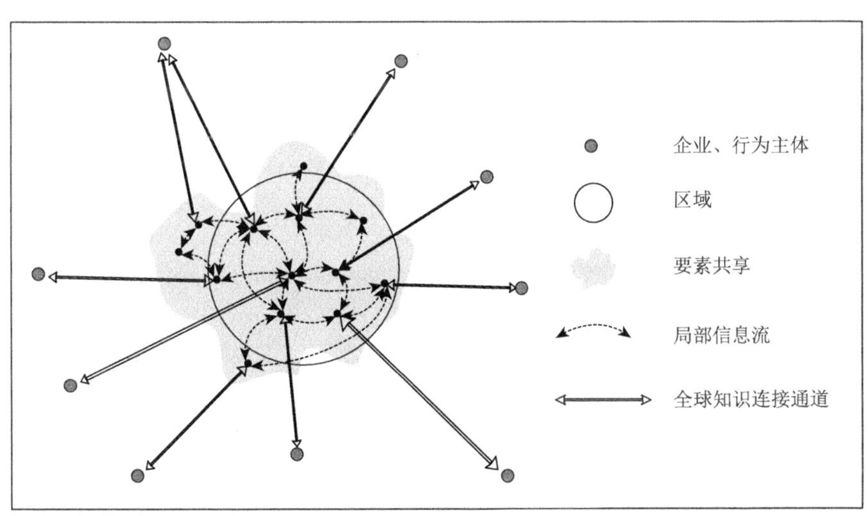

图 1-4　"本地蜂鸣与全球通道"的结构与动态

资料来源：（Bathelt et al.，2004）

强调地方集群本身与集群间的联系，这些局部集群通过各类通道（pipelines）与全球层面的其他地方集群相连，由此产生新的知识与创新。这个概念框架既强调了局部集群的交互，也强调了全球知识链接对于创新集群的重要意义，是“创新”研究在范式上的一大推进。

全球生产网络（global production network，GPN）则侧重于强调全球生产链接，全球经济地理的重塑是由 GPN 的出现推动的，GPN 是跨越空间的生产、分配和消费的组织和地理网络的复杂交织，旨在创造、增强、捕获或有时摧毁相关行为者的物质价值（图 1-5）。GPN 方法将跨国公司的作用和影响置于领土（territories）之上，作为更广泛的“全球组织的互联功能和运营关系的一部分，通过企业和非企业机构生产和分配商品和服务”（Coe et al.，2004）。与 20 世纪 90 年代占据主流话语体系的“新区域主义”（new regionalism）方法不同，GPN 方法除了对区域内的社会和制度条件的关注外，也关注到区域外的联系。因此，GPN 研究倾向于以“全球化”视角来看待区域发展，将“区域”视为“一系列网络连接的集合”（Coe et al.，2008）。

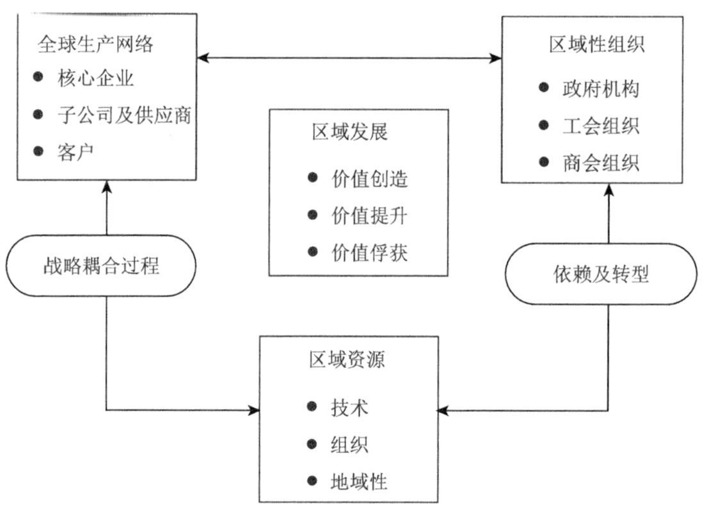

图 1-5　全球生产网络研究框架

资料来源：（Coe et al.，2004）

从 GPN 的角度来看，区域发展是 GPN 与区域资产之间“战略耦合”（strategic coupling）的结果（Coe et al.，2008）。区域资产为区域发展提供了重要资源，但必须由区域机构利用，以“补充位于全球生产网络内的跨地方行动者的战略需求”（Coe et al.，2004）。区域机构的作用是通过塑造和调整区域资产配置以满足主要公司在 GPN 中的需求来促成战略耦合的形成。战略耦合的核心概念突出了关系资产与 GPN 中领先企业的战略需求相匹配的动态过程，区域机构在此过程中发挥着关键作用。GPN 的视角解释了全球化与区域变化之间的关系。此外，“战略耦合”的概念进一步丰富了 GPN 理论框架，该概念强调，创新空间的形成是地方企业在战略上与 GPN 中的领先企业结合，以实现有效创新的结果。

1.3 珠三角城市群协同创新的重要意义

实现协同创新，是推动珠三角城市群创新化发展转型的关键。现有理论与实证研究普遍认为，珠三角地区崛起与“前店后厂”模式，这种与港澳由于多维度邻近而促成的成功的战略耦合，是珠三角城市群经济起飞的关键。然而，原有的粗放型的发展模式一直以来也受到理论研究的批判（Wu et al.，2021）。自 2005 年后，劳动力、土地等生产要素价格的上涨与全球贸易环境的改变，使得珠三角地区原有的发展模式面临严峻的挑战。作为“世界工厂”，长期位于全球价值链末端的发展模式饱受抨击，珠三角地区的崛起被明确为一种受益于廉价生产要素与政策红利的发展模式。2008 年，国家发展和改革委员会印发了《珠江三角洲地区改革发展规划纲要（2008—2020 年）》，这份关键性的文件指出了珠三角地区在发展上存在着的关键问题，包括产业层次总体偏低、产品附加值不高、贸易结构不够合理、创新能力不足、整体竞争力不强等，并展望了珠三角地区在新一阶段的发展目标：到 2020 年，率先基本实现现代化，形成具有世界先进水平的科技创新能力，成长为全球最具核心竞争力的大都市圈之一。2019 年，中共中央、国务院发布了《粤港澳大湾区发展规划纲要》，这份极具战略性的规划提出了珠三角城市群在下一阶段的五个战略定位，其中之一便是明确要将珠三角城市群打造成为国际科技创新中心，成为比肩旧金山湾区、纽约湾区、东京湾区的世界湾区第四极（张虹鸥等，2018）。这些系列的规划文件无不展现了珠三角地区与港澳在新的发展时期、面对新发展形势所作出的战略发展响应。“创新化发展转型”成为了新时期珠三角城市群发展的关键词之一。随着新冠疫情肆虐全球与中美贸易摩擦的不断加剧，新的全球化形势给中国，特别是珠三角城市群发展提出了更大的挑战。作为新时期中国实现“双循环”新发展格局的战略支点，珠三角城市群对外需要进一步扩展同海上丝绸之路途经国家与欧洲、北美洲的市场，对内需要进一步对接广阔的中国内陆腹地，这些都迫切需要珠三角城市群实现更高水平的协同创新。如何有效整合珠三角城市群内的创新要素与创新资源，明确各城市的功能与定位，打造高效运转的协同创新体系，是新时期珠三角城市群的发展重点。

协同创新，共建国际科技创新中心，是珠三角城市群建设最具共识的首要任务。推进珠三角城市群建设，是以习近平同志为核心的党中央作出的重大决策。它肩负着构筑我国创新发展新格局，引领和带动珠三角地区率先实现创新转型，发挥港澳优势，融入国家发展大局的历史重任。中央政府及粤港澳三地政府对此高度重视，由国家发展和改革委员会牵头组建大湾区科技创新中心专责小组；广东省委、省政府制定了《关于贯彻落实〈粤港澳大湾区发展规划纲要〉的实施意见》，广东省推进粤港澳大湾区建设领导小组印发了《广东省推进粤港澳大湾区建设三年行动计划（2018—2020 年）》等配套文件；广东省委、省政府还进一步将广深科技创新走廊战略向港澳延伸，提出了"广州-深圳-香港-澳门"科技创新走廊的战略设想；同时创新性地提出了建设深港科技创新合作区、横琴粤澳深度合作区、南沙粤港澳创新特别合作区的构想，积极探索创新要素流动的新机制。这一系列举措表明，协同创新已经成为中央及粤港澳三地的共识与共同努力的方向，急需进一步明确协同创新的重点领域与关键着力点，以深化重点领域的创新合作，切实推动国际科技创新中心建设。

协同创新是发挥港澳国际化优势，带动珠三角城市群加快融入全球创新网络的必由之路。据世界知识产权组织（World Intellectual Property Organization，WIPO）等国际权威机构发布的《2022 年全球创新指数》报告显示，深圳-香港-广州目前已经成为仅次于东京-横滨的世界第二大科技集群。另据澳大利亚创新研究机构 2thinknow 的全球创新城市指数（Innovation Cities TM Index），珠三角城市群有包括香港、深圳、广州、澳门、东莞、珠海、佛山、中山在内的 8 个城市入选 2021 年全球创新城市 500 强，其中，香港、深圳分列全球第 27 位、第 55 位。由此可见，协同创新，发挥珠三角城市群的一体化合力，是提升国际竞争力的关键所在，也是珠三角城市群国际科技创新中心最具竞争优势和潜力的地方。香港、澳门是世界自由贸易港，市场机制灵活，国际化程度高，与世界主要国家和地区都建立了广泛的创新联系，通过共建科创中心，吸引全球高层次创新人才、企业和科研机构到珠三角城市群集聚，推动珠三角城市群企业、技术、标准"走出去"，深度融入全球创新网络。珠三角城市群在创新功能上具有很强的互补性，共建科创中心的举措，将放大香港、澳门在基础研究、人才培养、现代金融和知识密集型服务等方面的优势，与广东的实体经济互动，延伸产业链和创新链，开拓广阔的市场空间，有利于保持港澳长期繁荣与稳定，促进香港、澳门融入国家发展大局。

参 考 文 献

安宁，马凌，朱竑，2018. 政治地理视野下的粤港澳大湾区发展思考[J]. 地理科学进展，37（12）：1633-1643.

陈广汉，杨柱，谭颖，2017. 区域经济一体化研究：以粤港澳大湾区为例[M]. 北京：社会科学文献出版社.

陈劲，阳银娟，2012. 协同创新的理论基础与内涵[J]. 科学学研究，30（2）：161-164.

方创琳，2014. 中国城市群研究取得的重要进展与未来发展方向[J]. 地理学报，69（8）：1130-1144.

方创琳，2017. 京津冀城市群协同发展的理论基础与规律性分析[J]. 地理科学进展，36（1）：15-24.

符文颖，杨家蕊，2020. 创新地理学的批判性思考：基于中国情境的理论创新[J]. 地理研究，39（5）：1018-1027.

付淳宇，2015. 区域创新系统理论研究[D]. 长春：吉林大学.

何郁冰，2012. 产学研协同创新的理论模式[J]. 科学学研究，30（2）：165-174.

贺灿飞，郭琪，马妍，等，2014. 西方经济地理学研究进展[J]. 地理学报，69（8）：1207-1223.

李郇，符文颖，刘宏锋，2009. 经济全球化背景下的产业空间重构[J]. 热带地理，29（5）：454-459.

李郇，周金苗，黄耀福，等，2018. 从巨型城市区域视角审视粤港澳大湾区空间结构[J]. 地理科学进展，37（12）：1609-1622.

李习保，2007. 区域创新环境对创新活动效率影响的实证研究[J]. 数量经济技术经济研究（8）：13-24.

刘建丽，2014. 新型区域创新体系：概念廓清与政策含义[J]. 经济管理，36（4）：32-40.

刘卫东，2020. 新冠肺炎疫情对经济全球化的影响分析[J]. 地理研究，39（7）：1439-1449.

刘毅，王云，杨宇，等，2019. 粤港澳大湾区区域一体化及其互动关系[J]. 地理学报，74（12）：2455-2466.

刘毅，杨宇，康蕾，等，2020. 新时代粤港澳大湾区人地关系的全球模式与区域响应[J]. 地理研究，39(9)：1949-1957.

刘云刚，侯璐璐，许志桦，2018. 粤港澳大湾区跨境区域协调：现状，问题与展望[J]. 城市观察（1）：7-25.

梅亮，陈劲，刘洋，2014. 创新生态系统：源起，知识演进和理论框架[J]. 科学学研究，32（12）：1771-1780.

潘泽强，宁超乔，袁媛，2019. 协作式环境管理在粤港澳大湾区中的应用：以跨界河治理为例[J]. 热带地理，39（5）：661-670.

曲然，2005. 区域创新系统内创新资源配置研究[D]. 长春：吉林大学.

申剑敏，陈周旺，2016. 跨域治理与地方政府协作：基于长三角区域社会信用体系建设的实证分析[J]. 南京社会科学（4）：64-71.

沈静，刘伟，魏也华，2019. 环境管制对佛山市污染密集型企业空间格局变化的影响：基于2004年、2008年、2013年经济普查数据的实证[J]. 地理科学，39（12）：1972-1981.

司月芳，曾刚，曹贤忠，等，2016. 基于全球–地方视角的创新网络研究进展[J]. 地理科学进展，35（5）：600-609.

宋丽萍，2014. 区域创新系统绩效评价及创新能力提升路径研究[D]. 武汉：中国地质大学.

锁利铭，杨峰，刘俊，2013. 跨界政策网络与区域治理：我国地方政府合作实践分析[J]. 中国行政管理（1）：39-43.

汪伟全，2014. 长三角区域文化融合研究：基于区域一体化的思考[J]. 现代管理科学，2（4）：84-86.

王云，杨宇，刘毅，2020. 粤港澳大湾区建设国际科技创新中心的全球视野与理论模式[J]. 地理研究，39（9）：1958-1971.

许堞，马丽，2020. 粤港澳大湾区环境协同治理制约因素与推进路径[J]. 地理研究，39（9）：2165-2175.

颜子明，杜德斌，刘承良，等，2018. 西方创新地理研究的知识图谱可视化分析[J]. 地理学报，73（2）：362-379.

叶林，宋星洲，2019. 粤港澳大湾区区域协同创新系统：基于规划纲要的视角[J]. 行政论坛，26（3）：87-94.

叶玉瑶，王景诗，吴康敏，等，2020. 粤港澳大湾区建设国际科技创新中心的战略思考[J]. 热带地理，40（1）：27-39.

袁莉，2014. 城市群协同发展机理、实现途径及对策研究：以长株潭城市群为例[D]. 长沙：中南大学.

张虹鸥，王洋，叶玉瑶，等，2018. 粤港澳区域联动发展的关键科学问题与重点议题[J]. 地理科学进展，37（12）：1587-1596.

张虹鸥，吴康敏，王洋，等，2021. 粤港澳大湾区创新驱动发展的科学问题与重点研究方向[J]. 经济地理，41（10）：135-142.

张紧跟，唐玉亮，2007. 流域治理中的政府间环境协作机制研究：以小东江治理为例[J]. 公共管理学报，4（3）：50-56，123-124.

张燕，2017. “粤港澳大湾区”，即将崛起的世界级城市群[J]. 中国经济周刊（11）：39-41.

钟韵，胡晓华，2017. 粤港澳大湾区的构建与制度创新：理论基础与实施机制[J]. 经济学家（12）：50-57.

周沂，贺灿飞，王锐，等，2014. 环境外部性与污染企业城市内空间分布特征：基于深圳污染企业的实证分析[J]. 地理研究，33（5）：817-830.

邹琳，曾刚，司月芳，等，2018. 创新网络研究进展述评与展望[J]. 人文地理，33（4）：7-12，67.

Bathelt H, Malmberg A, Maskell P, 2004. Clusters and knowledge: local buzz, global pipelines and the process of knowledge creation[J]. Progress in Human Geography, 28 (1): 31-56.

Bergek A, Hekkert M, Jacobsson S, et al., 2015. Technological innovation systems in contexts: conceptualizing contextual structures and interaction dynamics[J]. Environmental Innovation and Societal Transitions, 16: 51-64.

Bie J, de Jong M, Derudder B, 2015. Greater Pearl River Delta: historical evolution towards a global city-region[J]. Journal of Urban Technology, 22 (2): 103-123.

Chao H, Lin G C S, 2020. Spatializing the project of state rescaling in post-reform China: emerging geography of national new areas[J]. Habitat International, 97: 102121.

Coe N M, Dicken P, Hess M, 2008. Global production networks: realizing the potential[J]. Journal of Economic Geography, 8 (3): 271-295.

Coe N M, Hess M, Yeung H W, et al., 2004. 'Globalizing' regional development: a global production networks perspective[J]. Transactions of the Institute of British Geographers, 29 (4): 468-484.

Coenen L, Asheim B, Bugge M M, et al., 2017. Advancing regional innovation systems: what does evolutionary economic geography bring to the policy table? [J]. Environment and Planning C: Politics and Space, 35 (4): 600-620.

Cooke P, Uranga M G, Etxebarria G, 1997. Regional innovation systems: institutional and organisational dimensions[J]. Research Policy, 26 (4/5): 475-491.

Donaldson C, 2021. Culture in the entrepreneurial ecosystem: a conceptual framing[J]. International Entrepreneurship and Management Journal, 17 (1): 289-319.

Duvivier C, Xiong H, 2013. Transboundary pollution in China: a study of polluting firms' location choices in Hebei Province[J]. Environment and Development Economics, 18 (4): 459-483.

Edquist C, 2006. Systems of innovation: perspectives and challenges[M]//Fagerberg J, Mowery D C, Nelson R R. The Oxford handbook of innovation. Oxford: Oxford University Press: 181-208.

Etzkowitz H, Leydesdorff L, 2000. The dynamics of innovation: from national systems and "mode 2" to a triple helix of university-industry-government relations[J]. Research Policy, 29 (2): 109-123.

Fagerberg J, 2006. Innovation: a guide to the literature[M]//Fagerberg J, Mowery D C, Nelson R R. The Oxford handbook of innovation. Oxford: Oxford University Press: 1-26.

Fritsch M, Kudic M, Pyka A, 2019. Evolution and co-evolution of regional innovation processes[J]. Regional Studies, 53 (9): 1235-1239.

Kashani E S, Roshani S, 2019. Evolution of innovation system literature: intellectual bases and emerging trends[J]. Technological Forecasting and Social Change, 146: 68-80.

Konisky D M, Woods N D, 2010. Exporting air pollution? Regulatory enforcement and environmental free riding in the United States[J]. Political Research Quarterly, 63 (4): 771-782.

Lee K, Lim C, 2001. Technological regimes, catching-up and leapfrogging: findings from the Korean industries[J]. Research Policy, 30 (3): 459-483.

Li J, Yang H, Zha S, et al., 2021. Effects of COVID-19 emergency response levels on air quality in the Guangdong-Hong Kong-Macao Greater Bay Area, China[J]. Aerosol and Air Quality Research, 21 (2): 200416.

Liu J, Shi W, 2021. A cross-boundary travel tale: unraveling Hong Kong residents' mobility pattern in Shenzhen by using metro smart card data[J]. Applied Geography, 130: 102416.

Malerba F, 2004. Sectoral systems of innovation: concepts, issues and analysis of six major sectors in Europe[M]. Cambridge: Cambridge University Press.

Uyarra E, Flanagan K, 2010. From regional systems of innovation to regions as innovation policy spaces[J]. Environment and Planning C：Government and Policy，28（4）：681-695.

Wu K，Wang Y，Zhang H，et al.，2021. Impact of the built environment on the spatial heterogeneity of regional innovation productivity：evidence from the Pearl River Delta，China[J]. Chinese Geographical Science，31（3）：413-428.

Yang C，2012. Restructuring the export-oriented industrialization in the Pearl River Delta，China：institutional evolution and emerging tension[J]. Applied Geography，32（1）：143-157.

Zhang F，Wu F，2019. Rethinking the city and innovation：a political economic view from China's biotech[J]. Cities，85：150-155.

Zhong Y，Su X，2019. Spatial selectivity and intercity cooperation between Guangdong and Hong Kong[J]. Urban Studies，56（14）：3011-3029.

第 2 章　全球创新格局与趋势

本章侧重于分析新形势下全球创新的格局与趋势。首先分析了创新对全球经济的引领作用；然后从全球创新中心的东移与集群化发展两方面分析全球创新的时空格局特征；最后结合贸易壁垒、新冠疫情与中国的“双循环”发展战略等最新的发展形势，分析了中国创新发展的挑战与机遇。

2.1　创新对全球经济的引领作用

经济质量的改善和提高是指一个国家或地区经济效益、经济稳定程度的提高，卫生健康状况的改善，自然环境改善和生态平衡实现，以及政治、文化和人的现代化进程（刘思明等，2019）。经济量的增长，是一个国家或地区产品和劳务的增加，它构成了经济发展的物质基础。经济结构的改进和优化，是一个国家或地区的技术结构、产业结构、收入分配结构、消费结构以及人口结构等经济结构的改进和优化。

影响经济增长的要素包括很多方面，国际货币基金组织（International Monetary Fund，IMF）总裁曾表示，采取有力的政策组合加强包括中国在内的所有国家的结构性改革是影响经济增长的因素之一（刘伟，2016）。对许多国家而言，这意味着要增加公共投资，扩建或修复基础设施；意味着要增强贸易自由化，推动教育、卫生、社会安全网、劳动力和产品市场的改革；还意味着要发挥数百万未进入劳动力市场的妇女的经济力量。包括中国在内的 20 国集团已经将这些改革作为新增长战略的中心（庄志彬，2014）。

但从 20 世纪四五十年代的新科学技术革命开始，创新对于经济的增长起着越来越重要的作用。第三次科技革命是以原子能技术、航天技术、电子计算机技术的应用为代表，包括人工合成材料、分子生物学和遗传工程等高新技术的科技革命（贾根良，2016）。第三次科技革命的出现，既是由于科学理论的重大突破和一定的物质、技术基础的形成，也是由于社会发展的需要，是第二次世界大战期间和第二次世界大战后，各国对高科技迫切需要的结果。第三次科技革命体现了科学技术在推动生产力发展上起着越来越重要的作用，科学技术转化为直接生产力的速度加快。科学和技术密切结合，相互促进。随着科学实验手段的不断进步，科研探索的领域也在不断开阔。

高科技成了提高劳动生产率最重要的手段和发展社会生产力的主要导向，依靠高科技成果从质量上改造生产力已成为经济发展的首要课题。20 世纪 70 年代以来迅速兴起的微电子技术、信息技术、生命科学技术、空间科学技术和海洋开发技术等一系列高科技，在 90 年代进一步实现了全面产业化，使得世界进入了高科技时代（李海舰，2000）。这一现象表明，先进的、技术复杂的高科技产业的发展对于全球的经济发展起着非常重要的引领作用（李惠国，1992）。

创新对经济增长的作用表现在很多方面，尤其对产业结构的升级有着重大影响（王奇和岳宏志，2020）。技术创新直接改变的是供给结构，促使新产业兴起，从而优化产业结构。技术创新也会刺激需求结构发生变化，需求结构的变化会诱导产业结构的演进。技术创新也意味着打破某种垄断，在逐利动机的驱使下，生产要素如资本和劳动力会在各产业之间重新配置，促使产业结构变革。技术创新使得等量的投入能有更多的产出，这意味着生产要素使用效率的提高，能源和资源的节约将为绿色转型发展提供技术支持，并且技术创新会引起投入要素之间的相互替代，在国家大力建设生态文明的大背景之下，企业的必然选择是在生产中更多地使用清洁能源和非能源要素进行生产，减少使用传统的能源要素。这些都体现了创新对于促进经济增长的重要作用（钟世川，2014）。

作为引领发展的第一动力，创新对经济增长的驱动作用日益凸显。世界多国纷纷拟定创新发展战略，营造良好环境氛围，以技术创新为主导，促进世界经济发展。创新是促进世界经济发展的重要引擎，机器人技术、纳米技术、太空探索等技术的发展在改善人们物质生活的同时，也带动了各国经济增长。创新与全球化的相互作用则加强了世界各国的经济联系，全球化加速了国家间的竞争，迫使各国不断进行创新与改革，最终世界经济也将从创新中实现共同发展。对于中国而言，中国自 2013 年起成为世界第二大研发经费投入国，研发人员总量、发明专利申请量分别连续 6 年、8 年居世界首位。2021 年，我国全社会研究与试验发展经费支出 27 956.3 亿元，占国内生产总值的 2.44%，超过欧盟 15 个初创国家平均水平。根据世界知识产权组织等发布的《2022 年全球创新指数》报告，我国创新指数位居世界第 11 位，比 2013 年提升了 24 位，是前 30 名中唯一的中等收入经济体，创新能力的提升有利于我们在新一轮科技革命中抢占先机，并且科技投入及科技的进步对于中国经济增长的贡献率也在逐年上升，截至 2019 年，科技进步对于经济的贡献率已接近 60%，可以明显看出创新对于经济增长的引领作用（表 2-1）。

表 2-1　科技进步对中国经济增长的贡献率　（单位：%）

年份	2003—2008 年	2004—2009 年	2005—2010 年	2006—2011 年	2007—2012 年	2008—2013 年
贡献率	48.8	48.4	50.9	51.7	52.2	53.1
年份	2009—2014 年	2010—2015 年	2011—2016 年	2012—2017 年	2013—2018 年	2014—2019 年
贡献率	54.2	55.3	56.4	57.8	58.7	59.5

资料来源：《中国科技统计年鉴 2020》。

2.2　全球创新的时空格局

全球创新的趋势主要有两个方面：一是全球创新的重心逐渐向亚洲的发展中国家转移；二是创新在空间上逐渐趋向于集群化。一方面，中国、越南、印度和菲律宾取得了长足进步，主要体现在投资、研发、创业、高科技生产、专利申请方面的显著增长。另一方面，科技集群主要分布在北美洲、欧洲和东亚。其中美国科技集群主要分布于东海岸、西海岸以及五大湖地区；中国则主要分布于京津冀、长三角以及珠三角城市群；日本的东京-横滨集群的创新指数位列全球科技集群首位，大阪-神户-京都集群和名古屋集群也名列前茅；欧洲的科技集群则主要分布在德国和英国。

截至2022年，全球创新表现最好的经济体几乎全部来自高收入经济体，瑞士、美国和瑞典领跑创新排名，其次创新表现较好的是英国和荷兰。在亚洲经济体中，首先是韩国，其次是新加坡（图2-1）。唯一的特例是中国，排名第11位，是前30位中唯一的中等收入经济体。

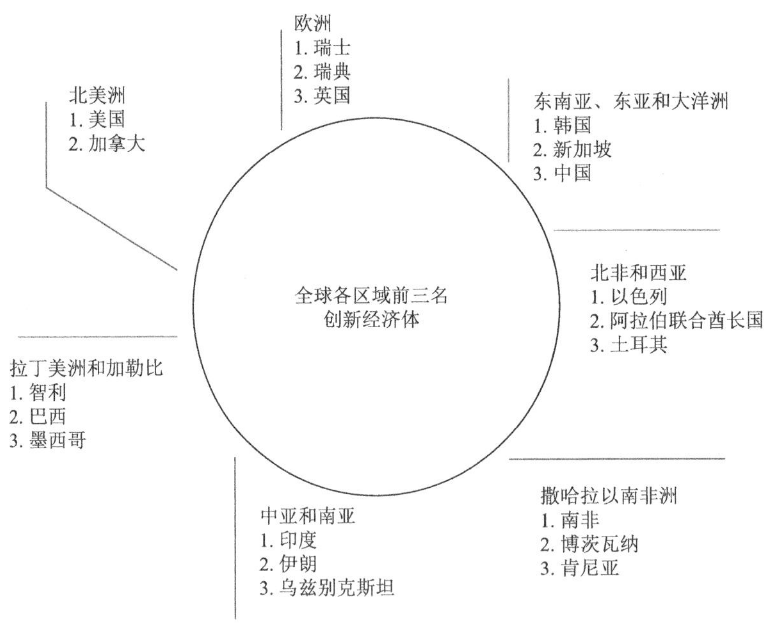

图2-1　全球创新领先者

资料来源：《2022年全球创新指数》报告

注：北美洲仅美国、加拿大这两个发达国家被认定为创新领先经济体

排名第二的最具创新力的中等偏上收入经济体是保加利亚（第 35 位）。土耳其（第 37 位）和印度（第 40 位）首次进入前 40 位。中等收入经济体中除中国和印度之外，越南（第 48 位）、伊朗（第 53 位）和菲律宾（第 59 位）是迄今为止在创新方面进步最快的，印度尼西亚（第 75 位）也显得颇有创新后劲。

2022 年 26 个国家的创新表现超出了发展水平，如新晋级的印度尼西亚、乌兹别克斯坦和巴基斯坦等国家，其中印度、肯尼亚、摩尔多瓦和越南连续 12 年创新表现超出发展预期。26 个创新表现突出者中有 8 个来自撒哈拉以南非洲，其中肯尼亚、卢旺达和莫桑比克处于领先地位。在拉丁美洲和加勒比地区，巴西、秘鲁和牙买加的表现同样超出发展预期。与此相对，有 42 个经济体相对于其发展水平创新表现低于预期，它们主要来自非洲、拉丁美洲和欧盟，其中有 4 个是欧盟经济体；在中等偏上收入组中，有 6 个是拉丁美洲和加勒比经济体；在中等偏下收入组中，有 14 个经济体的表现低于对其发展水平的预期。

此外，《2022 年全球创新指数》报告对经济体内部的创新体系是否平衡进行了评估。一些经济体在创新投入产出转化方面表现极其高效：高收入组中，创新投入水平相当的情况下，瑞士（第 1 位）产出水平远远高于美国（第 2 位）、瑞典（第 3 位）和新加坡（第 7 位）等几个高收入经济体；中等偏上收入组中，中国（第 11 位）产出水平与荷兰和德国等高收入经济体相当，在创新产出次级指数总排名中排在第 8，但创新投入水平却较低。一些高收入经济体努力保持投资水平和成果之间的平衡，但往往最终整体创新表现欠佳。这类经济体主要包括石油及天然气生产国和出口国加拿大（第 15 位）、挪威（第 22 位）、阿拉伯联合酋长国（第 31 位）、沙特阿拉伯（第 51 位）、巴林（第 72 位）和文莱（第 92 位）。与之相反的是，某些整体排名不靠前的经济体在特定创新领域却有上佳表现。例如，乌拉圭（第 32 位）和卢旺达（第 33 位）在制度的质量方面排名很高；巴林（第 32 位）在基础设施方面表现亮眼；伊朗（第 11 位）、印度（第 19 位）和马来西亚（第 26 位）在市场成熟度方面得分很高。

2.2.1　创新重心逐渐向亚洲发展中国家转移

发展中经济体越来越表现出创新潜力，全球的创新格局正在转移，处于上升期的有中国、土耳其、印度和伊朗。《2022 年全球创新指数》报告显示，创新的地理分布仍在进行转移。印度尼西亚、乌兹别克斯坦和巴基斯坦表现出极具创新潜力的迹象，在创新方面的表现首次超过其发展水平。亚洲继续追赶北美和欧洲，被列入全球创新指数进行比较的 132 个经济体中，迅速崛起的是几个亚洲经济体，这显著体现了创新地域的转移。2022 年，韩国和新加坡位列世界十大创新者行列，中国和发达程度更高的日本的创新表现也很突出。在东南亚、东亚和大洋洲地区领先者中，中国、韩国和日本的排名在过去十年的进步最大。马来西亚、印度、泰国、越南、菲律宾和印度尼西亚等国家中，部分经济体在关键创新指标方面继续领先，越南在高科技进口方面排名全球第1，菲律宾在高科技出口方面排名第2，而印度尼西亚在创业政策和文化方面排名全球第2。

全球各个创新经济体在不同指标上显示出了不同的优势，近年也表现出显著变化，某些发展中经济体的创新表现在一些领域可圈可点。《2022年全球创新指数》报告评估了哪些经济体在特定的全球创新领域（如研发、风险投资、商标或高科技生产）持续位居全球榜首。在综合指标上，美国继续领先，在所使用的81个指标中，它在全球企业研发投资者、风险资本投资者、高校质量、科学出版物的质量和影响力、本国人专利申请量、计算机软件支出等15个指标上排名世界第1；新加坡紧随其后，在政府有效性、ICT普及率、风险资本投资者、高端技术生产占比和GitHub提交次数等11个指标上领先；中国内地、中国香港和以色列并列第3位，各自在商标、高技术进口和研发支出等方面获得最高排名；排名第6的马耳他在合资/战略联盟交易方面领先；韩国排在第7，在研究人员的数量上领先；日本和塞浦路斯并列第8，在同族专利和移动应用开发方面位居榜首；瑞士、爱沙尼亚和冰岛并列第10，分别在PCT国际专利、新企业和ICT利用率方面领先。

从全球商标申请量来看，发达国家的优势仍在，但法国、意大利和日本的申请量出现下降。亚太地区的澳大利亚有小幅提升，土耳其的增长幅度最大。我国的全球商标申请量近年稳步增长，稳居世界前列（图2-2）。就PCT国际专利申请量来看，中国的专利总量和世界排名在2005—2020年取得了长足发展（图2-3）。从掌握世界先进技术专利的企业分布来看，亚洲国家（特别是我国这样的发展中国家）的创新能力也在逐渐提升。PCT国际专利申请量排在世界前列的中国企业有华为技术有限公司、广东欧珀移动通信有限公司、京东方科技集团股份有限公司、平安科技（深圳）有限公司、中兴通讯股份有限公司、深圳市大疆创新科技有限公司和阿里巴巴集团控股有限公司（图2-4）。

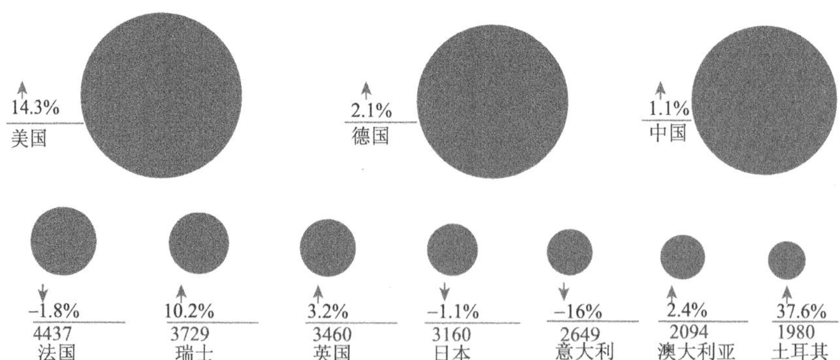

图2-2　2019年全球商标（马德里体系）申请量前十国家排名变动（较2018年）

资料来源：WIPO数据库

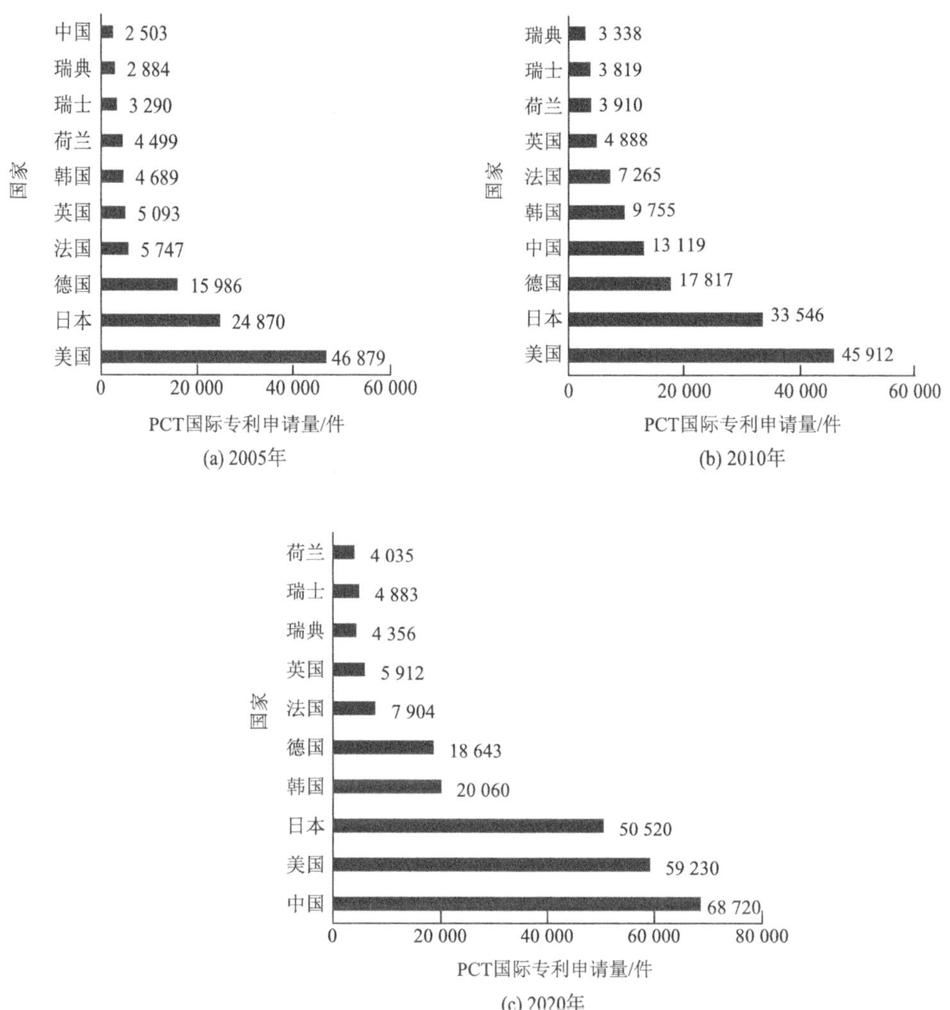

图 2-3　PCT 国际专利申请量全球前十国家排名变化

资料来源：根据 WIPO 数据自绘

2.2.2　高度空间集群化的创新发展

世界科技的主要来源仍然是发达国家，这主要是由其经济发展水平决定的。发达国家跨国公司仍主导全球生产体系，占据全球价值链高端，高端要素向发达国家相对集中的趋势仍然存在。

创新的发展存在地方不均，往往依附于特定地域并呈现集聚（例如美国硅谷、中国台湾新竹）。跨国公司依然主导着全球创新。创新技术在全球扩散的过程中，形成创新组织网络。研发机构与活动在某地的集聚使得该地成为全球或区域

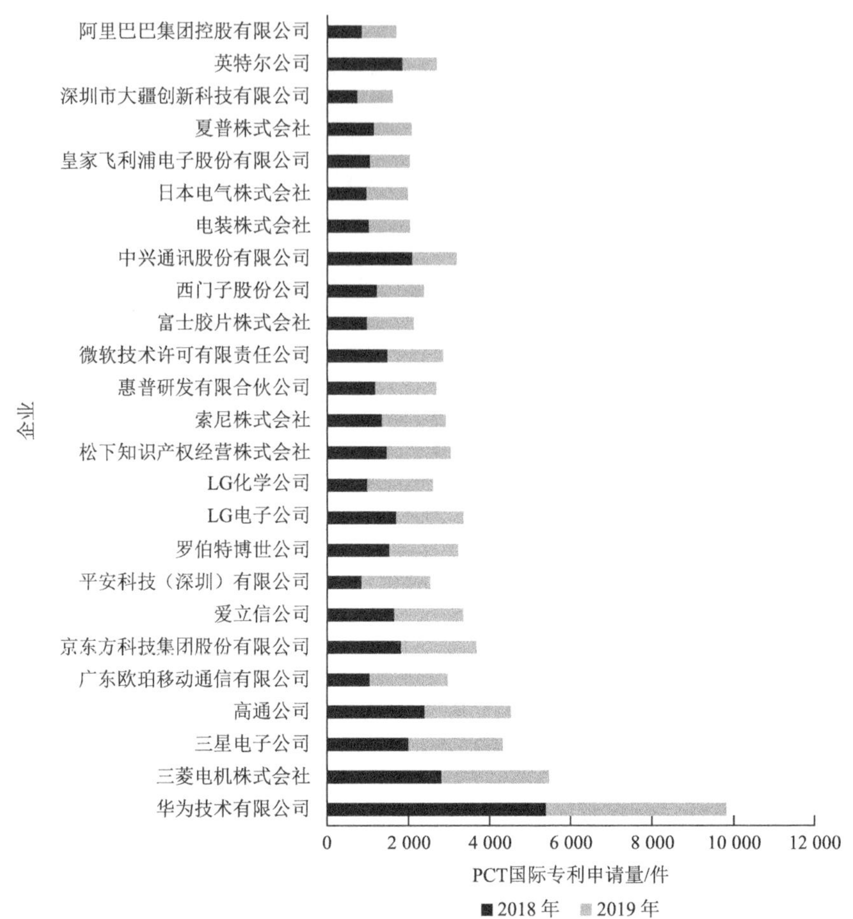

图 2-4　2019 年 PCT 国际专利申请量企业排名

资料来源：WIPO 数据库

创新网络的中心。PCT 国际专利数据与科学出版物数据于 2017 年、2018 年相继被引入全球创新指数的评价指标。通过确认专利发明人与科学出版物作者的空间坐标，2022 年百强科技集群主要分布在北美洲、欧洲和亚洲，尤其是中国和美国两个国家，中国上榜的集群数量首次与美国一样多，各有 21 个。德国（10 个）紧随其后，其中科隆和慕尼黑是最大的两个集群。日本有 5 个，除东京-横滨外，大阪-神户-京都也位列前十。

2022 年排名前 100 位的集群分布于 26 个国家或地区，其中有 6 个国家是中等收入经济体——印度、中国、伊朗、巴西、土耳其和俄罗斯。东京-横滨依然是全球表现最佳的科技集群，随后的四名是深圳-香港-广州、北京、首尔、圣何塞-旧金山（表 2-2）。依据科技活跃度（集群的专利和科学出版物份额之和除以人口）

指标，很多欧洲的集群创新比美国和亚洲的集群更为活跃。英国剑桥和荷兰/比利时的艾恩德霍芬是科技活跃度最高的集群，然后是韩国大田、美国圣何塞-旧金山和英国牛津。

表 2-2　2022 年各经济体或跨境地区排名前 100 的部分科技集群

排名	集群名称	经济体	自 2021 年以来的排名变化
1	东京-横滨	日本	0
2	深圳-香港-广州	中国内地/中国香港	0
3	北京	中国内地（大陆）	0
4	首尔	韩国	0
5	圣何塞-旧金山	美国	0
10	巴黎	法国	0
19	伦敦	英国	0
23	科隆	德国	–2
25	阿姆斯特丹-鹿特丹	荷兰	–2
26	台北-新竹	中国台湾	0
30	特拉维夫-耶路撒冷	以色列	–2
31	莫斯科	俄罗斯	–1
32	德黑兰	伊朗	0
33	新加坡	新加坡	–2
35	斯德哥尔摩	瑞典	0
36	艾恩德霍芬	比利时/荷兰	–2
39	墨尔本	澳大利亚	–2
46	伊斯坦布尔	土耳其	4
47	布鲁塞尔	比利时/荷兰	–4
48	马德里	西班牙	–1
51	苏黎世	瑞士/德国	1
53	米兰	意大利	0
54	多伦多	加拿大	–5
59	哥本哈根	丹麦	–4
60	班加罗尔	印度	0
71	圣保罗	巴西	0
73	赫尔辛基	芬兰	–1
76	维也纳	奥地利	–1

续表

排名	集群名称	经济体	自 2021 年以来的排名变化
92	华沙	波兰	0
93	洛桑	瑞士/法国	–3
99	巴塞尔	瑞士/德国/法国	7

整体来说世界创新的不平衡性表现明显。北美洲和欧洲领先，其次是东南亚、东亚和大洋洲，然后是北非和西亚、拉丁美洲和加勒比地区、中亚和南亚以及撒哈拉以南非洲。拉丁美洲和加勒比地区最为落后，这一地区的特点是研发与创新投资少，知识产权制度的实行刚刚起步，以及公共与私营部门未能将研发和创新作为其优先事务。该地区在将创新投入有效转化为产出方面也存在障碍。相对而言，只有巴西在专利数量方面排名较为靠前。

非洲大陆是各大洲中创新表现最参差不齐的地区之一。除了一些经济体位居前 75 位（如南非、突尼斯和摩洛哥）之外，其他非洲经济体的排名要低得多。非洲创新体系的主要特点是自主性的科学技术活动水平低，高度依赖政府或外国捐助者作为研发来源，科学与产业之间的联系有限，企业吸收能力低，知识产权的使用有限。但也有部分经济体近年表现出较大的创新潜力。这些创新领先者通常在教育（博茨瓦纳、突尼斯）和研发（南非、肯尼亚、埃及）领域投入更多，并在金融市场方面的各项指标中表现突出（如南非的风险投资），对技术采用和知识流动有更高的开放度（突尼斯、阿尔及利亚、摩洛哥），积极使用信息技术（肯尼亚），或能较为有效地运用知识产权制度（突尼斯、摩洛哥）。

2.3　影响创新的全球挑战与中国“双循环”战略应对

2.3.1　贸易壁垒对创新的影响

1. 近年来中国高技术产业创新遭遇贸易壁垒的类型

我国高技术产业遭遇的国际贸易保护经历了由较早时期的反倾销（如欧盟 2012 年对我国光伏产品的反倾销），到知识产权调查（如美国“337 调查”）（高菠阳等，2011；余乐芬，2011），再到美国限制其高技术产品出口的两个详细商品管制细则与三个制裁清单（包含了制裁诸如华为等企业的实体清单）的演变。

“337 调查”是美国国际贸易委员会（International Trade Commission，ITC）根据《1930 年关税法》第 337 条的规定，主要对进口贸易中侵犯知识产权和其他不正当竞争行为进行的调查，并根据调查结果对认定违规的产品实施制裁措施。

其最初目的在于垄断管制和对倾销进行控制，随后进行了多次修订，主要对象转变为侵犯美国知识产权的进口产品。“337 调查”相比于反倾销而言杀伤力更大，它具有启动快、难度大、费用高等特点，一旦企业被认定侵权，该企业甚至该企业背后所涉及的整个产业链条的生产商都可能被逐出美国市场。2008 年起美国对华调查比重大幅增加，至 2015 年美国对中国总共发起 163 起“337 调查”，其中高技术产业涉案产品（光伏产品、机电产品、计算机芯片等）数量最多。截至 2018 年，涉华案件达到 288 件之多，占美国发起总案件数量约四分之一。

此外，美国政府指定商务部工业与安全局（Bureau of Industry and Security，BIS）建立各类商品和技术出口管制工具防止关键核心技术对华出口。BIS 负责制定《出口管理条例》（Export Administration Regulations，EAR）对军民两用品进出口贸易进行法律规制。EAR 延伸出两个管制细则和三个制裁清单来对两用品出口进行全方位管制，具体信息如表 2-3 所示。其中，实体清单是美国商务部对外进行技术出口管制的最高级别制裁清单。

表 2-3　管制细则与制裁清单

<table>
<tr><th colspan="2">管制工具</th><th>工具介绍</th><th>备注</th></tr>
<tr><td rowspan="2">管制细则</td><td>商品管制目录（commerce control list，CCL）</td><td>受 EAR 管制的产品、技术和软件列表；并为每一个受限物项分配一个出口控制分类编码（export control classification number，ECCN）</td><td>ECCN 由三部分组成：第一部分是受限技术领域，分为 0—9 共 10 类；第二部分是受限形式，分为 A—E 共 5 类；第三部分是受限原因，分为 6 类</td></tr>
<tr><td>商业国家列表（commerce country chart，CCC）</td><td>根据安全威胁程度，由低到高将 196 个国家和地区分为 A—E 共 5 级</td><td>中国与俄罗斯均处于 D 组，伊朗、朝鲜、古巴处于 E 组。美国政府综合 CCL 和 CCC 来判断某物项是否需要及需要何种许可证</td></tr>
<tr><td rowspan="3">制裁清单</td><td>实体清单（entity list，EL）</td><td>管制等级最高的“黑名单”，除非被列入实体清单的机构取得许可证，否则，美方机构不得与其进行进出口贸易及学术交流</td><td>如“中兴事件”、全面制裁华为</td></tr>
<tr><td>未经验证清单（unverified list，UVL）</td><td>弱于“黑名单”的“危险名单”，重点控制被限制产品的出口、再出口或转卖。一旦确认企业存在上述违规行为，将被列入实体清单</td><td>如深圳汇能新能源科技有限公司、江西洪都航空工业集团、中科院长春应用化学研究所、南昌大学、同济大学等</td></tr>
<tr><td>拒绝人员清单（denial people list，DPL）</td><td>当参与出口、再出口的个人行为违反规定时，BIS 剥夺其对美出口特权</td><td>影响范围最小的清单，执行力和规范性弱于另外两个清单</td></tr>
</table>

资料来源：（周磊等，2020），有少许改动。

2. 中国高技术创新产业遭遇贸易管制的主要领域

近年来，以美国为首的针对中国的关税壁垒和非关税壁垒措施层出不穷，而在非关税壁垒中以技术贸易壁垒最为突出。根据 CCL 规定的 0—9 类体系，美国对华进行技术出口管制的领域主要为第 1 类材料、化学、微生物及毒素，第 3 类电子，第 4 类计算机，第 5 类通信及信息安全，占比超过被限制企业总数的 90%。2018 年起，美国对华技术出口管制态势陡然趋严，实体清单的更新频率、管制规模、遏制重点等均发生明显变化。2018 年后，美方技术限制领域由航空航天业转向高科技行业。至 2019 年，美方对中方的技术出口管制急剧收拢，电子、计算机以及通信及信息安全领域受限尤为严重（图 2-5）。深度学习、语音识别、AI 算法等新兴领域新增受限企业 28 家，超新增实体数量的 1/4（陆天驰等，2019）。近年来，美国为了防止技术外溢开始从产业链上游源头进行贸易管制，主要是控制材料、设备、组件和零件的出口（表 2-4）。事实上，所有的高端元件都与高性能材料有关。基于这一联系，美国严控制造材料及核心电子元器件的对外供给。

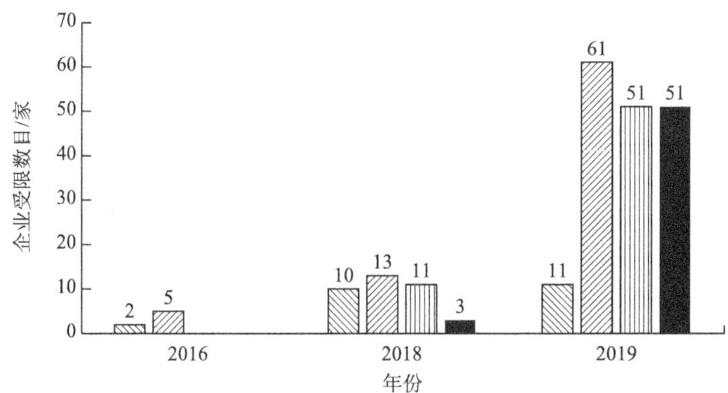

图 2-5　2016 年、2018 年与 2019 年 4 大技术创新领域出口受限态势

资料来源：（周磊等，2020）

表 2-4　美国对华技术出口管制重点受限技术领域在产业链层面的结构性特征

	材料、化学、微生物及毒素	电子	计算机	通信及信息安全
设备、组件、零件	22	21	7	5
检测设备	23	5	0	2
材料	53	7	0	1
软件	12	11	4	4
技术	17	9	4	13

资料来源：（周磊等，2020）。

注：表中数据表示，截至 2019 年末，中国企业或机构在相应产业领域被列入美国实体清单的数量。

电子通信产业是一类高技术产业，在 2016 年后，其适用的非关税贸易壁垒条款更新频率、受限企业数量、受限产品类型范围上都大于其他高技术产业，且受限情况逐年加剧。相当比例（甚至于全部）的核心零部件依赖于发达国家供应，为近年的贸易壁垒造成其供应链断裂埋下了伏笔。

芯片是中国进口金额最大的商品类别之一。由于起步较晚，国产芯片产业尚处在追赶世界领先技术的状态，其产业结构这几年一直是“小设计-小制造-大封测”，设计、制造环节都比较薄弱，产业链主要集中在利润率低的封测环节，其中芯片制造主要是“晶圆代工”（表 2-5）。

表 2-5　国产芯片产业链

<table>
<tr><th>产业链位置</th><th>功能</th><th>任务</th><th>代表企业</th></tr>
<tr><td>上游</td><td>人工智能算法芯片
设计工具</td><td>视觉算法
语音处理算法
自然语言处理算法
机器学习方法（深度学习等）</td><td>IP 公司：ARM
EDA 软件公司：
Synopsys、Cadence</td></tr>
<tr><td rowspan="2">中游</td><td>芯片设计

电路功能、
结构设计、
电路验证与仿真、
版图设计等</td><td>Fabless 模式：
专注于芯片的设计研发，晶圆制造、封装和测试等环节则外包给专业的晶圆代工、封装及测试厂商</td><td>Fabless 模式：
英伟达
海思
寒武纪</td></tr>
<tr><td>芯片制造与封测

材料、工艺
设备、封测</td><td>IDM 模式：
涵盖从芯片设计、晶圆制造到封装测试整个流程
Foundry 模式：
晶圆代工
OSAT 模式：
封装测试</td><td>IDM 模式：
英特尔
三星
德州仪器
Foundry 模式：
台积电
中芯国际</td></tr>
<tr><td>下游</td><td>行业应用</td><td>通信、智能移动设备、智能家居、自动驾驶、智能制造、安防等</td><td></td></tr>
</table>

资料来源：研究机构 CB Insights（https://www.eet-china.com/news/202005120647.html）。

2018 年 4 月 16 日，美国商务部宣布 7 年内禁止美国公司向中兴销售零部件、软件和技术，此事件在同年 6 月 7 日以中兴向美国商务部缴纳 10 亿美元罚款加 4 亿元保证金的处罚宣布告一段落，中兴以支付相当于其三年净利润罚款的代价被移出美国出口限制名单（王桃，2020）。比起中兴，华为作为我国高技术产业的代表，遭遇的贸易壁垒则更为复杂和严峻。从 2019 年 5 月 15 日美国政府以实体清单为手段限制美国公司供应华为，到 2020 年 9 月 15 日美国对于“以美国软件或技术为基础的外国生产商品”交易各方的全面禁令，华为高技术零部件产品（如芯片）供应链至此在全球范围内中断（图 2-6）。

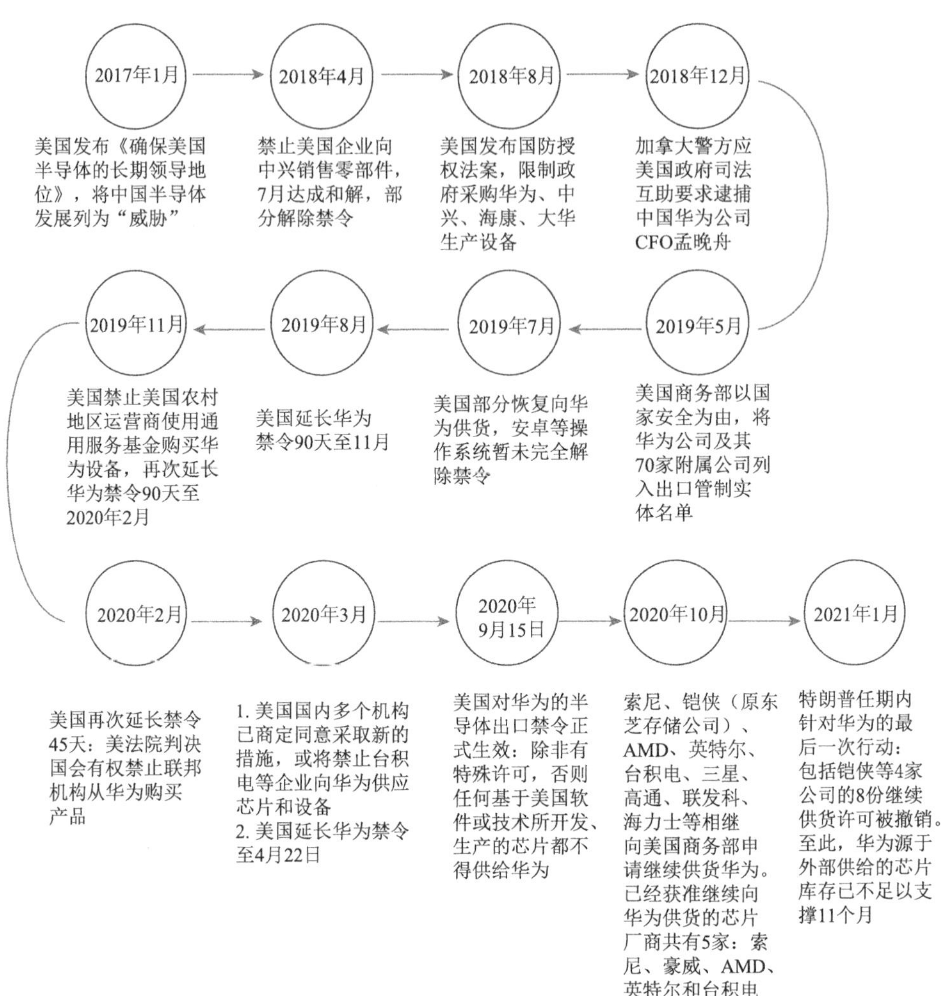

图 2-6　美国政府、中国主要高新技术电子信息公司、境外芯片供应商三个主体间的博弈时间线

资料来源：依据中信建投证券研究报告、路透社和新华网新闻整理

3. 倒逼自主研发制造以实现国产化替代

我国近年陆续出台芯片相关产业政策，支持行业发展。2020 年 8 月，国务院印发的《新时期促进集成电路产业和软件产业高质量发展的若干政策》包含 8 大方面，共 40 项细则，提出了 1 至 10 年不等的免征所得税优惠政策，在设计、研发、进出口各个环节都有相关支持。在国家产业政策大力扶持和国内半导体市场稳定增长等利好条件下，特别是在国家“02 专项”等专业化科研项目的培育下，国内在更多半导体关键材料领域开始努力实现替代，打破境外厂商的垄断。

面临国际贸易管制对我国高技术产业的冲击，为实现自主创新，一方面，一部分领先跨国企业开始加速境内创新活动布局。以华为为例，其首要应对措施就是加速国内半导体投资布局。2019 年 4 月，华为成立哈勃科技创业投资有限公司（以下简称“哈勃”），哈勃的投资基本围绕华为的主业，涉及通信部件、芯片、器件、半导体材料等，有利于培养国产产业链。截至 2020 年 4 月，哈勃共投资 9 家企业，投资企业特点：①均属半导体产业链公司；②9 家中有 6 家与汽车电子有关；③拥有自主研发的技术。从投资规模上看，哈勃均为前五大股东，且部分项目持股比例更高，可见战略投资目的明确（表 2-6）。从长远来看，在半导体芯片领域构建新的产业生态可能是哈勃的最终目的。

表 2-6　2019—2020 年哈勃对半导体行业的投资情况

日期	投资企业	主营业务	哈勃占比/%
2019 年 8 月	山东天岳	半导体材料	10.00
2019 年 8 月	杰华特微电子	电源管理芯片设计	6.00
2019 年 9 月	深思考	人工智能	3.67
2019 年 11 月	苏州裕太车通	车载核心通信芯片	10.00
2019 年 12 月	上海鲲游光电	晶圆极光芯片	6.58
2020 年 1 月	无锡好达	声表面波器件	5.66
2020 年 1 月	庆虹电子	连接器	32.14
2020 年 4 月	新港海岸	高速传输芯片	8.57
2020 年 4 月	中电仪器	通信部件	8.00

资料来源：中信建投证券研究报告（2020 年 4 月）。

另一方面，加大自主研发投入力度，提高芯片自给率。华为继续加大对海思的投入力度。海思芯片主要涵盖手机芯片、移动通信系统设备芯片、传输网络设备芯片、家庭数字设备芯片、AI 芯片、服务器芯片、基带芯片等。以手机产品为例，芯片自给率提升已经显现：部分组件（天线开关/Wi-Fi 芯片等）逐步实现海思自给，部分组件（OLED/DRAM/NAND 等）对单一厂商的依赖程度逐渐降低。

对于电子通信产业链中游的一般非核心电子零部件及组装，由于其技术创新壁垒相对较低，国产厂商在这一领域基本上完成了国产化替代。但上游包含芯片在内的核心零部件尚未完成国产化替代（表 2-7）。当前屏幕、电池、声学、摄像头模组大部分由国内供应商提供，高端柔性 OLED 已经由京东方开始替代，光学镜头和模组、电池等方面国内厂商已经全面崛起。就上游核心芯片而言，大部分关键芯片均为美国供应商；处理器、基带、部分射频器件、部分模拟器件、摄像头芯片方面，海思或者部分国产厂商已经基本实现了自主替代。价值量最大的麒麟 980 + 基带 SoC 已经实现了自产，价值量其次的内存及存储尚无法自产。

表 2-7 当前华为手机产业链上游核心零部件国产化替代进度

	部件	公司名称	国家/地区	国内供应商或其他潜在供应商	国产化替代进度
核心芯片	AP	海思	中国大陆	紫光展锐、联芯	基本替代
	CPU	英特尔/AMD	美国	海思麒麟	部分替代
	基带芯片及部分专利	高通、海思	中国大陆	联发科、海思巴龙	基本替代
	GPU	英伟达/AMD	美国	海思麒麟	部分低端替代
	FPGA	赛灵思/英特尔	美国	紫光国微、复旦微电子、高云	部分低端替代
	DPS	德州仪器	美国	海思、圣邦股份、华睿、进芯电子	部分低端替代
	模拟器件	Dialog/高通/博通/英飞凌/ADI/安森美/Marvell	美国/欧洲	圣邦股份、全志科技、瑞芯微、华大、闻泰（安世）	部分低端替代
	射频芯片	博通/Qorvo/Skyworks	美国	唯捷创芯、慧智微电子、汉天下、三安光电	部分低端替代
	存储芯片	美光/三星/海力士	美国/韩国	兆易创新、北京矽成、合肥长鑫、长江存储	部分低端替代
	SSD/HHD/HDD	希捷/西部数据	美国	东芝、富士通、紫光	部分低端替代
	摄像头芯片	索尼	日本	韦尔股份	基本替代
	触控芯片	Synopsys	美国	汇顶科技	基本替代
	指纹识别芯片	FPC/神盾	美国	汇顶科技、思立微	基本替代
设计软件	EDA 软件	Cadence/Synopsys/Mentor	美国	华大九天、概伦电子、芯禾科技	暂时无法满足需求
	Windows	微软	美国	无	无法替代
	安卓（Android）	开源（GMS 由谷歌授权）	美国	华为自研	基本替代
制造及封测	芯片制造	台积电	中国台湾	中芯国际	部分低端替代
	封装测试	日月光	中国台湾	长电科技、华天科技、通富微电	基本替代

资料来源：国信证券研究报告（2019 年 6 月）。

海思在基站领域持续投入，在 4G 时代就已实现了基带芯片的自给，并于 2019 年推出华为天罡 5G 基带芯片。此外基站射频芯片也有储备。但仅靠华为一家是不够的。国内芯片设计公司更倾向于量大，且替代较为容易的手机芯片。在基站侧，中射频芯片暂无替代，而高度依赖美系供应商的主要是中射频芯片、FPGA 两大类产品，因此国产 FPGA 急需赶上。由于基站产品需要高可靠性及高精确度，故相应芯片自给率较低。

4. 案例：国产化替代压力之下我国集成电路产业增速与结构优化

2020 年，在外部打压以及国家利好政策支持之下，我国集成电路行业呈现快速增长的势头。据我国半导体行业测算，2020 年我国集成电路销售收入达到

8848 亿元，平均增长率约为 19.43%，为同期全球产业增速的 3 倍。2021 年我国集成电路市场规模突破 1 万亿元（图 2-7）。

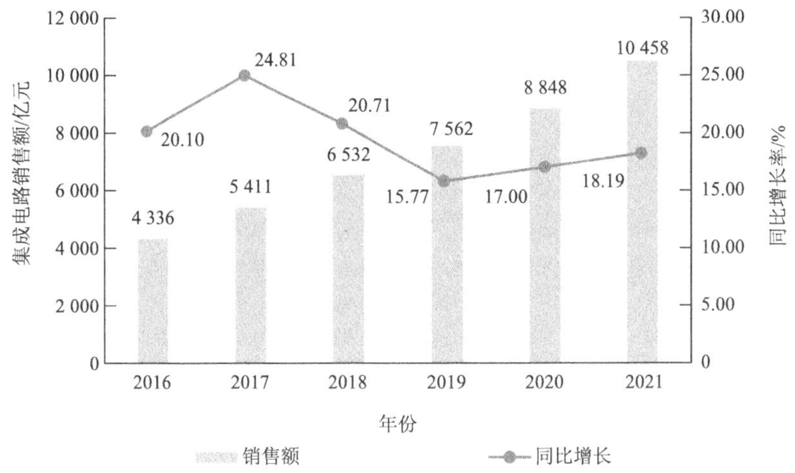

图 2-7 2016—2021 年我国集成电路市场规模统计及增长情况

资料来源：中商情报网

我国集成电路技术不断提升，芯片（集成电路产品）产量维持增长趋势。2021 年我国集成电路产量达 3594 亿块，同比增长 37.54%（图 2-8）。尽管国产芯片产量在逐渐上升，但仍然呈现需求大于供给的局面，国内的芯片产量远远不能满足国内市场需求，很大一部分仍需依靠进口，特别是高端的芯片仍基本依靠进口，因此进口集成电路产品仍占主导地位。

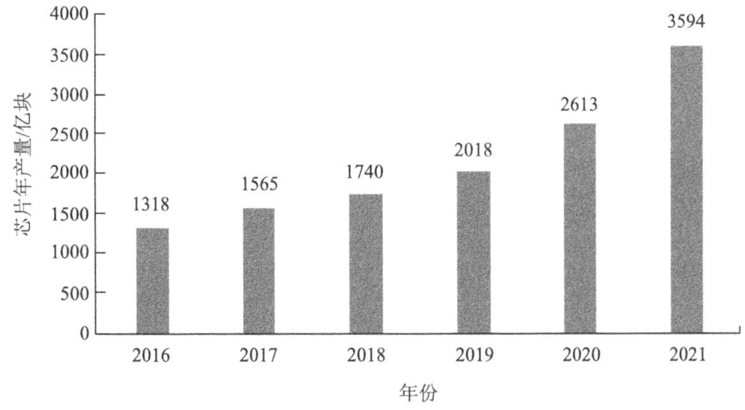

图 2-8 2016—2021 年我国芯片年产量

资料来源：国家统计局

近年来，我国芯片设计产业在提升自给率、政策支持、规格升级与创新应用等要素的驱动下，保持高速成长的趋势。数据显示，2021 年我国芯片设计市场规模达 4519.0 亿元（图 2-9）。

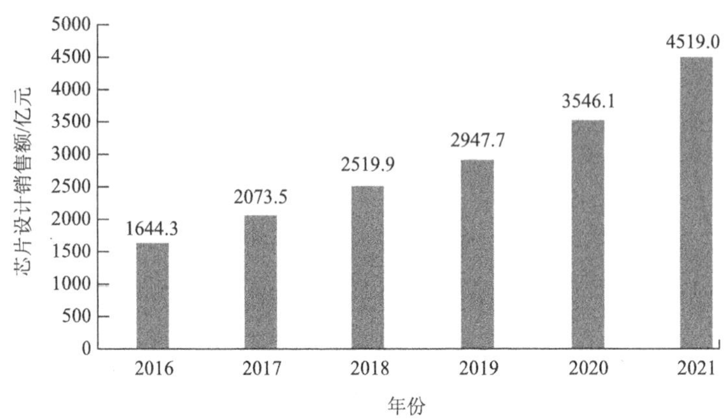

图 2-9　2016—2021 年我国芯片设计市场规模

资料来源：中商情报网和中国半导体行业协会

自 2018 年中美贸易摩擦以来，中国芯片企业注册数量（不含港澳台数据）快速增长，见图 2-10。

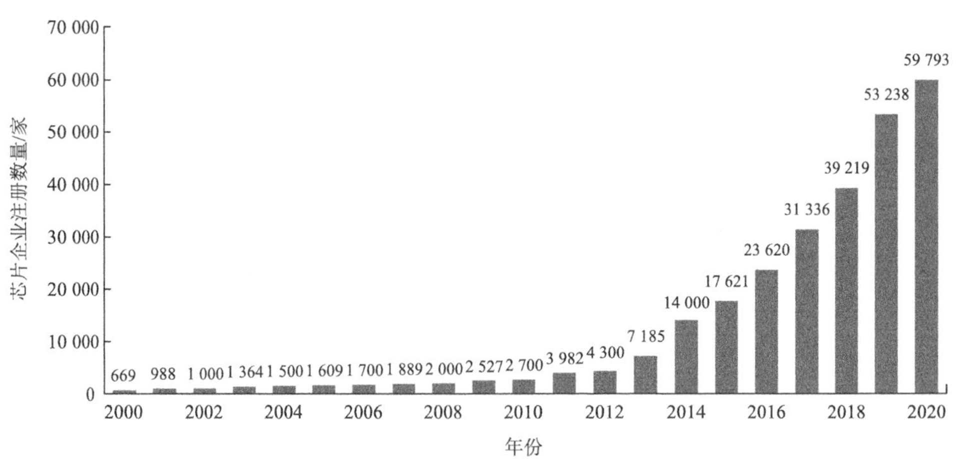

图 2-10　2000—2020 年中国芯片企业注册数量（不含港澳台数据）

资料来源：综合前瞻产业研究院、腾讯新闻和金羊网数据整理

从产业结构来看，随着我国集成电路产业的发展，集成电路设计、芯片制造和封装测试三个子行业的格局正在不断变化，2020 年，我国集成电路产业链结构不断优化，我国集成电路设计业占我国集成电路产业链的比重一直保持在 27%以上，并由 2011 年的 27.22%增长至 2019 年的 39.40%，发展速度总体高于行业平均水平，已成为集成电路各细分行业中占比最高的子行业。总体来看，我国集成电路产业链结构逐渐向上游扩展，芯片设计、晶圆制造作为核心且薄弱的环节，其比重缓步增加，总体产业结构更加趋于优化（图 2-11）。

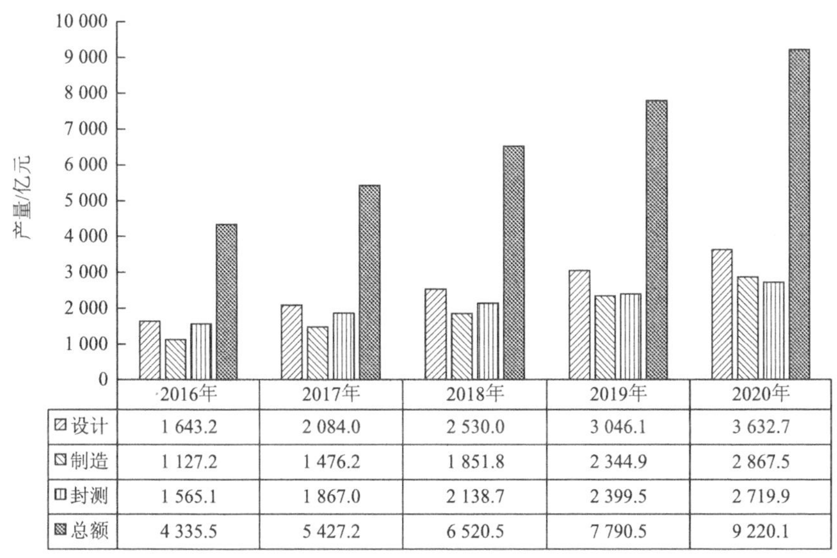

	2016年	2017年	2018年	2019年	2020年
设计	1 643.2	2 084.0	2 530.0	3 046.1	3 632.7
制造	1 127.2	1 476.2	1 851.8	2 344.9	2 867.5
封测	1 565.1	1 867.0	2 138.7	2 399.5	2 719.9
总额	4 335.5	5 427.2	6 520.5	7 790.5	9 220.1

图 2-11　2016—2020 年中国集成电路产业结构

资料来源：中商情报网

目前，国内集成电路产业基本分布在省会城市或沿海的计划单列市，呈现“一轴一带”的分布特征。经过多年部署，我国目前主要有四个产业集聚区，分别是以上海为中心的长三角、以北京为中心的环渤海、以深圳为中心的泛珠三角和以武汉及成都为代表的中西部区域。排在榜单首位的长三角中，上海集成电路产业已覆盖设计、制造、封装测试、装备材料等各环节。2020 年上海集成电路产业规模占全国比重约为 22%，产值超过 2000 亿元，增长超过 20%。超过 700 家集成电路重点企业落户上海，形成了集群效应。仅张江国家自主创新示范区，集成电路领域 2020 年产销规模就达到 1800 亿元，占全国 20%。2021 年 3 月工业和信息化部公布的先进制造业集群竞赛决赛优胜者名单中，上海集成电路集群入选第一批决赛优胜者。而在 4 月 7 日举行的 2021 年上海全球投资促进大会上，总投资

4898 亿元的 216 个重大产业项目集中签约，制造业领域签约项目共 118 项。三大先导产业中，集成电路领域签约项目 16 个，如彤程电子计划在化工区新建半导体光刻胶及配套试剂项目，可形成年产 1.1 万吨半导体光刻胶及 2 万吨相关配套溶剂，进一步推动光刻胶生产本土化。

2.3.2 新冠疫情对经济及全球价值链的影响

1. 新冠疫情导致全球经济低迷

新冠疫情导致了前所未有的全球经济停摆，并对全球经济产生了持续性的消极影响。国际货币基金组织 2021 年 4 月发布的《世界经济展望》报告对 2022 年全球经济增长持悲观态度，预期增长 4.4%（IMF，2021）。新兴市场和发展中经济体的国内生产总值（gross domestic product，GDP）增长预计将达到 5.0%，但这一增长主要得益于印度（6.9%）和东盟五国（6.1%）的经济增长（表 2-8）。

表 2-8 世界经济增长预测 （单位：%）

	2020 年实际 GDP 变化	2021 年预测 GDP 变化	2022 年预测 GDP 变化
1 全球	−3.3	6.0	4.4
2 发达经济体	−4.7	5.1	3.6
2.1 美国	−3.5	6.4	3.5
2.2 欧元区	−6.6	4.4	3.8
2.2.1 德国	−4.9	3.6	3.4
2.2.2 法国	−8.2	5.8	4.2
2.2.3 西班牙	−11.0	6.4	4.7
2.3 日本	−4.8	3.3	2.5
2.4 英国	−9.9	5.3	5.1
2.5 加拿大	−5.4	5.0	4.7
2.6 其他发达经济体	−2.1	4.4	3.4
3 新兴市场和发展中经济体	−2.2	6.7	5.0
3.1 亚洲新兴市场和发展中经济体	−1.0	8.6	6.0
3.1.1 中国	2.3	8.4	5.6
3.1.2 印度	−8.0	12.5	6.9
3.1.3 东盟五国	−3.4	4.9	6.1
3.2 欧洲新兴市场和发展中经济体	−2.0	4.4	3.9
3.3 拉丁美洲和加勒比地区	−7.0	4.6	3.1
3.4 中东和东亚	−2.9	3.7	3.8

续表

	2020 年实际 GDP 变化	2021 年预测 GDP 变化	2022 年预测 GDP 变化
3.5 撒哈拉以南非洲	−1.9	3.4	4.0
3.6 新兴市场和中等经济体	−2.4	6.9	5.0
3.7 低收入发展中国家	0.0	4.3	5.2

资料来源：（IMF，2021）。

注：印度的数据和预测值按财年列出，财年 2020/2021 从 2020 年 4 月开始。

在新冠疫情的影响下，各个国家与地区的 GDP 和人均 GDP 均低于疫情前对经济形势的预估，经济增速有所放缓，各国家/地区间的收入水平差距将进一步加大。世界银行 2021 年 6 月的报告显示，2022 年全球 GDP 比疫情前的预测值低 2%左右。从地区来看，发达经济体的表现较好，GDP 预计将在 2022 年恢复到疫情前预测的水平，然而低收入国家的 GDP 将进一步偏离预测值（图 2-12）。IMF 的数据同样显示，在疫情作用下，各国之间贫富差距出现进一步扩大的趋势。2022 年，发达经济体、新兴市场和低收入发展中国家的人均 GDP 比疫情前的预测值分别低约 1%、4.3%和 6.7%，其中不包括中国在内的新兴市场的人均 GDP 比预测值低约 5.9%（图 2-13）（IMF，2022）。根据 2023 年 IMF 的最新预测，2023 年的全球经济增长预计将进一步降至 2.9%，可以预见的是，随着不同经济体之间的收入差距增加，全球的减贫进程将受到较大阻碍。

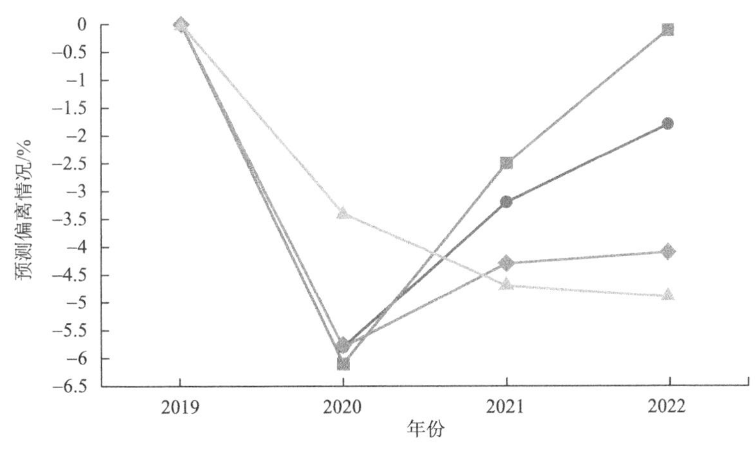

图 2-12 2019—2022 年 GDP 与疫情前预测值的偏离情况

资料来源：世界银行《全球经济展望》，2021 年 6 月

注：该图以 2020 年 1 月世界银行发布预测值为基准值

https://www.worldbank.org/en/news/feature/2021/06/08/the-global-economy-on-track-for-strong-but-uneven-growth-as-covid-19-still-weighs

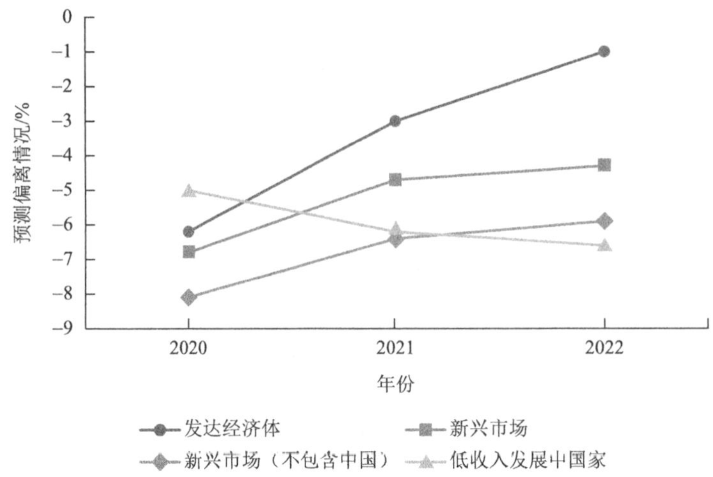

图 2-13　2020—2022 年人均 GDP 与疫情前预测值的偏离情况

资料来源：（Gopinath，2021）

据国际金融协会（Institute of International Finance，IIF）报告中的数据显示，因疫情导致的全球债务负担在不断加重。2020 年全球债务新增 24 万亿美元，超过 250 万亿美元，创下纪录，债务与全球 GDP 之比约 350%（图 2-14），2019—2020 年的债务增幅远超 2008 年全球金融危机期间（Tiftik and Mahmood，2021）。2021 年较 2020 年债务增加达 30 万亿美元。该报告预计 2022 年全球债务规模将持续加大，新增约 20 万亿美元债务。经济增速的放缓则进一步损害了政府及企业的债务偿还能力。

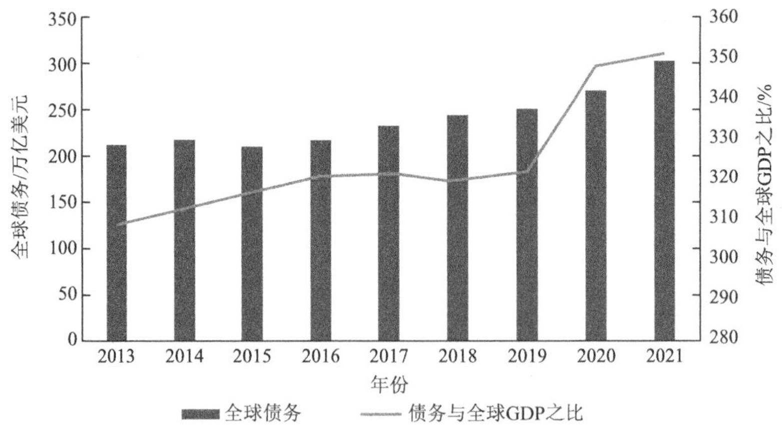

图 2-14　全球债务总值及与全球 GDP 总值之比（2013—2021 年）

资料来源：国际金融协会 2022 年发布的《全球债务监测报告》

就业方面，由疫情导致的就业损失规模巨大，给全球劳动力市场带来极大冲击。据国际劳工组织（International Labour Organization，ILO）估计，相比于 2019 年第四季度，2020 年全球实际工作时间减少了近 9%，相当于损失了 2.55 亿个全职工作岗位，意味着由疫情导致的就业损失比 2008 年全球金融危机带来的影响高出四倍。ILO 的报告显示，2020 年全球劳动力市场的损失严重——3300 万人失业，8100 万人离开了劳动力市场，转为不活跃状态，失业率高达 6.5%（图 2-15）。就业损失直接导致全球收入下降 8.3%，约合 3.7 万亿美元，占 2019 年全球 GDP 的 4.4%，其中，中–低收入国家因受疫情影响在工作时间及收入上的损失最为显著（图 2-16）（ILO，2021）。

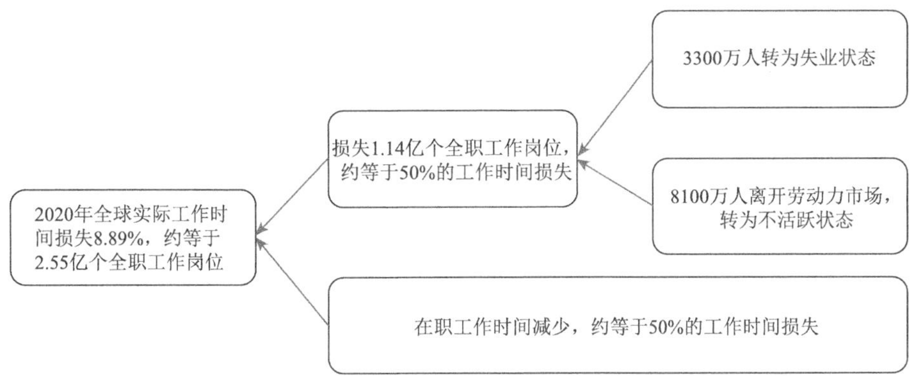

图 2-15　2020 年全球就业损失结构

资料来源：（ILO，2021）

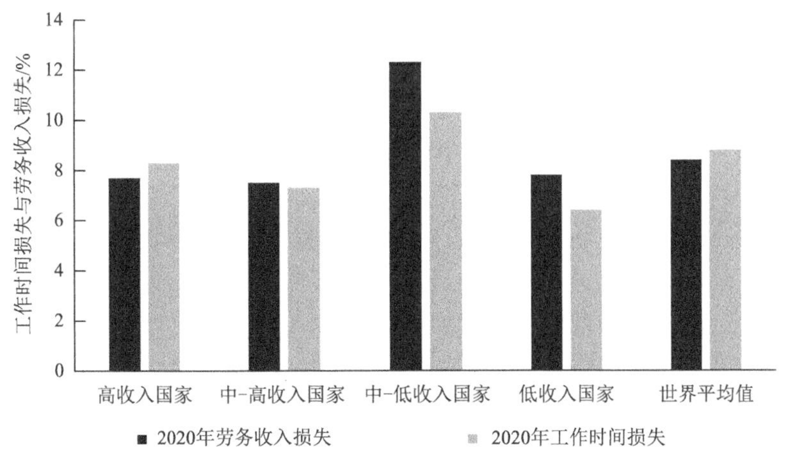

图 2-16　2020 年全球工作时间损失和劳务收入损失

资料来源：（ILO，2021）

新冠疫情同样引发了金融市场的动荡，给国际资本市场带来极大危机，其中包括原油价格暴跌和美股的多次熔断，加剧了市场参与者、投资者对资本市场的悲观和恐慌情绪，使他们不断缩紧投资规模（Zhang et al.，2020）。由于疫情带来的经济下行风险依然严峻，各国政府仍在出台救助措施及财政纾困计划来防止经济的萎缩，缓解疫情带来的负面影响。但疫情的发展有可能进一步加剧目前高债务和经济增长疲软给各国政府带来的财政压力。总体来说，全球经济的复苏仍具有较大不确定性，很大程度上取决于疫情的发展与防控情况（中国银行研究院，2020）。

2. 新冠疫情使全球价值链受到严峻挑战

在全球经济深度融合的背景下，新冠疫情的暴发与扩散导致全球经济增长疲软，各国生产能力下降，外贸需求减少。同时，随着跨境物流及检疫检验等管控措施的不断升级，全球价值链受到严峻挑战，全球的商品贸易和服务贸易均遭受巨大冲击。

全球产业链具有较强的“路径依赖性”，各国根据自身比较优势形成了精细化分工体系，短期内不会完成重构。但从中长期来看，疫情的暴发和蔓延加速了全球价值链的结构调整，倒逼各国进行产业链创新以应对疫情导致的供应链中断的危机。同时，全球产业链在疫情中面临的危机也促使各国重新调整产业布局与开放政策，以使自身更好地应对后疫情时代的全球市场分工（中国银行研究院，2020）。

新冠疫情对全球价值链重构的影响主要通过以下四个作用机制实现——生产、消费、贸易（流通）以及政策。

从生产角度来说，大部分行业既需要承担着劳动力这一生产要素在疫情中的不稳定性带来的风险，又面临着资本要素投入大幅减少的困境，最终导致企业的生产规模萎缩，产出供给减少（戴翔，2020）。在当前全球价值链高度关联并形成了精细分工的背景下，生产的要素减少与规模萎缩不仅发生在单个经济体内部，更体现在跨国流动与合作中。联合国工业发展组织（United Nations Industrial Development Organization，UNIDO）在其 2021 年发布的《世界制造业报告》中显示，2020 年全球制造业出现了自 2009 年以来最大的萎缩，2021 年逐渐恢复，第一季度的全球工业产值同比增长 12%。由于中国对疫情的控制较好，各产业复苏领先于世界大部分国家和地区，使其工业产值恢复速度远超世界平均水平——2021 年第一季度产值与 2020 年相比，同比增长 38.2%（图 2-17）。在同样遭受重创的情况下，中-高端技术类别的制造业恢复速度较快，在 2021 年第一季度的制造业产值同比增长超过 15%；中-低端技术类别 的制造业增长率则超过 10%；而低端技术类别同比增幅仅为 5.8%，进一步表明科技对于推动制造业恢复及发展的重要作用（图 2-18）。因此对于劳动力密集型的制造业企业而言，可能会在未来增加资本和技术投资，提高产业链环节中的科技含量，以减少对劳动力的过度依赖。

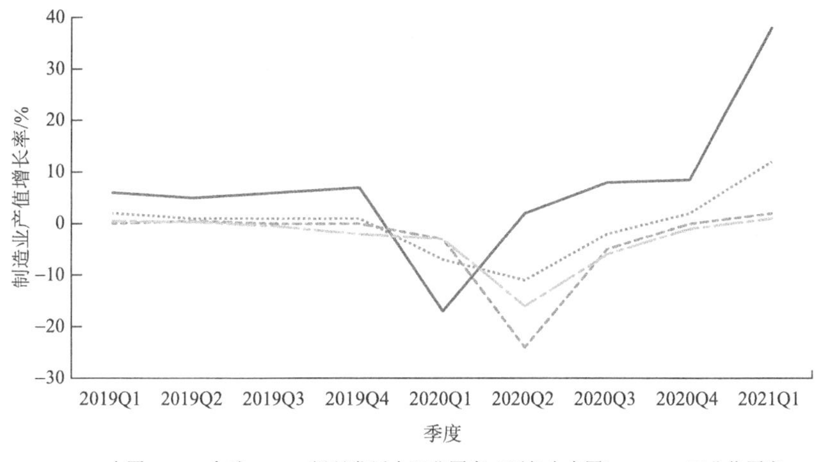

图 2-17　世界制造业产值季度同比增长率（2019—2021 年）（后附彩图）

资料来源：https://www.unido.org/news/world-manufacturing-one-year-covid-19

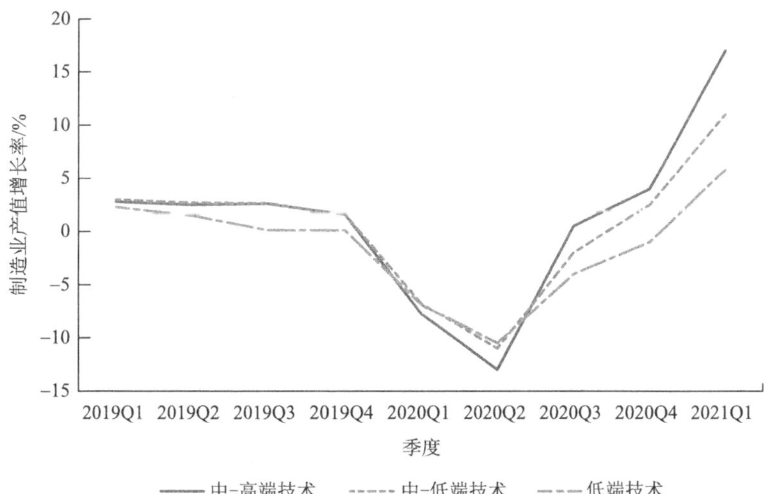

图 2-18　技术密度分类下世界制造业季度同比增长率（2019—2021 年）（后附彩图）

资料来源：https://www.unido.org/news/world-manufacturing-one-year-covid-19

在消费方面，新冠疫情导致大部分产品的市场需求出现不同程度的萎缩。市场需求的疲软不仅是因为疫情期间经济活动本身的活跃度不足，同时也受到了全球生产水平下降的影响，即生产规模的缩减反作用于消费端，降低市场需求。生产和消费在生产网络中相互影响，产生往返循环的效应（Gibbon et al.，2008）。在当前全球性的生产网络已基本形成的背景下，某一国家或地区的消费需求会通过全球价值链产生放大及外溢效应，从而影响生产网络中各国的生产和消费，在区域结构和产业结构层面间接地重构全球价值链（戴翔，2020）。在疫情期间，中国、美国以及欧洲各国在商品和服务上的消费都大幅减少，远超 2008 年全球金融危机带来的影响（图 2-19）。

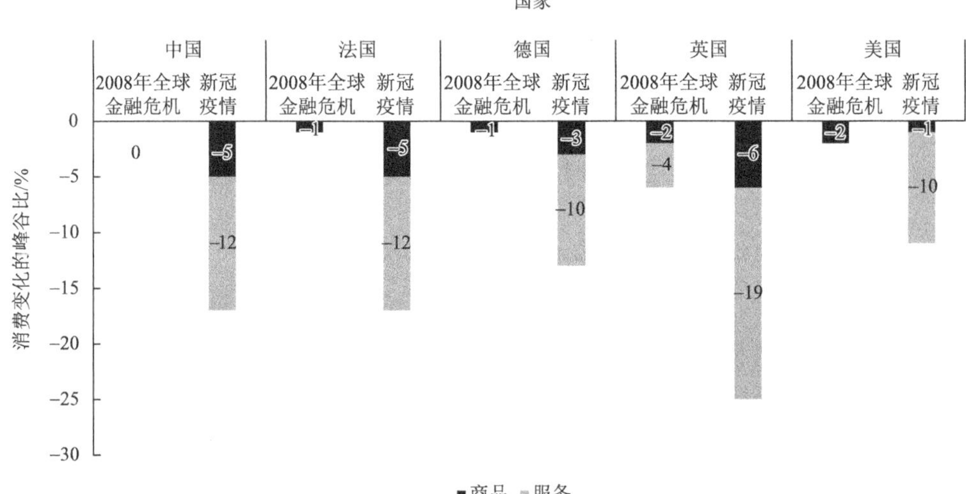

图 2-19　新冠疫情对消费水平带来的冲击（峰谷比）

资料来源：https://www.mckinsey.com/industries/consumer-packaged-goods/our-insights/the-consumer-demand-recovery-and-lasting-effects-of-covid-19.

新冠疫情对生产和消费的影响在全球价值链的两端影响着价值链的重构，而它对贸易的冲击则作为一种中介作用影响着全球价值链的构建。疫情时期国际物流运输和交通体系的中断，以及各国防疫限制措施的施行，严重阻碍了货物的流通，货物贸易在疫情中受到的冲击比服务贸易更为严重（Saif et al.，2021）。2021 年 3 月世界贸易组织（World Trade Organization，WTO）发布的年度《全球贸易数据与展望》报告表明，受新冠疫情影响，2020 年全球货物贸易量下滑 5.3%，亚洲成为全球唯一保持货物贸易出口量增长（0.3%）的地区。从具体行业来看，金属制品、化工、汽车、半导体等产业链长、衍生品多、全球合作程度较高的行业受到的打击更为严重。报告表明全球贸易的恢复仍不太乐观，并且具有较高的不确定性（WTO，2021）（图 2-20）。

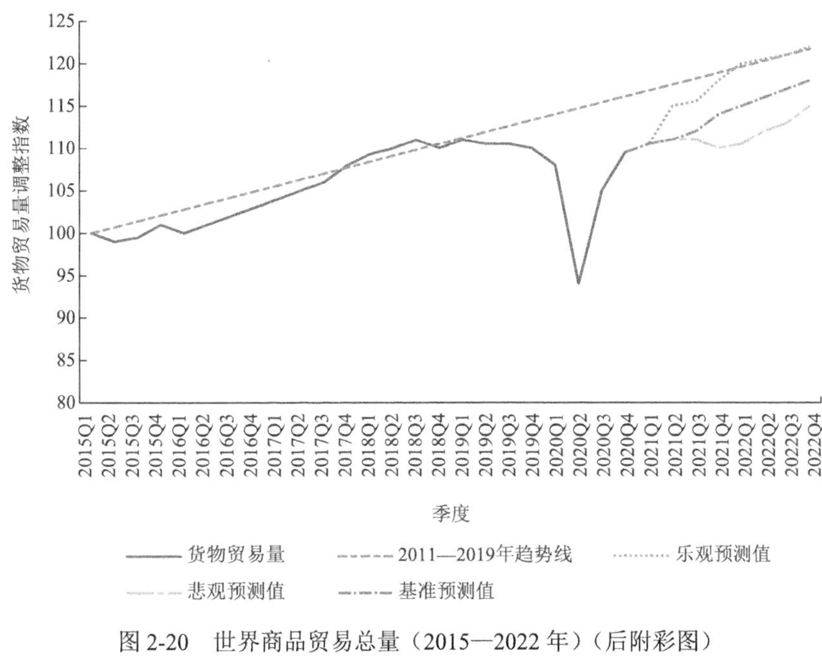

图 2-20 世界商品贸易总量（2015—2022 年）（后附彩图）

资料来源：（WTO，2021）

相比于货物贸易，此次疫情对商业服务贸易带来的影响大体呈现出两种不同趋势的变化。一方面，旅游、航空运输、实体商店、餐饮等传统的需要依托于物理空间提供服务的行业在疫情中遭受了巨大的打击（图 2-21）。例如，国际航空运输协会（International Air Transport Association，IATA）在 2021 年发布的《2020—

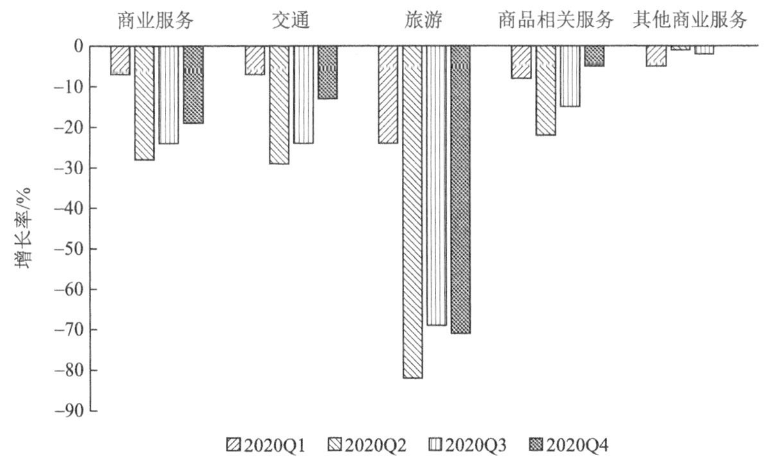

图 2-21 2020 年世界商业服务贸易季度同比增长率

2021 年全球航空运输业业绩展望报告》中表明，截至 2020 年底，航空运输业营收下降至原有水平的 50%，预计两年的累积亏损将超过 1600 亿美元。

另一方面，远程办公、线上教育等软件和信息服务业受疫情的影响则相对有限，市场规模在需求增长的刺激下不断扩大，促使医疗、教育等各传统行业加快了线上布局和转型升级，以应对疫情带来的冲击（Espitia et al.，2021）。

在政策层面，自 2008 年全球金融危机爆发以来，逆全球化的思潮和贸易保护主义逐渐抬头，而在疫情不断蔓延的背景下，全球化的开放政策未来或许将向着更为封闭的方向转变（Enderwick and Buckley，2020）。自新冠疫情暴发以来，美国等西方各国施行的极为严格的入境限制措施，以及美国对中国的高科技产品出口的限制，都对目前已构建起的全球价值链产生巨大的破坏和割裂效应，引发了价值链在全球范围的重新调整（黄小军和谢瑞豪，2020）。同时，在疫情中出现了及时交货系统（just-in-time system）崩溃、全球供应链中断的现象后，世界各国都意识到现行的以成本、效率为主导的全球产业布局在面对突发危机时的不足，以及拥有完备产业链体系的重要性（Wang and Sun，2021）。各国政府开始重新审视本国的产业布局和开放政策，将建设安全、完整、可持续的产业链体系作为目标，旨在兼顾效率与稳定性，以提高本国在全球价值链中的自主性（刘志彪和陈柳，2020）。

具体来说，全球价值链将出现两个演变方向。一方面，全球价值链在纵向分工上趋于缩短，出现短链化和本土化的趋势——传统的以追求低成本而将各工序环节拆分并分包给各个企业的纵向分工体系将会被简化，转向在岸作业或靠近消费市场进行生产（刘志彪，2020）。电子和汽车等技术密集型产业还受到本国回迁政策的压力，国家希望通过产业回流减少这些产业对外部的依赖和受到的国际形势的影响。虽然缩短价值链不符合传统的比较优势和规模经济原则，但是能使产业链更加自主可控，更及时地应对突发事件并灵活调整、调动各生产环节进行生产。另一方面，全球价值链在横向分布上将呈现区域化、多元化，形成产业空间集聚（刘志彪，2020）。产业链从全球布局回缩到一国或邻近若干国家进行集中生产（如北美自由贸易区、中国-东盟自由贸易区），不断向消费市场靠近，有利于规避产业布局过于分散带来的风险（Miroudot，2020）。2020 年 4 月初，美国政府表示支持美国企业迁出中国，并提供相关搬迁费用的资金支持；日本政府拨出 22 亿美元帮助生产制造商转移生产基地，调整产业链布局（刘志彪和仝文涛，2021）。同时，区域化的趋势也表明，全球价值链将呈现多中心、多元化的布局。跨国公司逐渐倾向于从全球多地采购并围绕主要消费市场组建生产网络，这意味着中国“世界工厂”的中心地位会有所下降（Qin et al.，2020）。

总体来说，全球各国政府和企业都将更加注重全球价值链的风险管理，建立更完善的信息管理系统，监控价值链中的每一个环节。疫情的发生也对全球供应链的数字化管理提出了更高的要求——企业利用大数据分析、云计算管理上下游供应商，利用自动化和物联网提高物流运输效率，以及发挥人工智能在生产、运输等环节的作用（Birkel and Hartmann，2020）。

我国作为“世界工厂”，深度融入全球价值链，在此次疫情中受到的冲击来自进口和出口两个方面。一方面，我国制造业在全球产业链垂直分工中处于加工组装环节，欧美、日本、韩国等地区及国家的疫情影响中国半导体零部件、电子材料的进口，使产业链下游受损或断供。另一方面，疫情影响了外部市场对我国制造业、劳动密集型产业产品（服装、家电、玩具等）的需求，导致我国出口受阻（张二震和戴翔，2021）。但是我国作为最早控制住疫情的国家之一，在其他各国生产仍然相对滞后的阶段，抓住复工复产的契机，努力扩大了医疗防护用品、医用仪器等疫情相关供给品的市场份额，填补了该产业链的空缺（郭宏和伦蕊，2021）。从中长期来看，我国拥有完备的工业体系和制造业产业链，且在全球价值链的位置不断向着上游提升，因此在价值链中的优势地位仍相对稳固（Qin et al.，2020）。

但同时，我国也需要警惕美国等西方国家将制造业回流以及各国对外开放政策和贸易政策逐渐转向封闭的趋势，解决在知识、技术密集型产业的关键环节“卡脖子”的问题，以创新驱动产业链升级，推动传统行业与数字化、高科技的融合（Ding et al.，2019）。我国对内需要打造以内需为导向的产业链体系，发挥京津冀、长三角、珠三角城市群等产业集群的作用，推动产业链上下游的协同发展，积极推进各区域间的产业联动，加快物流、人流、资金流的流动，打破各环节的壁垒；对外可以通过对海外进行投资布局，并购或合作开发高科技项目，调整嵌入全球创新价值链的方式，构建更加安全、自主可控的价值链（Van Assche and Van Biesebroeck，2018）。

3. 新冠疫情推动全球创新的潜在影响

新冠疫情对全球创新格局产生冲击，同时也推动了某些创新领域的发展。从积极方面来看，在疫情常态化背景下，企业和大众对于用于满足工作生产和日常生活、社交需要的科技手段的需求激增，如远程办公、网上购物、网络社交等，激发了新生业态的创新活力。各互联网公司和软件公司的收入激增，促进了如线上教育等行业的迅速崛起和更新迭代，同时也推动传统行业（如教育、零售等）进行了更能满足网络社会需求的升级和创新，其中远程办公成为最具有代表性的在工作组织方式上的创新之一（Espitia et al.，2021）。在 Gartner 进行的一份全球调查中显示，88%的公司在疫情期间要求或鼓励员工进行远程协同办公，并有 80%的企业表示会考虑在疫情后继续沿用部分远程办公的模式，给员工提供更多的自主性和灵活性（Golden，2020）。疫情期间，远程办公服务在中国同样得到迅速发展。据中国互联网络信息中心（China Internet Network Information Center，CNNIC）发布的第 47 次《中国互联网络发展状况统计报告》显示，我国远程协同办公的市场规模实现爆发式增长，2020 年下半年增长率高达 73.6%，截至 2020 年 12 月，我国远程办公用户规模达到 3.46 亿。根据艾瑞咨询《2022 年企业微信生态研究报告》，通过企业微信连接及服务的微信用户数量在 2019—2020 年一年间从 6000 万增长至 4 亿。

除远程办公服务外，电子商务同样在疫情期间成为大众生活中不可忽视的环节。电子商务在全球零售业交易中的份额从 2019 年的 14%上升至 2020 年的 17%，其中中国的网上零售额增长尤其迅速，国家统计局数据显示，2020 年全年全国网上零售额 11.76 万亿元，比上年增长 10.9%。此外，亚马逊作为全球最大电子零售商之一，受疫情影响，销售额在 2020 年第三季度实现了超过 35%的增长，达到近年来峰值（UNCTAD，2021）。在新冠疫情的大背景下，应用新技术的新型服务方式也快速涌现，促进着创新的发展。在消费领域，无人机送货、无人车载人等新兴服务方式为居民提供极大便利；在生产领域，针对疫情救治等医务特殊场景，我国利用 5G 云端技术，开发出了用于消毒、清洁、测温、巡逻等新型服务的智能机器人，并已在一些重点医院投入使用，大大减少了医护人员的工作量，降低了传染风险。

同时，全球各国政府和企业均增加了对疫情相关领域，如生物科技、生物医药、疫苗研发等方向的科研投入。欧盟发布的一份报告中显示，全球创新与科研投入的增长中，14.5%来源于信息技术领域，13.7%来源于健康卫生领域。同时各国的科研团队实现了国内甚至国际的紧密合作——通过积极分享相关科研成果、开放期刊文献的权限、减少科研合作流程中繁琐的行政审批手续等，加快推进了相关领域的科研进度，也有助于发展中经济体融入国际科技创新网络（Patrucco et al.，2021）。

尽管新冠疫情给某些行业和领域的创新带来了一定程度的正向积极的推动作用，但它对整体创新环境的消极影响依然普遍存在且不可忽视。首先，新冠疫情暴发前，全球创新发展态势良好，2018 年研究与试验发展（R&D）投入增长 5.2%，达到自 2008 年全球金融危机后的最高值（Cornell University et al.，2020）。随着疫情的暴发和扩散蔓延，各企业的供应链出现中断，资金短缺，可用于投入科研的资金减少。风险投资行业为了规避风险，主要资本都投入大公司中，初创小企业以及回报周期更长的创新科研项目的吸引力大大降低（Roper and Turner，2020）。其次，风险投资将更加集中于美国、英国、新加坡、中国香港等热门国家和地区，除中国和印度外的发展中经济体对风险投资的吸引力持续低迷，进一步抑制了科学创新领域的发展（Cornell University et al.，2020）。最后，对于除“新冠疫情”外的其他领域重视程度降低，许多实验室和科研项目被暂时叫停，高校、科研院所、各类中介平台和机构等无法正常运转，影响了整体的科研进程。尽管政府出台了一系列纾困措施帮助中小企业缓解危机，但此类企业以及企业在科研领域的投入并非救助计划的重点，许多企业依然面临较大的经营危机。

从中长期来看，全球价值链在疫情中的调整和重构表明，不断创新并向着产业链上游移动才是保持产业链具有弹性的最佳应对方式。各国通过创新手段，能够更智能地组织和更灵活地管理生产过程，监控并及时调整上下游供应链，来应对后疫情时代的经济发展新常态以及可能出现的突发性危机。作为最先控制住疫情的国家之一，中国应当充分把握全球科技创新趋势和国家现实情况，政府与企业通力合作——政府要加强对科技创新重点领域的支持力度，提升科技合作和应对潜在风险的能力；企业要在创新上不断投入更多的资金与人才，保持开放合作的态度，鼓励产业与科研机构合作，才能抓住机遇，提升国家的自主创新能力。

2.3.3　中国构建创新发展的新格局

当今世界正经历百年未有之大变局，尽管和平与发展仍然是时代主题，但国际环境日趋复杂。如前文所述，新冠疫情全球大流行，经济全球化遭遇贸易保护逆流，全球经济陷入低迷。在不利的国际形势下，我国转向高质量发展充满挑战。尽管未来发展具有一定的制度和资源优势，但我国发展面临着突出的不平衡不充分问题，改革任务仍然艰巨，当前的创新能力并不能完全适应高质量发展的要求。

创新在我国现代化建设全局中具有核心地位，特别是在当前的国际国内形势下，科技自立自强依然是国家发展的战略支撑。深入实施科教兴国战略、创新驱动发展战略，对于完善国家创新体系具有重大意义。

《中共中央关于制定国民经济和社会发展第十四个五年规划和二〇三五年远景目标的建议》明确提出，加快构建以国内大循环为主体、国内国际双循环相互促进的新发展格局。这是根据我国发展阶段、环境、条件的新变化，着眼我国中长期发展作出的战略决策，旨在重塑我国国际合作和竞争新优势，全面深化改革，助力“十四五”乃至更长时期的高质量发展。

“双循环”新发展格局中“以国内大循环为主体”，要求我们把高质量发展的立足点放在国内；“国内国际双循环相互促进”，则要求我们在发展好内循环的同时更要主动引领、积极参与高层次的国际交流与合作。国内大循环是主体，意味着要着力打通国内生产、分配、流通、消费的各个环节。国际市场是国内市场的延伸。国内国际双循环相互促进，将使国内市场和国际市场更好地联通。随着国内市场开拓力度进一步强化，诸多新产业、新业态、新模式将会脱颖而出。在内外双循环相互促进下，众多关键核心技术将加速突破瓶颈，持续提升我国在全球价值链分工的地位。

构建创新发展新格局有以下几方面的重点内容。

在内循环上，一是把扩大内需作为主要抓手。具体到创新方面，政府要引导资金更多投向高新技术产业和基础研发，加大对新基建等重点领域的扶持力度。同时，鼓励投资向中西部地区倾斜，并充分利用区域优势互补，统筹国内创新经济布局。

二是以自主创新驱动引领国内大循环。要尽快突破关键核心技术，推进制造业强链补链。一方面，推进智能制造、生命健康、新材料等战略性新兴产业，加强基础创新和应用创新，形成更多新的增长点、增长极。另一方面，要通过提升技术进步对成熟工业部门的技术溢出效应，以新一代信息技术改造传统产业，带动产业链整体向数字化、网络化、智能化方向转型升级。

三是加快形成内外互促的双循环。鼓励国外企业持续深耕中国市场，支持国内企业稳健"出海"开拓国外市场，促进国内国际产业链与创新链深度融合。要积极推动更高水平对外开放，主动参与全球经济治理，加快形成全方位、多层次、宽领域的全面开放新格局，从而为双循环注入不竭动力。

参 考 文 献

戴翔，2020. 新冠肺炎疫情下全球价值链重构的中国机遇及对策[J]. 经济纵横（6）：71-79，2.

高菠阳，刘卫东，Norcliffe G，等，2011. 国际贸易壁垒对全球生产网络的影响：以中加自行车贸易为例[J]. 地理学报，66（4）：477-486.

郭宏，伦蕊，2021. 新冠肺炎疫情下全球产业链重构趋势及中国应对[J]. 中州学刊（1）：31-38.

黄小军，谢瑞豪，2020. 当前全球产业链发展趋势[J]. 中国金融（22）：70-71.

贾根良，2016. 第三次工业革命与工业智能化[J]. 中国社会科学（6）：87-106，206.

李海舰，2000. 关于高技术产业化问题的几点认识[J]. 中国工业经济（10）：21-24.

李惠国，1992. 高科技和全球经济的发展正在改变世界[J]. 中外科技信息（2）：57-58.

刘思明，张世瑾，朱惠东，2019. 国家创新驱动力测度及其经济高质量发展效应研究[J]. 数量经济技术经济研究，36（4）：3-23.

刘伟，2016. 经济新常态与供给侧结构性改革[J]. 管理世界（7）：1-9.

刘志彪，2020. 新冠肺炎疫情下经济全球化的新趋势与全球产业链集群重构[J]，江苏社会科学（4）：16-23，241.

刘志彪，陈柳，2020. 疫情冲击对全球产业链的影响、重组与中国的应对策略[J]. 南京社会科学（5）：15-21.

刘志彪，仝文涛，2021. 2020 年中国产业链研究重点和进展[R/OL]. 长江产经智库. http://jspopss.jschina.com.cn/shekedongtai/202101/t20210113_6945668.shtml.

陆天驰，闵超，高伊林，等，2019. 竞争情报视角下的中美人工智能技术领域差距分析：以美国商品管制清单为例[J]. 情报杂志，38（11）：25-33.

王奇，岳宏志，2020. 技术创新对经济增长影响的实证研究[J]. 上海经济（6）：88-105.

王桃，2020. 美国长臂管辖原则探析及中国应对[D]. 长春：吉林大学.

余乐芬，2011. 美国"337 调查"历史及中国遭遇知识产权壁垒原因分析[J]. 宏观经济研究（7）：35-40，76.

张二震，戴翔，2020. 疫情冲击下全球价值链重构及中国对策[J]. 南通大学学报（社会科学版），36（5）：92-101.

中国银行研究院，2020. 全球经济金融展望报告[R/OL]. https://pic.bankofchina.com/bocappd/rareport/202009/P020200928353889301389.pdf.

钟世川，2014. 要素替代弹性、技术进步偏向与我国工业行业经济增长[J]. 当代经济科学，36（1）：74-81，126-127.

周磊，杨威，余玲珑，等，2020. 美国对华技术出口管制的实体清单分析及其启示[J]. 情报杂志，39（7）：23-28.

庄志彬，2014. 基于创新驱动的我国制造业转型发展研究[D]. 福州：福建师范大学.

Birkel H S，Hartmann E，2020. Internet of things：the future of managing supply chain risks[J/OL]. Supply Chain Management，25（5）：535-548. https://doi.org/10.1108/SCM-09-2019-0356.

Cornell University，INSEAD，WIPO，2020. Global innovation index 2020：who will finance innovation？[R/OL]. Ithaca，Fontainebleau，Geneva：Cornell University，INSEAD，WIPO. https://www.wipo.int/edocs/pubdocs/en/wipo_pub_gii_2020.pdf.

Ding Y，Zhang H，Tang S，2019. The impact of US anti-dumping against China on China's manufacturing global value chains status[J/OL]. Transnational Corporations Review，11（4），323-331. https://doi.org/10.1080/19186444.2019.1682408.

Enderwick P，Buckley P，2020. Rising regionalization：will the post-COVID-19 world see a retreat from globalization？[J]. Transnational Corporations，27（2）：99-112.

Espitia A，Mattoo A，Rocha N，et al.，2021. Pandemic trade：COVID-19，remote work and global value chains[J/OL]. The World Economy，45（2）：561-589. https://doi.org/10. 1111/twec.13117.

Gibbon P，Bair J，Ponte S，2008. Governing global value chains：an introduction[J/OL]. Economy and Society，37（3）：315-338. https://doi.org/10.1080/03085140802172656.

Golden R，2020. Gartner：over 80% of company leaders plan to permit remote work after pandemic[EB/OL]. https://www.hrdive.com/news/gartner-over-80-of-company-leaders-plan-to-permit-remote-work-after-pande/581744/.

Gopinath G，2021. Managing divergent recoveries [EB/OL]. https://blogs.imf.org/2021/04/06/managing-divergent-recoveries/.

Heinonen K，Strandvik T，2021. Reframing service innovation：COVID-19 as a catalyst for imposed service innovation[J/OL]. Journal of Service Management，32（1）：101-112. https://doi.org/10.1108/JOSM-05-2020-0161.

IATA，2021. Outlook for the global airline industry [R/OL]. https://www.iata.org/en/iata-repository/publications/economic-reports/airline-industry-economic-performance---april-2021---report/.

ILO，2021. ILO monitor：COVID-19 and the world of work. Seventh edition updated estimates and analysis[R/OL].

IMF，2021. Managing divergent recoveries[R/OL]. https://www.imf.org/en/Publications/WEO/Issues/2021/03/23/world-economic-outlook-april-2021.

IMF，2022. Gloomy and more uncertain[R/OL]. https://www.imf.org/en/Publications/WEO/Issues/2022/07/26/world-economic-outlook-update-july-2022.

Miroudot S，2020. Reshaping the policy debate on the implications of COVID-19 for global supply chains[J/OL]. Journal of International Business Policy，3：430-442. https://doi.org/10.1057/s42214-020-00074-6.

Patrucco A S，Trabucchi D，Frattini F，et al.，2021. The impact of COVID-19 on innovation policies promoting Open Innovation[J/OL]. R&D Management，52（2）：273-293. https://doi.org/10.1111/radm.12495.

Qin M，Liu X，Zhou X，2020. COVID-19 shock and global value chains：is there a substitute for China？[J/OL]. Emerging Markets Finance and Trade，56（15）：3588-3598. https://doi.org/10.1080/1540496X.2020.1855137.

Roper S，Turner J，2020. R&D and innovation after COVID-19：what can we expect？a review of prior research and data trends after the great financial crisis[J/OL]. International Small Business Journal：Researching Entrepreneurship，38（6）：504-514. https://doi.org/10.1177/0266242620947946.

Saif N M A，Ruan J，Obrenovic B，2021. Sustaining trade during COVID-19 pandemic：establishing a conceptual model including COVID-19 impact[J/OL]. Sustainability，13（10）：5418. https://doi.org/10.3390/su13105418.

Singh C S，Soni G，Badhotiya G K，2019. Performance indicators for supply chain resilience：review and conceptual framework[J/OL]. Journal of Industrial Engineering International，15（S1）：105-117. https://doi.org/10.1007/s40092-019- 00322-2.

Tiftik E，Mahmood K，2021. Global debt monitor COVID drives debt surge–stabilization ahead? [EB/OL]. https://www.iif.com/Portals/0/Files/content/Global%20Debt%20Monitor_Feb2021_vf.pdf.

UNCTAD，2021. COVID-19 and e-commerce：a global review [R/OL]. New York：UNCTAD. https://unctad.org/webflyer/ covid-19-and-e-commerce-global-review.

Van Assche A，Van Biesebroeck J，2018. Functional upgrading in China's export processing sector[J/OL]. China Economic Review，47：245-262. https://doi.org/10.1016/j. chieco.2017.07.012.

Wang Z，Sun Z，2021. From globalization to regionalization：the United States，China，and the post-COVID-19 world economic order[J/OL]. Journal of Chinese Political Science，26（1）：69-87. https://doi.org/10.1007/s11366-020-09706-3.

WTO，2021. World trade primed for strong but uneven recovery after COVID-19 pandemic shock [R/OL]. https://www.wto.org/english/news_e/pres21_e/pr876_e.htm.

Zhang D，Hu M，Ji Q，2020. Financial markets under the global pandemic of COVID-19[J]. Finance Research Letters，36.

第 3 章　典型全球城市区域协同创新案例研究

本章主要研究当前国际与国内典型全球城市区域的协同创新发展案例，在国际案例方面选择了旧金山湾区、纽约湾区、东京湾区与欧盟，在国内案例方面选择了长三角与京津冀两个城市群。结合各个典型的城市群的发展特征，总结了其各自的发展特点与经验，凝练其对于珠三角城市群协同创新的发展借鉴。

3.1　旧金山湾区：政府引导下产学研深度融合打造科技集群

旧金山湾区是指环绕美国西海岸旧金山海湾一带的地域，共有 9 个县、101 个城市，工地面积约 1.8 万千米^2，人口规模达 800 万以上。湾区分为北湾、旧金山市、东湾、南湾和半岛，三个核心城市为旧金山市、东湾的奥克兰市和南湾的圣何塞市，整体呈现多核心的空间结构形态。其中，旧金山市是整个湾区的核心城市，也是湾区主要的人口集聚地，重点发展金融、滨海旅游等现代服务业；南湾是硅谷的中心地带，重点发展高新技术产业；奥克兰市以港口经济为主，其他地区以农业旅游为主，形成以高新技术产业为主导、科技金融紧密结合、其他服务业配套发展的产业体系（陈相，2018）。产学研深度融合是旧金山湾区经济增长的强大引擎。位于湾区圣何塞的硅谷，以不到全美 1%的人口，创造了全美约 5%的 GDP。硅谷周边分布着斯坦福大学、加利福尼亚大学等 20 多所知名高校，以及以航空航天、能源科技、农业技术等为代表的多家军工科技和先进技术研发机构。硅谷早期以生产军事电子产品为主，半导体和微处理器的快速发展使得硅谷的产业竞争力大大提升（王云等，2020）。20 世纪 90 年代的软件业、21 世纪初的智能手机以及 21 世纪 10 年代的新能源汽车，使得湾区不断聚集大量的互联网巨头和高科技企业。与此同时，湾区驻扎着超过 300 家以投资新兴企业为目标的风险资本和私人股本公司，全美超过 40%的风险资本集中于此，由此不断孕育出 Facebook、Twitter、YouTube、IBM、谷歌、苹果、甲骨文、特斯拉等全球知名企业，引领全球 20 多种产业发展新趋势，被誉为全球最重要的高科技研发中心之一（陆敏凤，2017）。湾区一方面创造有利条件激励企业、大学、科研机构等进行科学技术研发，另一方面搭建平台，建立支撑保障体系促进产业孵化。多样化的创新创业平台建设相比高校和科研机构的基础研究内容更接近市场，进一步推动商业应用和价值创造，也更有利于获得潜在的投资和天使投资人的青睐（王云等，2020），湾区内已经形成并且不断强化的产学研一体化协同创新模式，又进一步稳固并提升旧金山湾区的国际科技创新中心的功能与地位（张胜磊，2018）。

3.1.1　完善的创新体系造就湾区核心竞争力

旧金山湾区开发新工艺技术、把握新市场需求、创造新商业模式的能力，得益于多种经济社会因素互动融合形成的湾区创新体系。湾区创新体系通过促进高校和科研机构、资金（风险投资）、孵化器与加速器、企业家等创新要素的紧密联系互动，彼此正向激励，构建了良性循环网络，从而成为全球创新的主要阵地。

（1）世界一流的高等教育体系

强大的科研力量是旧金山湾区创新驱动的重要源泉。湾区拥有斯坦福大学、加利福尼亚大学伯克利分校及旧金山分校、戴维斯分校、圣克鲁斯分校，这五所大学拥有全美前十的商科、医学、科学和工程研究生项目达 60 个，是全美最大的研究型大学城（区），这些顶尖大学为湾区提供了大量专利和发明，其毕业生创立的思科、苹果、易趣、谷歌、惠普、特斯拉和雅虎等公司跻身世界最著名和最成功的高科技企业行列。大学多元化学科的设置、完善的人才培养体系为湾区经济创新发展提供了人力资源保障。大学院所更加注重将基础性研究与企业的应用性研究相结合，加快科技成果转化（逯新红，2020）。除多家研究型大学和多所国家级实验室外，还有 9 所专科学校和 33 所技工学校，培养了大量的技术工程师和应用型创业人才。在旧金山湾区，由斯坦福大学、加利福尼亚大学伯克利分校的毕业生创办的科技初创企业数量，是其他地区大学毕业生创办企业总量的数倍。

斯坦福工业园首创产学研一体化新模式，鼓励高校科技人才创新创业，促进学界与业界之间的人才流动。1951 年，“硅谷之父”特曼教授提出并建立斯坦福工业园，鼓励斯坦福大学的教师和学生利用自己的科研成果创办企业，鼓励大学师生加强与外部企业的研发合作，并提出一系列具体支持措施，包括：实施更加开放和自由的学籍管理办法，支持大学教师和学生在校期间进行科技创业；提供创业贷款、低价租用学校土地用作企业办公场地、租用学校设备等必要的创业物质支持；通过允许企业工程人员到大学听课、向附近企业开放大学实验室、鼓励师生加强与企业研发合作等方式，积极促进大学和产业之间的关联等（余碧仪等，2019）。

（2）超强实力的国家级实验室体系

旧金山湾区在全美拥有得到联邦政府资助最多的研究中心和实验室，包括劳伦斯伯克利、劳伦斯利弗莫尔、桑迪亚国家实验室，美国国家航空航天局艾姆斯研究中心，美国 SLAC 国家加速器实验室等，国家级或州级实验室达到 25 所，还拥有若干合作研究示范机构，如桑迪亚开放校区、联合生物能源研究所和加利福尼亚州科学中心。顶尖级国家实验室能针对复杂问题开展多学科联合攻关，开展规模庞大、周期甚长的国家级研究项目，能够解决远超学界和业界研究范围的难题。国家实验室更加注重原始创新和基础研究，更加重视研究的战略性和前瞻性，寻求从 0 到 1 的突破。国家实验室与顶尖大学分工明确、结构完整、配置合理的科技体系有效支撑了科技创新发展（逯新红，2020）。国家实验室能够在基础与应用研究方面与大学协作，在技术发展与研究成果商业化方面与业界合作。

湾区还拥有独特的企业研究实验室。公司总部设在湾区的企业建有自己的实验室，总部不在湾区的公司依托设在湾区的创新中心也组建自己的实验室。它们与国家级实验室进行广泛的合作，建立若干个孵化器和加速器，为创新创业家们提供灵活的办公空间、法律咨询、技术开发平台甚至风险投资资本。据不完全统计，湾区目前拥有孵化器和加速器 50 家以上，最知名的孵化器 Y Combinator 公司已经孵化出创业公司 380 家以上。

（3）强大的吸引风险投资能力

商业化的创新过程是由大量的风险资本、天使资本和私人股本推动的，这些资本为各类公司在创立以及不同发展过程中提供资金。旧金山湾区有超过 300 家以投资新兴企业为目标的风险资本和私人股本公司，集聚了美国 40%以上的风险资本以及全世界近 20%的风险资本，不仅包括投资多个领域的大型机构，也有投资初期企业的小型机构，还包括投资特定行业的企业，科技银行等金融机构尤为发达。

3.1.2　有效的区域发展政策推动湾区产业升级

在旧金山湾区产业升级和空间优化进程中，州县政府及各市政府的区域发展政策取得良好效果，尤其在 TOD 开发、产业政策支持、地方优化发展策略等方面效果十分突出。

（1）TOD 开发模式推动

硅谷早期的高新技术企业主要沿高速公路分散布局，在湾区发展规划以及交通战略投资建设的推动下，这些分散布局的企业园区不断被串联起来，并随着新居住区的建设，与大城市郊区化联动发展，逐步形成了以科技集群为核心、本地配套设施为基础、周边城市为支撑的都市圈。在快速交通网络 TOD 开发模式的推动下，旧金山湾区逐步强化以交通干线构建的“泛网络化”空间结构（王长建等，2022），各城市完善相互衔接的公共服务体系，促进形成相互协同的产业创新网络。

（2）政府产业政策直接支持

在旧金山湾区产业演进过程中，加利福尼亚州政府和联邦政府对湾区产业的支持，不仅体现在对企业研发的直接经费资助以及政府主持开展的科研项目的资助，也体现在有针对性地促进大学、科研机构、企业等开展科研合作。政府推动“政产学研”体系建设，为初创企业提供成长空间。特别是美国政府早期的国防军工产业布局，大大促进硅谷的发育与成长。随后美国政府在湾区布局以航空航天和能源科技为代表的国家实验室，为半导体、电子产品、新能源等产业发展提供了强大的人才和技术储备。20 世纪五六十年代，美国国防部大量购买硅谷芯片，政府采购政策、研发资金投入以及全球市场开拓，在很大程度上激发了湾区的创新活力。

（3）地方政府制定优先发展策略

第二次世界大战后，旧金山市政府在相当长时期内采取生产性服务业优先发展策略，有效地促进区域经济转型。同时，在郊区化过程中，更加注重服务业的进一步调整和完善，利用城市更新来吸引和挽留中产阶级，促进城市经济持续增长。战后，奥克兰已经是湾区东部最重要的制造业中心，地方政府更注重在周边地区发展制造业，客观上加速了制造业的外流。奥克兰原有承接旧金山产业转移的优势地位逐渐消失，同时未能吸引新兴产业补位，城市发展陷入困境。但是，20 世纪 90 年代，奥克兰政府积极引进硅谷企业，发展高新技术产业，奥克兰城市经济迅速走出低谷，加快复苏。与旧金山和奥克兰相比，圣何塞的政府发展政策作用最为明显。战后圣何塞发展政策大体经历了两个阶段：其一是采取增长优先策略，城市扩展速度加快，吸引外来人口；其二是采取稳定增长策略，追求人口和就业均衡发展。尽管如此，历届政府均不同程度地重视为工业化创造条件，尤其是 20 世纪 70 年代以后，着力引进和培育电子产业，不仅引进领先企业而且更关注研发机构的引进和培育，从而抓住硅谷每一次产业科技革新浪潮，在 20 世纪 90 年代奠定其“硅谷首府”的城市定位。

3.1.3　良好的区域治理促进湾区协同发展

旧金山湾区共有 101 个城市，不同城市资源禀赋、产业基础、发展阶段、未来目标等差异显著，城市之间的分工与协作是区域治理的关键难题，良性的竞争与合作成为湾区协同发展的有效路径。

美国旧金山湾区是最早设立区域协调机构并取得成功的国际知名湾区，早期的旧金山湾区内，各城市产业同质化严重，恶性竞争不断。1945 年，旧金山湾区委员会（Bay Area Council）成立，该委员会至今已拥有超过 275 家大型企业的 CEO 成员，由企业赞助，针对湾区面临的问题，推动成立专门的区域公共监管机构予以解决，极大地缓解了湾区城市之间的产业协调难题（新华社，2020）。

随着旧金山湾区经济的快速发展，开敞空间不足、交通拥堵、基础设施滞后、房价上升、环境污染等问题越来越严重，城市间需要协调的内容和共同应对的难题越来越繁杂，于是在湾区委员会推动下，旧金山湾区组建了半官方性质的地方政府联合组织，力图解决大都市区发展中的区域性矛盾和问题，从而实现区域协调发展。该政府协会是一个由旧金山湾区内 9 个县和 101 个城市的地方政府自愿联合组成的半官方组织，通过决策投票的方式促使湾区内政府在土地利用、环境治理、交通规划等区域协调问题上采取一致行动。政府协会虽然没有行政权力，但协会成员投票通过的议案具有法律效力，湾区内全体政府成员都必须共同遵守。2003 年，为了进一步提升旧金山湾区在区域发展协同与政策协调方面的能力与效率，旧金山湾区政府协会和大都市区交通委员会又共同决定成立了联合政策委员会，其主要职责是对区域协调机构所制定的发展战略、区域规划、决策议案等进行评估与意见反馈。

3.1.4 优美的宜居宜业宜游环境提升湾区发展凝聚力

旧金山湾区虽然已成为全球高科技产业集中地区，但依旧保留多丘陵的海岸带、海湾森林山脉和广袤原野，优美的自然生态与极具包容性的创新文化相映照，成为吸引全球顶级人才的重要因素之一。旧金山湾区依山临海，自然环境优美，生态环境优越。主要港口城市拥有现代化节能建筑，帆船、游艇、高尔夫、运动中心、技术中心、图书馆等配套设施完善，形成了宜居宜业宜游的居住生态圈，吸引了大量国际高端人才在此定居和创业，成为湾区高端创新人才集聚高地（逯新红，2020）。奥克兰市良好的物流环境、优良的海湾区位及交通条件，为创新要素、产品的快速流动提供支撑。遍布整个湾区的滨海旅游、农业休闲产业与节奏快速的高新技术产业形成互补，成为释放人才压力和激发科技活力的良好缓冲（陈相，2018）。

3.1.5 开放宽容的人才政策和创新创业环境加速了虹吸效应的形成

旧金山湾区最重要的资产是人才，湾区开放的人才政策和开放创新的文化，吸引了众多的移民人才，为湾区经济创新发展提供了重要智力支撑（逯新红，2020）。针对本地人才资源不足的现状，湾区重点从 4 个方面营造区域人才吸引力，培育强有力的人才队伍：一是建立起宽松的移民政策，湾区的劳动力具有浓郁的全球化特征，大部分人才来自其他国家，硅谷的所有科技初创企业中，创始团队中来自国外的移民占到 50%；二是充分发挥顶尖发展的人才吸引力，源源不断地为湾区培养世界一流的人才，并催生出从实验室走向硅谷进而扩展至全球的商业成功模式；三是构建了富有创造力的人才环境，废止了竞业禁止条例，使人才的跨企业流动更加顺畅，同时，企业普遍容许失败的文化氛围释放了区域创新的活力；四是舒适的生活环境和协同创新的互动氛围，消除人才的后顾之忧（陈相，2018）。硅谷科技企业大多实施员工持股激励计划，鼓励员工购买并持有科技企业股份、期权，增加科技人员组织凝聚力，充分调动员工的创新意识。旧金山市政府推出“入驻企业家”计划，鼓励科技人才为政府技术需求提出解决方案，最后通过政府采购解决方案支持科技人才创业（余碧仪等，2019）。

湾区发达的创新网络促进了各主体相互交流，湾区实现了政府、产业联盟、高校、科研机构、资本、人才、孵化器等最核心要素的协同创新。科技企业得到了来自法律、财务、会计及其他服务机构提供的关于企业设立、知识产权和技术服务等方面的支持。高效便捷的社交网络环境为企业家们提供了共享新想法、新观念的开放平台，以及学习成功经验和剖析失败案例的交流平台。

3.2　纽约湾区：科技与资本深度结合打造科技金融集群

纽约湾区是美国的经济和文化中心，也是国际金融中心，土地面积达 2.1 万千米^2，人口约占全美 20%，包含纽约州、新泽西州和康涅狄格州在内的 31 个郡县。纽约湾区既是美国东部知名高校集中地，同时，周边也布有多个制造业中心。当前，纽约湾区的对外贸易周转总额约占全美 20%，制造业总产值约占全美 33%。纽约湾区以其发达的金融业、便利的交通条件和先进的科教水平吸引了全美约 33%的 500 强企业总部，成为美国乃至全球资本和人才的集聚地之一。由于湾区内集聚了将近 3000 家金融、证券、保险及期货机构，拥有全球市值排名前两位的纽约证券交易所和纳斯达克证券交易所，纽约湾区也被誉为“金融湾区”。纽约市的曼哈顿区是全球最大的 CBD 之一，更被视为全美的经济和文化中心（周连义等，2021）。纽约湾区的独特区位优势，为湾区内国际贸易发展、资本自由流动、高端人才引进提供便利条件，也为金融业发展和高端人才集聚进一步奠定其发展基础，巩固并提升其全球金融中心和国际航运中心的功能与地位（张胜磊，2018）。

3.2.1　产业结构呈现多元化和互补性的发展格局

纽约湾区呈现一核心三轴点的发展态势，其中，核心城市为纽约，是世界金融中心总部、经济和贸易中心，拥有美国最大的商贸港口，世界知名的跨国银行和多家全美著名的大银行总部均集中在纽约。三轴点分别是费城、华盛顿和波士顿，其中，费城是制造业与运输中心，以钢铁、造船、国防、电子、航空等为主导产业；华盛顿是政治与金融中心，拥有全美最重要的政治、经济、军事等的最高指挥机构，集聚了世界银行、美洲发展银行等全球性金融机构的总部；波士顿是科技和教育中心，拥有全美 100 多所高校，集聚了众多的高新技术企业和研究机构，以其最具特色的高新科技产业和教育成为世界著名的生物、电子和宇航中心。各城市分工协作，功能定位合理，形成多元化和互补性的产业结构（陈相，2018）。

在纽约湾区产业分布与演化过程中，金融和管理逐渐成为第三产业崛起的主要力量。纽约作为后工业化时期的国际性大都市，其城市功能从物质生产中心向为生产和流通服务的金融中心、服务中心、信息中心、管理中心、科学文化教育中心等多功能演变。作为纽约市的金融经济中心，曼哈顿以纽约市 8%的面积，创造了整个纽约市 70%左右的 GDP，其中以金融为代表的生产性服务业占比达到 90%左右。曼哈顿周边地区，如布鲁克林区的制造业聚集明显，其次是零售贸易业。从制造业的集聚度来看，化学制品制造、塑料制品制造、金属制品制造、机械制造在曼哈顿以外地区的集聚度比较高，由此体现了曼哈顿核心区与其周边地区产业结构布局的差异（鲁玫村，2018）。

3.2.2　科技创新是湾区快速成长的关键因素

纽约湾区积极推动产业转型升级，形成以全球创新网络为核心联结纽带的完备产业链。以纽约为例，其聚集了证券、商业银行、资产管理、金融咨询、评级机构等各类金融服务机构，建立了业务范围覆盖投融资各个环节的立体化金融服务体系；同时，通过实施“数字化纽约”等引导性政策推动生产服务业、高技术产业加速发展。目前，纽约“硅巷”集聚了众多高新技术和全球高科技人才，是继硅谷之后美国发展最快的科技创新中心地带，被誉为“创业之都”（余碧仪等，2019）。

纵观纽约湾区发展历程，几乎每一次的技术革新都推动了产业结构的转型升级，所形成的新产业均成为其经济支柱。纽约湾区高度重视科技创新，波士顿大学、哈佛大学以及麻省理工学院等国际著名学府形成规模集聚，为湾区源源不断引进培育顶尖创新人才的同时，实现知识创新溢出，形成技术创新的良好氛围；林立的技术孵化器、先进技术中心、实验室等推动技术项目从研发走向产业化；高新技术产业快速发展，美国无线电公司、阿杰克公司、波纳罗伊德公司等一大批微电子、生物等领域的科技企业集聚，规模效应凸显，成为纽约湾区支柱产业；大数据、互联网等在金融领域的应用，推动金融创新的不断出现，纽约金融中枢的资金辐射力度不断增强，为周边产业尤其高新技术企业的投融资畅通渠道（陈相，2018）。

纽约湾区凭借其独特的金融、行业、人才和基础设施的优势强势崛起，并以区域整体利益为先，将科技创新资源和产业基础加以通盘考虑，形成全面协同的创新行为和生产布局，逐渐发展成为具有吸附效应的科技创新中心。高水平创新要素的持续集聚以及良好互动的创新生态环境是湾区科技创新的基本组织框架（滕丽和滕小硕，2020）。

3.2.3 良好的创新环境是湾区发展的保障

纽约湾区科技发展离不开政府引导作用的发挥以及因地制宜的环境保障，近年来，纽约湾区制定了一系列有针对性的政策措施并付诸实施，致力于培养科技创新人才，增强深层次经济社会发展动力。纽约湾区政府在营造优质创新生态环境方面做了大量工作，其具体表现在：①在基础设施方面，政府一直加大投资建设适应创新经济发展的城市基础设施。随着现代科技的迅猛发展，纽约湾区不间断地在信息基础设施、科技公司成长等领域进行较大规模的投资，以便更好地支持创新经济发展。②政府在给予科技企业成长资金支持方面不遗余力。纽约湾区不只拥有雄厚的投资资金以及科技相关行业，同时各级政府也会对一些行业、企业提供必要的资金扶持。例如，纽约政府目前设有纽约种子期基金（NYC Seed Fund）、纽约合作基金（Partnership for NYC）两大资金，可投资于金融技术、医疗健康、网络技术、生命科学等领域中处于种子期或扩张期的公司。数据显示，近年来在科技行业风险投资交易总数以及投资金额方面，纽约湾区一直呈现加速增长的态势。③纽约湾区政府以实现产业升级为根本目标，构建和谐的产业互助系统和多元化创新生态系统。迅速崛起的创业社区、充裕的资金和人才、发达的媒体等，构成了纽约湾区特有的创新经济魅力（滕丽和滕小硕，2020）。

建立非政府组织，如麻省技术领导委员会等，是纽约湾区市场经济条件下弥补政府职能和市场失灵的有益途径，对高新技术产业发展起到良好的促进作用。实施风险投资税收抵扣，对风险投资所得 60%免税，其余 40%减半征收所得税，为风险资本的蓬勃发展创造了良好的环境。大力鼓励科技研发，提高 R&D 费用扣除标准和设备折旧率，加速了高新技术企业收回投资。着力培育创新文化，长期以来已形成鼓励创新和自由思考的创新文化和社会氛围。交通网络发达，自配小汽车与通勤铁路是纽约湾区的主要交通工具，引领带动空间结构的改变，推动产业结构的合力分工，加快经济的发展（陈相，2018）。

3.2.4 高层次科技人才推动湾区科技创新

实施开放的技术移民政策和国际合作，通过完善基础设施、高等教育、高端服务业的快速发展和完善，不断吸引高层次科技人才和投资者；依托高校和研究机构，通过实施“加强合作研究伙伴关系计划”“全球科技创新行动计划”等国际科技合作计划，柔性引进外国科学家开展科技合作。积极推动产业转型升级，以全球创新网络为核心联结纽带的产业链完备，通过实施“数字化纽约”等引导性政策推动生产服务业、高技术产业加速发展（姚凯，2020）。

纽约湾区拥有全美除加利福尼亚州以外最好的科技资源。纽约的劳动力仅占全美劳动力的 6.2%，却集聚了全美 10%的博士学位获得者、200 多名（约占 10%）美国国家科学院院士、40 万名科学家和工程师、全美医学会 10%以上的会员。纽约有高技术公司 1.3 万家左右，雇用高技术人才 30 多万人。据美国电子协会评估，纽约的高技术企业数量在全美位列第 2，而在拥有高技术领域雇员和吸引风险投资方面，纽约居全美第 3 位。

纽约湾区良好的金融市场为科技创新企业提供专业的服务，共同分享高科技产业的高成长和高回报，并以此形成良性循环。依靠雄厚的人才资源和创新氛围，湾区金融机构高度重视金融产品创新和技术创新，在区块链、人工智能、大数据等方面的运用走在世界前列。

3.3　东京湾区：产学研体系协调打造强大的制造业集群

东京湾区位于日本关东平原南部，毗邻太平洋，是一个纵深 80 多千米的优良港湾，由房总半岛和三浦半岛组成，涵盖 10 个城市，面积约 3.68 万千米^2，人口 4388 万人，聚集了日本三分之一的人口（张胜磊，2018）。东京湾区以东京为中心，以关东平原为腹地，协同东京、横滨、千叶、横须贺等大中城市，成为日本最大的工业城市群和最大的金融中心、交通中心、商贸中心和消费中心（陆敏凤，2017）。东京湾区的发展得益于第二次世界大战后的经济全球化和贸易自由化进程，来自欧美的制造业产业转移，加速东京湾中心和腹地之间的金融业与制造业迅速崛起（周连义等，2021）。东京湾区是世界上轨道交通网最密集的湾区，湾区内高达 90%以上的产业都依赖着轨道交通。在东京湾区的沿海岸地区，一共有 6 个港口首尾相连，从而形成了一个巨大的港口群体。东京湾区目前以先进制造业、金融业和化工业为主，工业总产值占日本的 40%左右，主要包含钢铁产业、石油产业、物流产业、科技产业等，销售额高达 100 亿元以上的企业有丰田汽车、索尼电子等，均是世界五百强，因此东京湾区也被誉为“产业湾区”（甘志鹏，2021）。

3.3.1　重视规划引领和区域协同发展

日本政府重视东京湾区发展规划的制定和落实。在发展的过程中，日本政府逐步明晰关于港口和城市及城市群的功能定位与发展方向，重视发挥东京湾海洋经济集聚区的辐射带动作用，推动区域协同发展（逯新红，2020）。为优化东京湾区发展，日本先后 5 次制定了基本规划并出台了系列法律法规，明确各地区职能定位和空间布局，通过立法将权利下放到各地区，逐步推动制造业的产业转移和高端服务业的集聚发展，不断优化城市配套建设，加快东京湾区都市圈的发展。同时，为了加强跨区域之间的协作性，实施一系列包括交通、环境、信息共享平台建立、产业一体化和行政体系改革等方面的政策措施（陈相，2018）。这些规划为东京湾区土地规划、圈内城市功能定位和未来发展方向提供了全局指导，推动东京职能与产业向周边地区分散、转移，明确大城市的主导产业和大城市间的产业分工（逯新红，2020）。近期实施的规划致力于将“一极一轴型”都市圈结构转为“多核多轴型”网络化结构，构建一个职住相对平衡的都市地域结构，以抑制东京都职能的过度集中。

3.3.2 创新创业人才为产业升级创造良好条件

人才是科技创新的智力保障。湾区实施全方位引才机制，多渠道引进科技人才，放宽移民政策，增加科技后备人员的储备量。东京湾区通过人才优惠政策直接吸引人才，通过企业、研究机构、大学积聚人才，同时优化城市便捷性，形成可持续的人才吸引力。成为日本甚至全球人才竞争力最强的区域，是东京湾区发展活力的根本源泉（交通银行联合 21 世纪经济报道，2019）。

东京湾区充分利用海外科技人才资源，一方面通过资金资助和良好的生活条件吸引海外科技人才来日本从事科研活动，另一方面通过收购、入资国外实验室或企业，设立海外研发机构或奖学金等方式柔性引进和利用当地科技人才与科技成果。企业积极参与科技人才培养，建立以企业为主导的横向培养式产学研合作机制。日本企业从多个方面深度参与高校科技人才培养，包括投资建设工业实验室作为高校理工科研究生教育科研基地；为科技人才培养投入大量科研经费，规模相当于政府科技投入的一半；鼓励兼职来支持高校科技人才加强科研实践，并以“师徒制”培育机制加强高校科技人才与企业交流，提供就业机会等。日本筑波科学城建立了全面、多层次的科技创新服务体系，创造了良好的创新创业发展条件。政府大力支持东京湾区筑波科学城建设发展，以其为中心枢纽建立多层次、全链条的科技服务体系。目前，筑波科学城建有孵化器、科研机构和技术交易平台，以及针对特定行业或领域提供服务的专业科技服务机构，有力支撑湾区内甚至全日本的高校和科研机构进行科技成果转化，包括申请专利、实施技术许可和技术转移等（余碧仪等，2019）。

东京湾区的产业升级建立在发达的高等教育和强大的创新型企业之上，教育水平和科技创新能力对经济发展具有重要影响。东京湾区拥有数量众多的大学，如东京大学、东京工业大学、电气通信大学、中央大学等，达 225 所，占日本全国的 29%，而学术研究机构占日本全国的 40%左右，研究人员占比超过 60%。东京都、神奈川县、埼玉县的大学及研究生院规模与学生数量庞大且不断增加，为湾区先进制造和高新技术产业发展提供了强大的人才和知识保障。

3.3.3　政府投资驱动科技与产业融合

日本重视“技术立国”，特别是注重吸收国外先进技术。20 世纪 50 至 70 年代，日本以不到 60 亿美元的成本从几十个国家引进 25 000 多项技术，并且成立产业技术创新联盟，这些成为日本实施国家重大产业技术计划、开展产业关键技术攻关的重要技术储备，为支柱产业的技术进步和新兴产业的技术突破发挥了重要的支撑作用。

凭借长期以来的技术积累、充裕的科研投入和经验丰富的科研队伍，东京湾区的企业和科研机构在基础技术研究、应用技术研究和新产品研发等方面具有很强的竞争力。当地企业在技术与市场衔接方面拥有成熟的经营机制，使新技术能够迅速进入市场创造效益，而市场收益又能反哺技术研发，这也是东京湾区长期保持产业技术优势的重要原因之一。东京湾区的繁荣也离不开多元化的金融工具，政府部门的产业投资和金融机构的信贷产品以及民间资本等共同推动日本产业转型升级，尤其是政府金融对于主导产业和基础产业的倾斜，支撑了其电子、汽车等高端制造产业的全球领先地位。同时，金融的开放和自由化又进一步支撑其产业体系和经济系统的全球化和国际化（交通银行联合 21 世纪经济报道，2019）。

3.3.4　良好的产业体系配套加快湾区经济发展

健全的港口体系推动了东京湾区临港工业的形成，与先进的陆运卫星定位技术、互联网技术等一起，为东京湾区充分利用国际国内两种资源、两个市场实现全球化大生产、大物流提供强力支撑。核心区聚集了金融服务、商贸物流、生活服务、出版印刷等相关商业服务机构，涵盖了生产性和生活性服务业，支撑推动先进制造产业的发展（陈相，2018）。

政府鼓励私人财团参与轨道交通建设，极大地推动了轨道交通的繁荣和发展。湾区发达的轨道交通系统促进了湾区一体化，也有效疏解了城市功能。东京市民可在都市圈内自由选择居住地和工作地，不仅缓解了中心区域人口过密问题，也促进了多中心网络状湾区空间结构的良性发展。通过外围城市功能体系的不断完善，东京的向心通勤量与20世纪90年代相比减少了10%，并形成独有的“枢纽站文化”。在强大的政府规划和协调机制推动下，湾区要素资源实现了高效便捷流动，从而获得巨大的外部效应。

3.4 欧盟：科技联盟与要素流动推动跨境协同创新

欧盟（EU）总部设在比利时首都布鲁塞尔，由德国、法国、意大利、荷兰、比利时和卢森堡6个国家共同创立。欧盟是一个政治和经济共同体，现有27个会员国，其宗旨是“通过建立无内部边界的空间，加强经济、社会的协调发展和建立最终实行统一货币的经济货币联盟，促进成员国经济和社会的均衡发展”。

3.4.1 欧盟科技创新共同体建设

欧盟科技创新共同体建设是欧盟一体化的典范。其驱动力既来自跨越式提升欧盟相对落后于美国、日本的整体国际科技竞争力的迫切需要；也来自最大化科技研发协同效应和知识外溢效应，将欧盟科技创新成果转化为工业和商业能力的需要；同时来自避免技术这把“双刃剑”对社会伦理、社会公平等价值造成伤害，弥补科技创新治理机制中“伦理缺场”的需要。欧盟科技创新共同体在协调政策目标、实施重点计划、协调科研网络和科技组织、合理配置资源等方面形成了科学的运作机制。一是统分结合的科研规划政策协调机制，主要作用是扩展、补助和提升成员国的研究活动，以共同解决好成员国相对其竞争者投资水平较低、缺乏计划和战略协调，以及科技创新成果转化能力相对有限等问题。二是靶向精准和精密衔接的科技合作计划机制，主要以实施欧洲科技合作计划、框架计划和尤里卡计划三大支柱性科技合作计划为标志。三大计划各有重点支持领域，在支持形式、投入侧重点、运作管理和合作导向等方面互有分工合作，优势互补，共同构成了欧盟在科技联合和一体化行动中的最重要骨架，取得了全球瞩目的成就，在欧盟一体化进程中发挥了不可替代的作用（朱李鸣，2019）。

3.4.2 制定合理的科技政策促进协同创新

《罗马条约》、《单一欧洲法令》、《马斯特里赫特条约》、《阿姆斯特丹条约》、《尼斯条约》和《里斯本条约》对于促进欧洲一体化的发展发挥了举足轻重的作用。以上条约把促进全面协调的发展、增进经济与社会融合、缩小各地区发展水平间的差距和降低最贫困地区（包括农村地区）的落后程度作为欧盟科技区域政策领域的目标。欧盟在区域政策中设置了结构基金，用以推动欧盟工业衰退地区完成经济和社会改革。结构基金具有明确的针对性，欧盟资助的科技项目必须处于特定区域和问题领域，针对该区域的具体情况和面临的具体问题采取相应的措施，并提供资金以资助科技项目的建设，注重地区的科技基础，为科技政策提供稳定的资金来源和实现资金投向的科学化（刘华，2013）。

欧盟先后制定出若干科技协作政策，其中，框架计划、尤里卡计划和欧盟科技合作计划（COST）的协作效果最为突出且影响最大。这三大科技协作政策为欧盟科技发展作出了突出的贡献。其一，这三大科技协作政策都不同程度地规定必须由不同成员国的机构联合申请和执行，强调内外合作并重，促进成员国协调合作，实现欧盟规模效应；其二，这三大科技协作政策充分调动成员国的科技合作积极性，分担科研风险，实现成员国优势互补，发挥欧盟集成效应；其三，相较于美国、日本等国，欧盟顶级的科技资源比较分散，这三大科技协作政策统筹各方资源，实现欧盟区域内科技资源的再分配，创造更多“1＋1＞2”的价值。

除了上述欧盟内部的科技协作政策之外，欧盟将科技协作扩展到国际领域，采取跨国合作：利用地缘优势推行新地中海战略，与南方共同市场签署《欧盟-南方共同市场地区间合作框架协议书》，在《洛美协定》的基础上，与非洲-加勒比海-太平洋地区发展中国家签订了《科托努协定》，建立了稳定的联系国合作关系。《欧盟-南方共同市场地区间合作框架协议书》《洛美协定》《科托努协定》都是欧盟与非欧盟国家签订的合作协定，欧盟将内部与外部两个市场结合，实现各自优势互补，从而达到各自政治经济利益最大化（刘华，2013）。

3.4.3　打造互联互通的基础设施网络

基础设施互联互通是市场一体化的基本前提，欧盟主要通过制定共同交通运输政策、制订和实施基础设施网络计划来推进（王伟进和陈勇，2020）。2001 年，欧盟颁布了未来十年的运输政策，将多式联运写进白皮书。欧盟放宽了多种运输模式混合经营的限制，对于实行混合运输模式的企业给予财政补贴、关税豁免等优惠政策，累计颁布了 42 项关于多式联运的优惠政策，极大地激励了各成员国国内物流运输企业。欧盟对区域内多式联运项目总投资 910 亿欧元，以物流需求为导向，对站、场的选址和布局进行统筹规划。同时，联盟内多式联运的标准化运输单元高度统一，即可脱卸箱体、厢式半挂车、海运集装箱。可脱卸箱体、厢式半挂车在尺寸、质量等标准上都是由欧洲标准化委员会制定的，并构建了欧洲卡车货运模块化系统。基础建设方面，欧盟将 38 个重点机场与铁路连接到各大城市的物流中心，并将欧洲 94 个主要港口与公路铁路枢纽连接，到 2020 年基本实现公路铁路的无缝衔接。企业多式联运国际联合会鼓励货运公司、船舶公司、货代企业、港务局等多种市场主体成为欧盟内多式联运的会员，参与联盟内多式联运的经营。目前，参与该联盟的主体占欧洲全部联合运输主体的 65%，且成员数量不断增加，运输业务不断增长，极大地推进了欧盟国家多式联运的进程（管斌彬，2019）。

3.4.4　建立打破行政分割的多层次区域治理体系

区域一体化的成功需要解决“跨界治理”问题，打破不同行政区划政府各自为政的“囚徒困境”，进而建立“超政府”的合作治理体制。欧盟层面“超国家性”的组织机构设置，增强了其协调不同行政主体行动的能力。欧盟委员会、欧洲议会、欧洲法院和审计院是共同利益的代表，地位至关重要。欧盟委员会拥有立法创制权、监督权，同时负责确保各方遵守条约及实施共同体法。欧洲议会有参与决策权。欧洲法院的职能是通过解释和应用条约使共同体法律得到遵守，其做出的裁决在根本上必须是有利于区域一体化的。欧盟委员会成员须由成员国共同任命，同时经欧洲议会的调查和表决。欧洲法院法官同样须经成员国一致同意后方能获得委任。这些保证了两个机构的人员组成和决定能够反映成员国共同而中立的意志，因而可以在打破行政分隔过程中发挥重要作用（王伟进和陈勇，2020）。

3.4.5　渐进打造要素自由流动的统一市场

欧盟对统一市场建设进行统一的规划。1985 年，欧洲共同体委员会提出《关于完善内部市场的白皮书》。为消除大市场建设过程中的物质（有形）障碍、技术障碍和税收障碍，提出了统一商品标准、消除技术性贸易障碍和协调税制等重要举措。1990 年，欧共体内部实现了资金自由流通，共同体居民可以在任一成员国银行中筹措资金。1996 年，欧盟成员国将统一大市场立法转化为国内法的平均比例已达 92.9%，统一大市场的巩固和完善工作基本完成（王伟进和陈勇，2020）。欧共体自 20 世纪 70 年代末开始加强与欧洲电工标准化委员会（CENELEC）、欧洲电信标准化协会（ETSI）、欧洲标准化委员会（CEN）三大标准化组织的密切合作，依托专业社会组织推动标准的统一。欧洲议会与欧盟理事会发布不同指令，为标准化组织提供更多信息支持。为适应新的发展要求，欧盟将立法标准扩展到服务标准领域，在加强与欧洲三大标准化组织之间合作的同时，也积极推动中小企业（SMEs）及环保组织等社会团体参与欧洲标准化工作（王伟进和陈勇，2020）。

1985 年，德国、法国、荷兰、比利时和卢森堡就签订了关于取消共同边界检查、实现旅行自由、开展警务与司法合作互助的《申根协定》，迈出了实现人员和商品自由流动的第一步。但直到 20 世纪 90 年代末，随着成员国间公安、海关和司法合作的深化，以及更多欧洲国家加入，协定才真正发挥作用，人员自由流动得以基本实现。2002 年，欧盟委员会发布《劳动力和技能流动行动计划》，提出了一系列促进劳动力流动的政策措施。欧盟自 2008 年开始建立统一的欧洲资格认证框架，使各国的学历学位教育和职业资格可以相互认证和转化。在科教领域，连续推出欧盟研发框架计划，嵌入促进研究人员短期或长期跨国交流和培训项目，并提供资金支持。在社会福利体系方面，提出简化社保手续、推行电子医保卡、增强养老金便携性、禁止对他国劳动力的歧视等政策措施。在社会政策创制方面，提出进一步增强欧盟在推动社会政策一体化上的表决权，从而推动社会保障体系的一体化（王伟进和陈勇，2020）。

作为一种超国家机制，欧盟实现了不同主权国家之间货物、服务、人员和资本的自由流动，可以说是目前区域融合一体化发展的全球最高水平。从最初的货物自由流动到全要素自由流动，从有限的煤钢共同体到全领域共同体，从政府政策协同到统一立法，欧盟从点到面、从具体实践到法律制度，先易后难，通过大量的容错试验和不断修正完善，最终建立了成熟发达的共同市场（谢来风，2019）。

3.5　长三角：政产学研用并举式的国家创新高地

长江三角洲城市群，位于长江入海之前的冲积平原，根据国务院批准的《长江三角洲城市群发展规划》，长三角城市群包括：上海，江苏省的南京、无锡、常州、苏州、南通、盐城、扬州、镇江、泰州，浙江省的杭州、宁波、嘉兴、湖州、绍兴、金华、舟山、台州，安徽省的合肥、芜湖、马鞍山、铜陵、安庆、滁州、池州、宣城 26 市。公开资料显示，长三角城市群面积仅占全国总面积 2.3%，却拥有 2.25 亿人口，贡献了全国 1/4 左右的 GDP，有着全国约 1/4 的“双一流”高校，年研发经费支出和有效发明专利数均占全国 1/3 左右。

3.5.1　创新资源集聚共享打造区域协同创新共同体

长三角资源共享主要集中于科技创新资源的共享、公共服务资源的共享以及信息资源的共享等。科技创新资源共享机制主要包括大型科学仪器的共用，是长三角构建区域科技创新平台的重要手段。长三角持续推进跨区域协同创新体系建设，在战略规划、资源共享、创新载体等方面打造创新共同体，加速创新资源集聚共享，为一体化、高质量发展提供强有力的支撑。长三角地区拥有丰富的科技创新资源和设备，通过构建科技资源和大型仪器设施利用平台，以“创新券”的形式来建立科学仪器有偿使用机制，避免了部分科技资源的重复建设，提高了科学仪器的利用效率。信息共享机制贯穿于长三角合作机制各个方面，在形式上主要包括政府部门间定期交流和互访、建立统一合作平台、成立专题合作组等方式（张学良等，2019）。长三角地区基于科技创新，形成了以企业、社会、政府三者共同投入资金的金融体系，长三角地区的优势主要表现在长三角地区是首个提出科技金融标准化服务产品和科技金融定制服务的地区，银行贷款和政府相关政策扶持为中小企业提供了基础发展资金，科技专员制度的建立使得科技型企业所针对的领域更加专业化，同时还加强了对于科技创新复合人才的培养，使得长三角地区在科技和创新领域等行业具有广阔的发展前景（金微微，2020）。长三角地区把促进要素高效配置作为产业协同发展的切入点，探索跨区域的土地、人才、资金等协调体系，促进要素市场一体化。比如，在长三角生态绿色一体化发展示范区，建立区域内调剂和有偿使用土地的平台，在项目用地指标方面实现跨省域调剂，推动跨区域高技能人才认定、职称评价结果互认，江苏省、浙江省和上海市共同出资设立一体化示范区投资开发基金，逐步探索新建企业的财税分享机制，有力推动一体化示范区开发建设和市场主体持续发展。长三角跨区域协同发展的深入推进，得益于三省一市运行机制、要素供给机制等方面的全方位保障（黎文娟和邵立国，2021）。

3.5.2 政府引导促进产业转移

跨区域协同发展，旨在引导企业有序流动，形成新的产业发展格局，重塑地区竞争优势。长三角采取政府引导与市场推动相结合的方式，为企业跨区域流动打造共建园区、产业飞地、一体化示范区等合作载体，加快产业承接转移。在合作载体建设初期，三省一市通过联合招商、政策支持、税收共享等方式，引导两地企业迁出与落户。比如，上海在浙江嘉兴打造的张江长三角科技城，就是上海、嘉兴两地政府共同推动建立的合作园区，上海在产业项目导入方面给予大力支持，嘉兴则在土地供给、人才引进、企业服务等方面提供强有力的支持。对于后续合作载体的规模集聚发展，政府主要通过优化企业发展环境，促进企业自发的、以龙头企业带动的集聚行为。长三角打造的合作载体，十分注重在联合招商、重大基础设施建设、产业链配套等方面的机制创新，形成政府、企业、园区等多方成本共担、利益共享机制（黎文娟和邵立国，2021）。

3.5.3 分工协作实现差异化发展

跨区域协同发展，重点是要处理好区域内特色化发展和同质化发展的关系，找准方向，形成区域分工与协作的发展格局。长三角以共同培育产业集群为抓手，注重各扬所长，以产业链强链、补链为核心，形成良好的分工协作格局，共同打造跨区域先进制造业集群。江苏、浙江两省先后出台指导意见或行动计划，在全省范围内统筹考虑，重点培育若干先进制造业集群。比如，江苏省在《关于加快培育先进制造业集群的指导意见》中，提出要坚持全省“一盘棋”，重点培育 13 个先进制造业集群，打造若干“拆不散、搬不走、压不垮”的产业“航空母舰”。在培育跨区域先进制造业集群过程中，强化集群治理机制创新，将各方资源有效整合联动。比如，江苏连云港、泰州、无锡三市通过建立集群治理机构，联合打造了生物医药产业集群；江苏苏州、无锡、南通作为实施区域，共同打造高端纺织集群；浙江以宁波、舟山为核心，加强与嘉兴、绍兴、衢州联动，合作组建集群发展促进机构，打造绿色石化先进制造业集群。长三角培育先进制造业集群，在注重整合地区优势的同时，强化集群治理模式创新，以集群发展促进机构充当协调区域产业竞合关系的桥梁（黎文娟和邵立国，2021）。

3.5.4　打造飞地园区促进产城人融合

目前，跨区域的园区共建已成为长三角产城人融合的重要抓手。长三角区域的飞地园区主要由上海在江苏、浙江、安徽进行布局。如今，反向飞地和双向飞地趋势愈加明显，飞地类型也更为丰富。比如，上海于 20 世纪 50 年代在江苏盐城布局大丰农场，长期作为上海安置知识青年和收获粮油物产的重要基地。为呼应长三角一体化战略，沪苏大丰产业联动集聚区的打造推动了上海大丰农场升级，实现了从最初的上海主动到沪苏共推、农业为主到新兴产业主导的转型。在上海和江苏两地的长期合作中，江苏的大丰发挥资源禀赋优势，用农业“投喂”上海，满足上海居民对优质农副产品的需求；上海发挥产业引导功能，用工业“反哺”大丰，推动大丰新能源、新一代信息等新兴产业蓬勃发展。再如 2018 年，上海在浙江温州设立先进制造业深度融合发展示范区，与此同时，温州在上海嘉定区也设立了科技创新园。在双向飞地建设中，上海充分释放外向型经济明显的特质，温州充分发挥民营经济发展的经验，从而实现了上海科创资源与温州先进制造业的无缝对接（吴福象和张雯，2021）。

3.5.5　完善区域协同治理机制

跨区域协同发展，难点在于打破行政区划限制，协调各方利益，统一发展认识，并保障协调工作执行有力。长三角加快对重大战略、重大安排、重点项目的统筹协调，探索形成了高层次领导小组+三级运作机制+区域合作办公室的协调管理机制：落实《长江三角洲区域一体化发展规划纲要》要求，成立推动长三角一体化发展领导小组；在三省一市政府层面，实施决策层、协调层、执行层的“三级运作”合作机制；三省一市各自选派工作人员在上海合署办公，组建长三角区域合作办公室，这种组织管理机制为协同处理事务提供了强有力的保障。

经贸合作是推动长三角区域一体化发展的重要内在驱动力，目标是构建统一的产品和要素市场，建立完善的市场经济体制（陈建军，2015）。目前长三角经贸合作机制建设主要包括旅游合作开发机制、平台合作机制、专利交易以及知识产权保护机制等。旅游合作开发机制建设方面通过签署相关合作文件，规范旅游市场秩序，推出区域性精品旅游线路，整合区域旅游资源，进行旅游项目联合开发，并在旅游管理方面加强旅游品牌共建和监管工作，统一旅游标识牌标准等。平台合作是当前长三角产业合作中的重要途径，包括园区共建、产销协作机制建设等，通过相关平台合作，促进长三角地区相关产业实现产销结合、产学研结合。例如园区共建为长三角产业转移和承接提供良好的平台，目前主要包括园区托管、双方共建、产业招商等形式，合作园区在管理机制和园区政策上进行对接，聚焦产业转移承接以及产业链条分布，明确税收分成比例，以此促进长三角产业合作；农业产销协作方面，上海与江苏盐城、南通等签署“蔬菜产销合作协议”，建立产销对路的农产品供给体系。专利交易以及知识产权保护机制在长三角科技创新资源利用和开发方面有着重要作用，主要包括专利技术交易平台建设以及签署知识产权保护协议等，不仅有利于整合区域技术资源，还有利于维护市场秩序。例如通过设立专利技术交易平台，能够促进科技研发成果的有效转化和利用，充分发挥出长三角科技创新优势；知识产权保护机制主要包括执法协同、信息共享以及知识产权纠纷解决等，有助于强化知识产权在区域高质量发展中的作用，维护市场秩序（张学良等，2019）。

区域协同治理是长三角区域一体化的重要内容，对规范整体市场环境、消除区域间的负外部性、强化跨区域治理起到了良好的促进作用。目前长三角区域治理机制主要包括环境联防联控机制、安全共管机制、征信联动机制等。环境联防联控机制包括建立相关的工作机构，出台工作机制，就环境综合治理、共同执法、生态补偿、纠纷仲裁、应急管理等方面进行制度方面的衔接，强化生态环境的跨区域治理能力。安全共管机制包括食品安全以及危险品运输两个方面：在食品安全机制建设方面，主要包括长三角食品安全联合监管、应急协作机制建设，重大活动食品安全保障机制建设，食品安全生产标准统一和信息共享机制建设等，并采取定期交流等方式来加强长效机制的构建；危险品运输方面，在安全运输标准的统一和危险品运输信息共享的基础上，通过跨区域的联动监管机制，实现危险品运输的全过程监管，消除可能存在的监管盲点。征信联动机制是长三角一体化发展的重要内容，主要包括跨区域守信激励和失信惩戒联动机制以及信用信息共享机制等，通过区域信用的共管、信用信息的互通，规范市场秩序，提升长三角整体诚信形象（张学良等，2019）。

3.6 京津冀：战略科技力量体系化的协同创新共同体

京津冀地区是中国的“首都经济圈”，包括北京、天津和河北省的保定、廊坊、唐山、石家庄、邯郸、秦皇岛、张家口、承德、沧州、邢台、衡水 11 个地级市以及定州和辛集 2 个省直管市。其中北京、天津、保定、廊坊为中部核心功能区，京津保地区将率先联动。

3.6.1 明确三地发展定位助推功能合理配置

《京津冀协同发展规划纲要》对京津冀三地作出了明确定位，北京市的定位是全国政治中心、文化中心、国际交往中心、科技创新中心；天津市的定位是“一基地三区”即全国先进制造研发基地、北方国际航运核心区、金融创新运营示范区、改革开放先行区；河北省的定位是“三区一基地”即产业转型升级试验区、新型城镇化与城乡统筹示范区、京津冀生态环境支撑区、全国现代商贸物流重要基地。这是京津冀三地发展的最高定位，三地各自发展战略都根据这一定位，在包括加强生态环境保护、提升公共产品供给水平、弥补产业短板、提升产业发展质量等多方面作出了扩展（金融界，2015）。

京津冀确立了北京发挥首都功能，聚焦现代服务业和科技创新，而天津和河北梯度承接北京产业外溢，由此三地形成产业协作分工的模式。产业对接机制方面，建立了京津冀协同办主任联席会议制度和有关部门联席会商制度，发布了《京津冀协同发展产业升级转移规划（2015—2020 年）》《京津冀产业转移指南》和《京津冀协同发展产业转移对接企业税收收入分享办法》，出台了一系列促进产业升级转移的政策措施。产业协同发展方面，北京现代沧州工厂、北汽集团（华北）微车基地、张家口北汽福田、首钢京唐二期、曹妃甸千万吨级炼油项目等一批重大产业合作项目落地，武清京津产业新城、张北云计算产业基地、承德大数据产业园、金隅曹妃甸示范产业园、北京沧州生物医药园等一批共建产业园区建成。载体平台建设方面，京津冀三地共同研究制定了《关于加强京津冀产业转移承接重点平台建设的意见》，明确了“2 + 4 + 46”承接平台，即北京城市副中心和河北雄安新区 2 个集中承载地，曹妃甸区、新机场临空经济区、滨海新区和张承生态功能区 4 个战略合作功能区，以及 46 个专业化、特色化承接平台。产业空间布局方面，京津冀三地明确了“五区五带五链”的产业发展格局，更加注重区域产业链上下游协同和产业链梯次布局。产业转型升级方面，设立了京津冀产业协同发展投资基金和京津冀产业结构调整引导基金，引导区域产业结构调整和转型升级。北京市加快构建“高精尖”产业结构，服务业占比超过 80%；天津市坚持先进制造业和现代服务业“双轮驱动”，战略性新兴产业成为主导产业；河北省积极落实《河北省全国产业转型升级试验区规划》，压减钢铁、水泥、玻璃等过剩产能，服务业对经济增长的贡献率超过 60%（柳天恩和田学斌，2019）。

京津冀地区内部大体上已经形成制造业集群空间差异化布局和错位竞争。北京、天津布局的集群优势产业主要是汽车制造业，生物医药业，铁路、船舶、航空航天和其他运输设备制造等资本密集型、技术密集型行业。河北省布局的集群优势产业主要是皮革、毛皮、羽毛及其制品和制鞋业，黑色金属冶炼和压延加工业等劳动密集型、资源密集型产业。这种产业集群空间布局差异背后的深层次原因是京津冀内部资源禀赋、要素优势、总体经济发展水平、产业结构以及科技人才吸引力的多方面差异，导致产业发展形成较为明显的“中心-外围结构”。中心城市由于经济总体发展水平高，金融、科技等生产性服务业发达，往往居于制造业价值链高端，更多地发展资本密集型、技术密集型、高附加值的产业和环节。例如，北京、天津的科技服务、信息服务优势，能够促进区域制造业发展实现数字化、网络化、智能化，实现流程和功能升级。产业升级需要动力，集群的产业空间组织模式能够产生技术、信息溢出效应，能够提供产业共享的中间产品、市场服务和劳动力市场，能够促进企业集体行动、降低进入壁垒。京津冀区域协调发展能够突破一省、一市的地域局限，借助整个区域的资源、要素、大市场和生产服务优势，为产业集群升级提供动力（于明言，2021）。

3.6.2　战略科技力量体系化促进区域协同创新发展

紧密对接的京津冀协同创新政策体系逐步形成。中共中央、国务院批复《京津冀系统推进全面创新改革试验方案》，京津冀三地签署一系列合作协议，制定实施一系列政策落地的实施方案。依据《京津冀协同发展报告（2022）》，京津冀区域战略科技实力相对雄厚，具备打造创新策源地的基础。京津冀地区创新资源丰厚，无论是以国家实验室、技术创新中心为代表的狭义的战略科技创新平台，还是大学、科研院所、高新技术企业、重大科技基础设施等广义战略创新主体和创新载体，都具有明显的比较优势。截至 2020 年，京津冀共有国家重点实验室 154 家、国家级技术创新中心 85 家。相对雄厚的发展实力，奠定了京津冀打造全国创新策源地的基础。北京作为全国科技创新中心，在创新产出和对全国其他地区的辐射和带动上，一直居全国前列，2021 年，北京技术合同成交额突破 7000 亿元大关，位居全国第一，尤其是北京的高质量创新成果突出，每年的国家科技奖励一等奖和每年的全国十大科技进展中约有一半来自北京。

京津冀三地共同确定了武清京津产业新城、白洋淀科技城、曹妃甸循环经济示范区、石家庄正定新区等 15 个协同创新重点平台。中关村除位于北京的“一区十六园”外，还与津冀两地共建天津滨海-中关村科技园、宝坻京津中关村科技城、中关村海淀园秦皇岛分园、保定-中关村创新中心、雄安新区中关村科技园等多个跨区域的科技合作园区，探索出一区多园、总部-孵化基地、共建共管、整体托管、创新链合作等科技园区合作模式。

京津冀科技合作取得明显进展，京津冀系统推进全面创新改革试验。北京加强全国科技创新中心建设 16 项任务积极推进，河北石保廊全面创新改革试验区 28 项改革任务落地，深化中国（天津）自由贸易试验区改革开放 128 项任务全面启动。北京市依托中关村科学城、怀柔科学城、未来科学城和北京经济技术开发区“三城一区”创新高地和中关村企业科技创新优势，发挥技术溢出和辐射带动作用，中关村企业在津冀设立分支机构约 7500 家，12 家中关村企业入驻雄安中关村科技产业基地。京津两地成为河北省科技供给的主要源头，1400 多家京津高新技术企业落户到河北省（柳天恩和田学斌，2019）。

3.6.3 高质量的高等教育一体化

在京津冀协同发展重大战略的指导下，三地高等教育系统积极响应，2015 年京津冀协同创新联盟、京津冀建筑类高校联盟、京津冀高校新媒体联盟、京津冀医科大学发展联盟、京津冀卫生职业教育协同发展联盟、京津冀艺术职业教育联盟等联盟相继成立。随后京津冀经济学学科协同创新联盟、京津冀轻工类高校协同创新联盟、京津冀高校商科类协同创新联盟成立，以各自特色学科为标准来进行联合，通过政府、高校、企业和社会机构的协商和共同努力，呈现出共多主体联动协同发展的特点。各类教育联盟的发展在人才培养、科技成果转化、学科发展、研究团队建设、智库建设等方面深度合作，区域高等教育协作不断拓宽和深化。2017 年 4 月首份京津冀教育蓝皮书《京津冀教育发展研究报告（2016～2017）：协同发展平台体系建设》发布。众多围绕“京津冀教育协同发展”研究的国家社科基金项目重大项目、全国教育规划课题相继立项。三地教育协同发展研究中心成立，协同内容更加广泛，形式更加多元化。2019 年 1 月，京津冀教育协同发展工作推进会在雄安新区举行，探讨推动高等教育创新发展、创新教育协同发展体制机制。2020 年 8 月，京津冀三地共同签署《京津冀公共人才服务协同发展合作协议》，建立高层次人才信息库，加强了区域间人才流动，有助于建立高等教育人才精准服务体系。同年 10 月，京津冀“双高”建设联盟成立，包括京津冀三地 24 所“双高计划”建设单位。联盟成立产生的聚核效应，有助于推动京津冀教育服务发展实现联动式合作和协同化发展。至此，在高等教育领域，京津冀三地共组建了建筑类、师范类、工科类、医学类、轻工类、商科类、新媒体类、职教类、农林类等10余个京津冀高等教育联盟，京津冀区域高等教育一体化进程快速推进（韩庚君，2021）。

3.6.4　区域一体化交通网络畅通

交通一体化是京津冀协同发展三个率先突破领域之一。2016年12月9日，京津冀交通一体化法制和执法协作第二次联席会议在北京召开。三地进一步完善交通法制一体化长效机制，签署立法、执法协作框架协议，就治超案件移送办法等增强合作力度。2016年11月28日，“京津冀地区城际铁路网规划”获得批复。到2030年，京津冀地区将基本形成以“四纵四横一环”为骨架的城际铁路网络。根据规划，京津冀地区将以“京津、京保石、京唐秦”三大通道为主轴，2020年与既有路网共同连接区域内所有地级以上城市，基本实现京津石中心城区与周边城镇0.5至1小时通勤圈，京津保0.5至1小时交通圈，有效支撑和引导区域空间布局调整和产业转型升级。远期目标为到2030年基本形成以“四纵四横一环”为骨架的城际铁路网络（新华网络电视，2016）。

铁路方面，京津冀城际铁路投资公司成立，京津城际、京石高铁、石济高铁、津保铁路、张唐铁路等建成通车，京唐城际、京滨城际、京雄城际、京张高铁、张呼高铁、大张高铁等加快建设，“轨道上的京津冀”逐渐形成。公路方面，张承高速、太行山高速、京秦高速部分路段等建成通车，天津和石家庄之间首条直达的津石高速公路加快建设，京台、京港澳和京昆等跨区域高速公路打通，京津冀超过800千米的“断头路”和“瓶颈路”打通或扩容，京津冀环形列车和通勤动车开行，京津冀交通一卡通累积发卡数量超过180万张，主要城市“一小时交通圈”和环首都“半小时通勤圈”初步形成（陆敏凤，2017）。机场方面，河北机场集团纳入首都机场集团统一管理，北戴河机场、承德机场、沧州机场等投入运营，唐山机场扩建完工，北京大兴国际机场投入使用，天津航空口岸大通关基地（一期）开工，京津冀机场群布局更加优化。港口方面，天津和河北省加快港口资源整合与基础设施建设，成立津冀渤海港口投资公司和津唐国际集装箱码头有限公司，推动京唐港与曹妃甸港整合重组，开通津冀环渤海内支线，形成津冀港口群干支联动、相互支撑、错位发展、优势互补的有利格局（柳天恩和田学斌，2019）。

3.6.5　深化三地协同创新机制体制改革

在京津冀战略科技力量建设与布局的实现路径方面，《京津冀协同发展报告（2022）》提出强化顶层设计、加快建设雄安战略科技力量集聚平台等五大方面，主要包括：在京津冀协同发展领导小组领导下成立由战略科学家主导、三地政府部门和相关机构参与的京津冀战略科技力量建设指导委员会，系统谋划京津冀战略科技力量建设布局总路线图，为京津冀整体科技实力和创新能力提升提供有效保障。加快建设雄安战略科技力量集聚平台，实现京津冀战略科技力量的均衡布局。打造从原始创新、应用研究到成果转化产业化的区域战略科技力量体系。优化人才资源配置，形成跨区域、跨主体、跨部门共建战略科技力量的要素保障。改革创新京津冀三地重大科研计划的制度设置和组织方式，破解当前各自为战状态，根据新形势及区域战略科技力量建设发展的新要求，深入改革，促进跨区域、跨学科和跨主体的创新，健全和完善重大科技任务京津冀三地联合攻关机制。构建京津冀政府财政资金有效鼓励企业主体进行基础研究的新型激励体制，提升企业承担战略科技任务的积极性与主动性。建立京津冀协同实施或参与国际大科学计划的推进机制。以全球视野谋划和推动科技创新，提升通过国际合作全面加强基础科学研究水平的能力。建立京津冀国际大科学计划组织运行、实施管理、知识产权管理等新模式、新机制，吸引三地政府、科研机构等参与支持大科学计划建设、运营和管理。这些体制机制改革的探讨、推进与落实，将为其他地区协同创新体制机制改革树立参考典范。

参考文献

陈建军，2015. 全局视野下的长三角协调发展机制研究[J]. 人民论坛·学术前沿（18）：16-25.

陈相，2018. 国外先进地区经验对粤港澳大湾区创新发展的启示[J]. 科技创业月刊，31（3）：117-120.

甘志鹏，2021. 国际大湾区比较视角下粤港澳大湾区产业结构与优化路径探析[J]. 经济研究导刊（6）：26-28.

管斌彬，2019. 长三角一体化背景下多式联运枢纽经济发展的研究及启示：基于美国及欧盟经验的分析[J]. 南通职业大学学报，33（4）：7-11.

韩庚君，2021. 协同发展视角下京津冀高等教育一体化研究[J]. 现代商贸工业，42（13）：15-16.

交通银行联合 21 世纪经济报道，2019. 对标与分析《东京湾得失录·湾区实践十大启示》调研报告发布[EB/OL].（2019-12-23）[2021-10-15]. https://www.sohu.com/a/362154535_683216.

金融界，2015. 京津冀协同发展三省市定位明确[EB/OL].（2015-08-24）[2021-10-15]. https://www.sohu.com/a/28899049_114984.

金微微，2020. 新时代科技创新对京津冀地区经济高质量发展的影响[J]. 现代经济信息（9）：188-189.

黎文娟，邵立国，2021. 区域协同发展的长三角经验及启示[N]. 中国计算机报：015.

刘华，2013. 欧盟科技政策对协同创新的启示[J]. 科学技术哲学研究，30（4）：104-108.

柳天恩，田学斌，2019. 京津冀协同发展：进展、成效与展望[J]. 中国流通经济，33（11）：116-128.

鲁玫村，2018. 世界湾区产业发展的特征及经验借鉴[J]. 特区经济（8）：14-17.

陆敏凤，2017. 世界三大湾区发展经验及对浙江的启示[J]. 浙江经济（22）：44-45.

逯新红，2020. 国际典型海洋经济集聚区发展经验[J]. 中国投资（中英文）（Z0）：47-51.

滕丽，滕小硕，2020. 纽约湾区科技创新发展经验对粤港澳大湾区的启示[J]. 时代金融（21）：17-19.

王长建，叶玉瑶，汪菲，等，2022. 粤港澳大湾区协同发展水平的测度及评估[J]. 热带地理，42（2）：206-219.

王伟进，陈勇，2020. 跨区域发展与治理：欧盟经验及其启示[J]. 学习与实践（4）：63-75.

王云，杨宇，刘毅，2020. 粤港澳大湾区建设国际科技创新中心的全球视野与理论模式[J]. 地理研究，39（9）：1958-1971.

吴福象，张雯，2021. 长三角区域产城人融合发展路径研究[J]. 苏州大学学报（哲学社会科学版），42（2）：113-123.

谢来风，2019. 大湾区规划观察⑤丨从科创要素突破，促进大湾区要素便捷流动[EB/OL].（2019-02-21）[2021-10-15]. https://www.thepaper.cn/newsDetail_forward_3018027.

新华社，2020. 粤港澳大湾区建设应设协调中心，世界三大湾区和长三角做法可借鉴[EB/OL].（2020-08-11）[2021-10-15]. http://district.ce.cn/newarea/roll/202008/11/t20200811_35497883. shtml.

新华网络电视，2016. 盘点：京津冀协同发展带来哪些变化？[EB/OL].（2016-12-15）[2021-10-15]. https://www.sohu.com/a/121623354_115848.

余碧仪，黄何，王静雯，2019. 国际三大湾区科技人才发展经验对粤港澳大湾区的启示[J]. 科技创新发展战略研究，3（3）：45-50.

于明言，2021. 京津冀制造业集群优势变迁与升级研究[J]. 理论与现代化（1）：110-120.

张胜磊，2018. 粤港澳大湾区建设：理论依据、现存问题及国际经验启示[J]. 兰州财经大学学报，34（5）：12-21.

张学良，林永然，孟美侠，2019. 长三角区域一体化发展机制演进：经验总结与发展趋向[J]. 安徽大学学报（哲学社会科学版），43（1）：138-147.

周连义，邓崇昉，裴兆斌，2021. 国内外典型湾区发展经验对辽宁沿海经济带建设的启示[J]. 海洋经济，11（2）：104-110.

朱李鸣，2019. 从欧盟经验看打造长三角科技创新圈[J]. 浙江经济（13）：28-30.

第 4 章　珠三角城市群协同创新的基础

本章主要研究珠三角城市群协同创新的基础。首先，阐释了新时期珠三角城市群协同发展的机制变化；其次，着重分析了珠三角城市群的经济发展与产业结构现状以及科技创新水平的特征；再次，重点研究了珠三角城市群内各城市的互补优势与协作基础；最后，在此分析基础上总结了当前深度推进协同创新仍然存在的问题。

4.1　新时期珠三角城市群协同发展的机制变化

近年来，英国脱欧、中美贸易摩擦、美国对中国高科技企业的制裁以及新冠疫情的全球大流行等重大事件使得世界面临百年未有之大变局。作为中国参与全球竞争的门户区域，珠三角城市群的协同发展在新时期出现了诸多机制变化。全球化上，贸易保护主义兴起，全球化趋势遭遇逆流和不确定性加深（林初昇，2020）；市场要素上，发达国家市场相对萎缩，重心日益向发展中国家转移（Liu and Dunford，2016）；政府治理上，中央政府推动下的尺度重组和区域治理日益显著（Wu，2016；Zhong and Su，2019）；技术变革上，5G、人工智能和大数据等新一代信息技术加速革新应用，新型基础设施（“新基建”）赋能城市群协同发展的效应不断强化（姜慧梓，2020；Gherhes et al.，2021）。本节分别从全球化、市场要素、政府治理和技术变革这几个方面阐述新时期珠三角城市群协同发展的机制变化（图 4-1）。

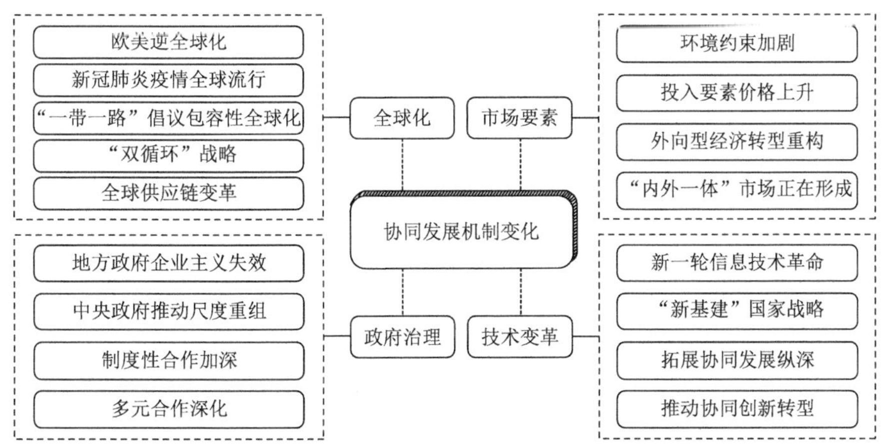

图 4-1　新时期珠三角城市群协同发展的机制变化

全球化：全球化转型与全球供应链变革。对于珠三角城市群这样一个典型的外向型经济区域而言，全球化格局与全球供应链体系是影响区域分工组织与协同发展的关键因素。当前，全球化进程与全球供应链体系正面临欧美逆全球化与中国“一带一路”倡议包容性全球化以及“双循环”战略的深刻博弈。一方面，英国脱欧、中美贸易摩擦以及新冠疫情的全球大流行等全球化格局变动，使 20 世纪 70 年代以来以西方发达国家为主导的新国际劳动分工和经济全球化进程遭遇前所未有的逆全球化挑战（林初昇，2020），同时也催生了全球供应链体系的风险；另一方面，中国围绕“一带一路”倡议与“双循环”战略，已接连启动了大批连接欧亚大陆的基础设施投资以及拓展国内市场及经济腹地纵深的战略安排，预示着全球供应链将在世界范围内的冲突和合作中重构，这些变化都将对珠三角城市群分工组织与协同发展产生根本性的影响。不过，尽管西方发达国家主导下的经济全球化遭遇逆流，但这并不意味着经济全球化进程的衰退甚至中止，相反，经济全球化深化的长期趋势不会被扭转（贺灿飞，2019；林初昇，2020）。随着中国“一带一路”倡议及“双循环”战略的提出，以及世界经济重心逐渐向发展中国家转移，珠三角城市群的协同发展将在更大程度上以促进全球供应链的战略性重构为目标，扩大对“一带一路”沿线国家和中国内陆腹地的辐射力度（Liu and Dunford，2016）。

市场要素：由外向型经济向“内外一体”的市场转变。近年来，由于受到环境约束、投入要素价格上升等影响，珠三角城市群原有建立在低附加值加工贸易基础上的外向型经济发展模式正在经历显著重构（叶玉瑶等，2021）。在珠三角地区早期加工贸易产品的外销中，香港起到关键桥梁的作用，但是随着内销市场份额的不断扩大，香港转口贸易及桥梁的作用正在不断减弱，“内外一体”的目标市场正在成形（Yang，2012）。相关研究表明，2008 年以后外资企业进入珠三角地区普遍不是以降低成本和进入海外市场为首要因素，而是更多考虑接近区域和国内市场、完善的供应链体系以及从集聚经济中获益（Ye et al.，2019）。并且具有内外混合市场导向的企业在不确定性强的国际政治经济格局中也被证实具有更好的经济表现（Zhou，2015）。面向正在形成的“内外一体”市场，珠三角城市群可能形成新的协同发展模式：一是港澳仍然作为珠三角地区走向全球的平台，尤其是面向“一带一路”沿线和葡萄牙语国家及地区等，形成以珠三角城市群为主要投资者和高价值产品输出者角色的新型包容性全球化格局（Liu and Dunford，2016）；二是港澳成为面向内地市场的研发和创新中心，珠三角地区成为其进入内地市场的桥梁，无论是港澳青年创业、专业资格互认还是港澳高科技企业的新一轮跨境投资，都将形成面向内地市场的珠三角城市群新型产业组织模式和区域协同模式（叶玉瑶等，2020）。

政府治理：从地方政府企业主义到中央政府推动下的尺度重组。改革开放以来，中国经历了全球化、市场化和分权化驱动下的社会、经济和空间重构，在政治经济激励下地方政府呈现企业化倾向，成为推动中国经济发展的重要动力（Wei，2000；Wu，2018）。在改革开放中“先行一步”且与海外投资和市场联系紧密的珠三角地区，地方政府的企业化特征尤其显著（Xue and Wu，2015）。然而，地方政府企业主义在支撑区域经济总量扩大的同时，也产生了一系列负面影响，例如不同行政区域之间的恶性竞争、重复建设、资源低效利用和生态环境问题，限制了生产效率提升、产业转型升级和可持续发展（Xu and Yeh，2009）。可见，超越单个城市行政单元的区域协调治理和城市群建设势在必行（Wu，2016；方创琳，2021）。自恢复对港澳行使主权以后，珠三角城市群的制度性合作便不断加深（刘云刚等，2018），联席会议制度、跨境经贸协定、区域联合规划、跨境地区共同开发和设施共建共享持续推进，中央政府对于珠三角城市群协同发展的领导力也持续强化，并且渐进式改革和区域发展需求的响应仍在不断推进（许志桦等，2019）。珠三角城市群协同发展由地方政府企业主义主导下的双向合作转向了中央政府领导下多层级、多主体之间面向区域协同发展共同目标下的多元合作（张虹鸥等，2018；刘毅等，2019），集中体现为中央政府推动下的尺度重组过程（许志桦等，2019；Zhong and Su，2019）。

技术变革：“新基建”赋能区域一体化纵深。近年来，在以 5G、大数据、物联网和人工智能为代表的新一代信息技术加速革新应用的背景下，跨境区域“新基建”的共建共享进一步加速，为区域经济一体化纵深提供有力的技术支持。“新基建”是指以技术创新为驱动，以信息网络为基础，以提供数字化转型、智能升级、融合创新服务为目的的基础设施体系，具体包括信息基础设施、融合基础设施和创新基础设施三种类型（姜慧梓，2020）。与传统基础设施相比，“新基建”具有重技术、轻物质、边际成本递减、边际收益递增和带动科技创新投资等特性（宋晓宇等，2021）。在后疫情时代和“双循环”战略下，“新基建”将赋能珠三角城市群一体化纵深与转型发展。具体来说，一方面，“新基建”将推动区域协同发展向信息技术支撑之下的产业协同创新、产业链关联以及区域协同服务共享转变；另一方面，在新一代信息技术支撑下，人才、信息、资本、技术等要素更加容易突破地理边界的限制，跨区域和长距离的互动关系更加稳定、频繁和互补，地区之间的连接性逐渐增强，区域协同发展的广度和深度都将得以大大加强。

4.2　珠三角城市群科技创新水平

4.2.1　珠三角城市群科技创新能力不断提升

作为珠三角城市群最重要的经济腹地，广东省的科技创新能力近年来持续提升。“十四五”规划纲要明确指出，“十四五”时期经济发展以推动高质量发展为主题。加快构建新发展格局、推动解决发展不平衡不充分问题，都需要科技创新作为核心推动力。广东省积极响应党中央的号召，高度重视创新与经济结构转型工作，积极谋划、科学布局、全方位落实广东的创新驱动发展战略，推动了广东省在新发展时期创新能力的极大提升，创新已成为拉动广东省社会生产力发展的核心力量。广东省创新能力的持续提升主要表现在两个方面。

一是创新投入强度的持续提升（表 4-1）。广东省的研究机构数从 2012 年的 4756 个上升至 2019 年的 32 347 个，增长近 6 倍，其中主要增长来自工业企业，表明广东省的企业研发增长强劲。R&D 经费内部支出与 R&D 活动人员同样经历了大幅增长（图 4-2），其中，R&D 经费内部支出从 2012 年的 1236.20 亿元增长至 2019 年的 3098.49 亿元，R&D 活动人员从 2012 年的 629 055 人增长至 2019 年的 1 091 544 人，分别达到了约 2.51 倍与约 1.74 倍。从结构分布看，R&D 经费内部支出的增长主要来自工业企业，表明广东省的创新投入主要在工业企业端，展现出了极强的创新活力（图 4-3）。

表 4-1　广东省研究与开发活动的部门分布结构

指标	年份							
	2012 年	2013 年	2014 年	2015 年	2016 年	2017 年	2018 年	2019 年
研究机构总数/个	4 756	5 030	5 333	8 164	14 311	23 318	25 484	32 347
科学研究与技术开发机构研究机构数/个	184	186	189	189	202	199	182	187
全日制普通高等学校研究机构数/个	600	652	704	850	1 123	1 369	1 549	1 781
工业企业研究机构数/个	3 455	3 700	3 930	6 553	11 834	20 030	21 740	25 891
R&D 活动人员总数/人	629 055	652 405	675 206	680 237	735 188	879 854	1 023 101	1 091 544
科学研究与技术开发机构 R&D 活动人员数/人	14 595	14 868	15 897	15 739	17 452	17 635	18 187	24 335
全日制普通高等学校 R&D 活动人员数/人	40 557	44 051	47 540	57 346	57 048	63 332	68 510	83 351
工业企业 R&D 活动人员数/人	519 212	530 551	544 906	534 293	585 089	696 385	806 431	838 891
R&D 经费内部总支出/亿元	1 236.20	1 443.50	1 605.45	1 798.17	2 035.14	2 343.63	2 704.70	3 098.49

续表

指标	年份							
	2012 年	2013 年	2014 年	2015 年	2016 年	2017 年	2018 年	2019 年
科学研究与技术开发机构 R&D 经费内部支出/亿元	39.10	44.80	53.64	63.98	73.74	83.84	81.76	112.16
全日制普通高等学校 R&D 经费内部支出/亿元	44.00	45.80	49.82	62.97	108.08	137.53	153.12	185.78
工业企业 R&D 经费内部支出/亿元	1 077.90	1 237.50	1 375.29	1 520.55	1 676.27	1 865.03	2 107.20	2 374.63

数据来源：广东统计年鉴 2013—2020 年。

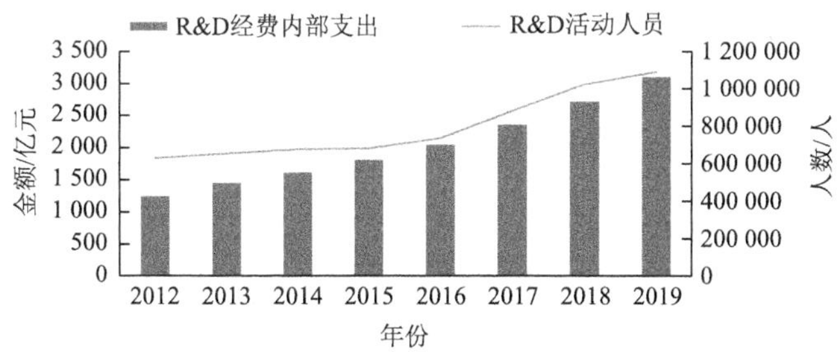

图 4-2　广东省 R&D 经费内部支出及活动人员的增长情况

数据来源：广东统计年鉴 2013—2020 年

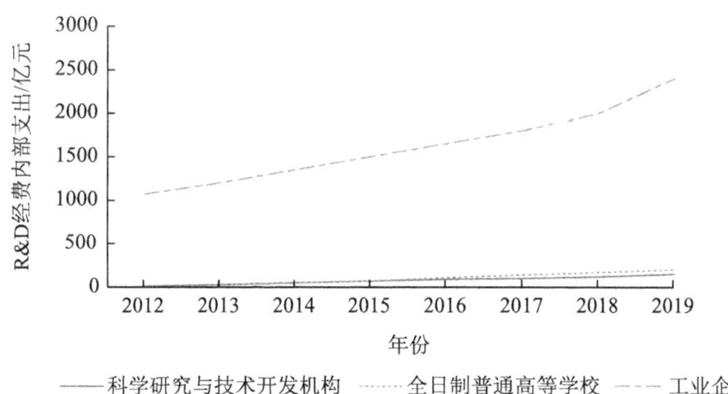

图 4-3　广东省 R&D 经费内部支出在不同部门间的分布与增长情况

数据来源：广东统计年鉴 2013—2020 年

二是创新产出能力的持续提升。从专利申请量增长上看，广东省专利申请量从 1990 年的 1948 件增长至 2019 年的 807 700 件，增长约 414 倍，其中发明专利、实用新型专利与外观设计专利三类的增长分别为880倍、368倍、328倍（图4-4）。从科技成果与科技奖励上看，2015年至2019年，广东省的省级重大科技成果数量经历了大幅增长，2015年为2133项，2019年达到了2755项（图4-5）。国家级的科技奖励成果2015年仅为32项，2019年达到了50项。

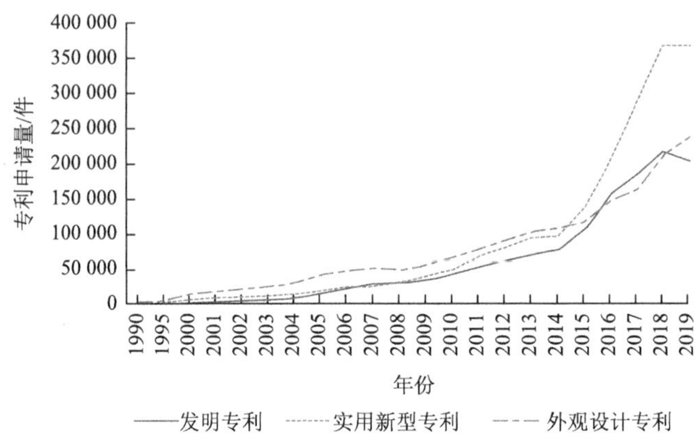

图4-4　广东省不同类型专利的增长情况

数据来源：广东统计年鉴

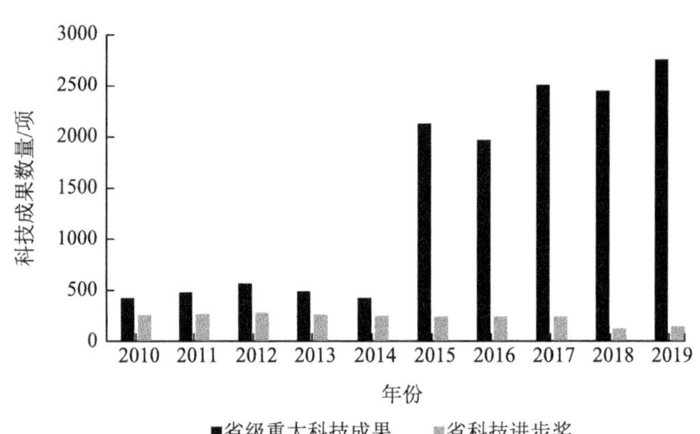

图4-5　广东省重要科技成果奖项的增长情况

数据来源：广东统计年鉴

香港的创新能力与创新投入也在持续提升，2000年至2020年，本地研发总开支经历了稳步增长，占本地生产总值的比重也在稳步上升（图4-6）。其中，本地工商机构是研发经费的主要来源，政府也是研发投入的主体。在2020年，政府研发投入的占比首次高于工商机构（图4-7，可能的影响来自持续的新冠疫情）。

在 2020 年，本地研发总开支达到了 265.54 亿港元，较 2019 年上升 0.84%，占本地生产总值的比重由 2019 年的 0.93%上升至 2020 年的 0.99%（表 4-2）。在 2020 年，研发人员总数达到了 36 106 人，较 2019 年上升 1.95%，且绝大部分研发人员主要从业于高等教育机构与工商机构（表 4-3）。按职能划分，2020 年大部分研发人员是研究员，其次是技术员及其他辅助人员。

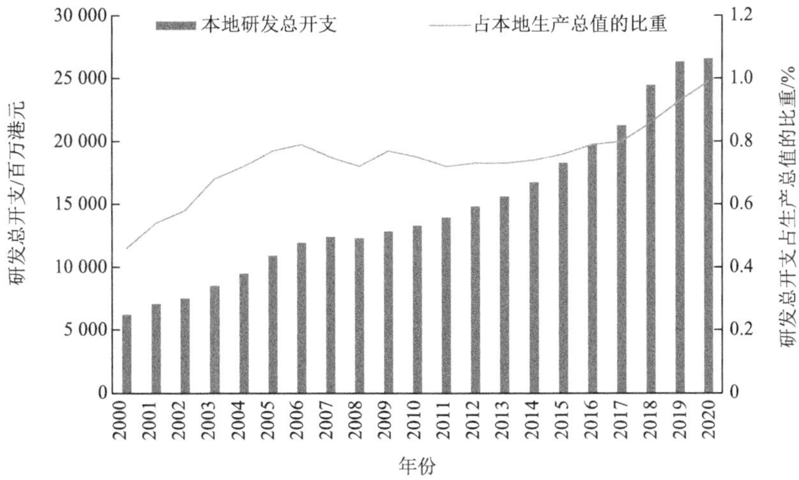

图 4-6　香港特别行政区本地研发总开支的增长情况

数据来源：香港特别行政区政府统计处，https://www.censtatd.gov.hk/sc/EIndexbySubject.html?scode=580&pcode=D5600570

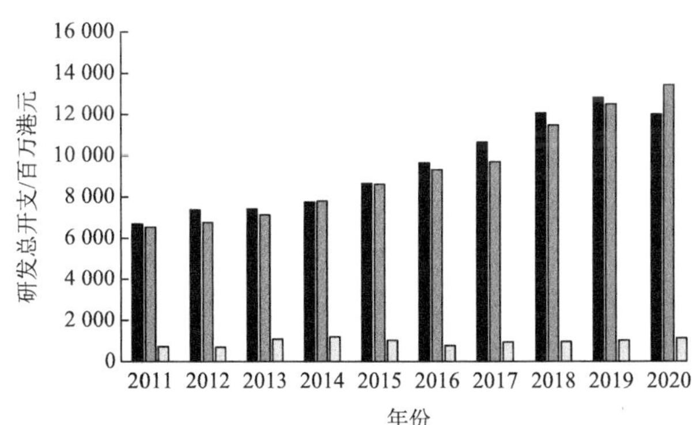

图 4-7　按资金来源划分的香港特别行政区本地研发总开支

数据来源：香港特别行政区政府统计处，https://www.censtatd.gov.hk/sc/EIndexbySubject.html?scode=580&pcode=D5600570

表 4-2　按进行研究及发展（研发）活动的机构类别划分的本地研发总开支结构

年份	本地研发总开支/百万港元				本地研发总开支占本地生产总值的比重/%			
	工商	高等教育	政府	总计	工商	高等教育	政府	总计
2015	7 993.7	9 550.8	726.2	18 270.7	0.33	0.40	0.03	0.76
2016	8 528.1	10 270.9	914.1	19 713.1	0.34	0.41	0.04	0.79
2017	9 412.3	10 837.1	1 031.0	21 280.4	0.35	0.41	0.04	0.80
2018	10 992.5	12 337.9	1 148.0	24 478.4	0.39	0.44	0.04	0.87
2019	11 616.5	13 432.4	1 283.8	26 332.7	0.41	0.47	0.05	0.93
2020	11 043.9	14 129.3	1 380.4	26 553.6	0.41	0.53	0.05	0.99

数据来源：香港特别行政区政府统计处，https://www.censtatd.gov.hk/sc/web_table.html? id=207#2。

表 4-3　按进行研究及发展（研发）活动的机构类别划分的研发人员数目结构

年份	数目（以相当于全日制的人数计算）/人				占总计的百分比/%		
	工商	高等教育	政府	总计	工商	高等教育	政府
2015	12 217	17 191	701	30 109	40.6	57.1	2.3
2016	12 318	18 134	830	31 282	39.4	58.0	2.6
2017	12 792	18 655	908	32 355	39.5	57.7	2.8
2018	13 156	19 482	938	33 576	39.2	58.0	2.8
2019	13 748	20 643	1 025	35 416	38.8	58.3	2.9
2020	13 335	21 715	1 056	36 106	36.9	60.2	2.9

数据来源：香港特别行政区政府统计处，https://www.censtatd.gov.hk/sc/web_table.html? id=208#。

从表 4-2 中可以看出高等教育机构是研发的主体，其次是香港本地的工商机构。从数据上看，2015 年，高等教育机构的研发总开支就占到了本地生产总值的 0.40%，到 2020 年，这一数据上升到了 0.53%，呈现为稳步上升的态势。工商机构的研发总开支占本地生产总值的比重也在不断上升，2015 年占比 0.33%，到 2020 年，这一数据上升到了 0.41%。表 4-3 显示，高等教育与工商机构是研发人员构成的主体单位，在 2015 年，高等教育机构研发人员占比达到了 57.1%，到 2020 年，进一步上升到了 60.2%，可见，基础研发是香港创新的支柱力量。

4.2.2　珠三角城市群创新资源高度集聚

创新能力的持续离不开创新资源的系统化布局，在 2010—2019 年，通过系统性的布局，广东省集聚了一批高质量的创新平台，创新资源不断集聚。主要表现在：①从区域一体化层面打造协同的科技创新平台体系。通过有机整合重点实验室、技术创新中心和科技服务平台，初步形成了具有广东特色的“金字塔”型科技创新平台体系。截至 2019 年，全省形成了以 7 家省实验室、28 家国家重点实验室、306 家省重点实验室共同组成的省实验室体系。2016—2018 年，新增广东省制造业创新中心 16 处，形成了技术创新中心体系；建成了一批以科技成果转移转化平台、技术交易平台、科技公共服务平台、创新创业服务中心、科技众包平台、科技管理服务平台等为主要内容的科技服务体系。高等学校、科研机构和创新型龙头企业的科技创新基地与平台建设卓有成效。②建成了一批国家级和省级创新型产业集群，促使高新区基本成为区域创新的重要节点和产业高端化发展的重要基地。2018 年，汕头、湛江、茂名 3 家国家级高新区获批，广东省国家级高新区数量达到 14 家，位居全国第二。同时根据科学技术部火炬高技术产业开发中心通报的 2021 年国家级高新区综合评价结果，深圳高新区在综合质效与持续创新能力上排名全国第一，而在创新能力与创业活跃度方面也排到了全国第二名。2021 年，深圳高新区的营业收入超过了 2.2 万亿元（火炬统计快报数据），已成为全国高新技术产业的发展引擎。广州高新区位列全国第四（较 2020 年上升 2 位），评价结果指出其近年来在创新平台、创新产出、创新主体密度等核心指标上均有显著的提高。在 2021 年，广州高新区管辖区内 GDP 突破 4158 亿元，其规模以上工业总产值高达 8771 亿元（占全市约 40%），形成了中心城区、广州科学城、黄埔新 CBD（中央商务区）、国际生物岛四大板块联动发展的格局。深圳高新区与广州高新区已成为全球创新网络的重要枢纽与节点。除了两大枢纽在全球影响力的日益增强，珠海高新区在 2021 年的评价结果中，排名也上升至第 17 位。在创新能力、创新活跃度、结构优化、产业价值链、绿色发展、宜居包容性、综合质效和持续创新能力等核心指标中均排到了全国的前 30 名内，通过高质量发展专项资金等的创新机制安排，支持了华为鲲鹏、珠海中科先进技术研究院、健帆生物等重大平台项目建设，也推动了自身平台影响力在全国的不断跃升。

4.3　珠三角城市群经济发展与产业结构现状

4.3.1　经济总量规模位居世界领先水平

珠三角城市群经济规模和活力持续提升，2021 年珠三角城市群本地生产总值高达 10.1 万亿元，与京津冀、长三角一并，占全国经济总量超过 40%，成为全国最核心的发展动力源与经济压舱石。在全球四大湾区中，珠三角城市群经济规模超过旧金山湾区，居第三位，按照当前的经济增长速度，珠三角城市群有望在 5 年内成为超越东京湾区、纽约湾区与旧金山湾区的全球经济总量最大湾区。

根据 GDP 规模情况总体可以划分为三个梯队，其中深圳、香港和广州三足鼎立，2021 年经济总量分别为 30 665 亿元、23 740 亿元和 28 232 亿元，属于第一梯队，经济增速远高于全国平均水平，在内地城市 GDP 排名中，深圳、广州分列在上海、北京之后，位居全国第三和第四；第二梯队的城市为佛山和东莞，其经济总量分别为 12 157 亿元和 10 855 亿元，两地一直以来都是珠三角城市群工业发展的重要地区，是重要的制造业基地；而惠州、中山、澳门、珠海、江门和肇庆属于第二梯队的城市（图 4-8）。

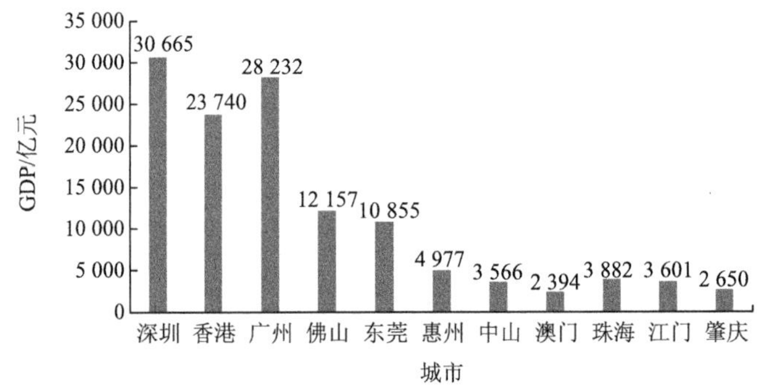

图 4-8　珠三角城市群各城市经济总量（2021 年）

4.3.2　产业结构已经迈入服务经济阶段

虽然珠三角城市群的经济总量在全球尺度与纽约湾区、旧金山湾区和东京湾区并驾齐驱，然而其人均 GDP 与这三大湾区相比仍然存在差距。2017 年珠三角城市群的人均 GDP 达 14.7 万元，约合 2.18 万美元，相当于东京湾区的一半左右，纽约湾区的三分之一，旧金山湾区的五分之一，在四大湾区中排名最低。

城市之间人均 GDP 水平差异较大，澳门是珠三角城市群人均 GDP 最高的城市，2018 年人均 GDP 达到 82 609 美元，在世界所有国家和地区中排名第三，香港人均 GDP 仅有澳门的一半左右（49 000 美元），但远高于内地平均水平和珠三角九市的水平。珠三角九个地级市中，深圳、珠海和广州的人均 GDP 相对较高，分别为 26 967 美元、24 564 美元和 23 357 美元，均超过 2.3 万美元，肇庆的人均 GDP 低于 1 万美元，而佛山、江门、中山、东莞和惠州的人均 GDP 则处于中等水平（图 4-9）。

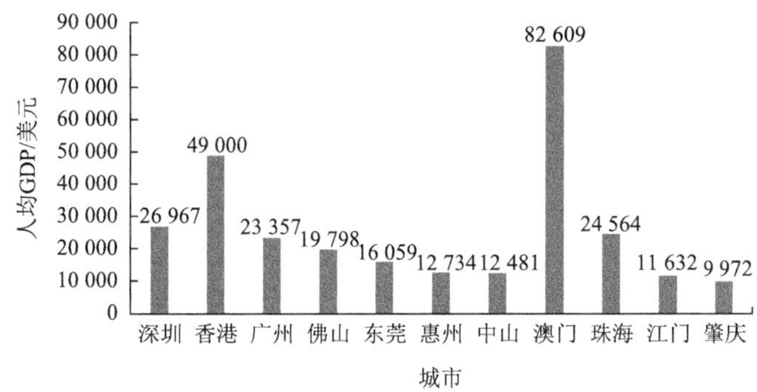

图 4-9　珠三角城市群各城市人均 GDP（2018 年）

珠三角城市群产业结构以第三产业为主，正在向创新经济转变。就经济结构转变而言，在工业经济向服务经济、创新经济的演化过程中，第三产业在国民经济的地位不断上升并成为第一大产业，经济增长由工业拉动向服务业拉动转变，2018 年珠三角城市群的服务业占比达 66.1%（图 4-10）。服务业已经在香港和澳门经济结构中占据绝对的主导，第三产业占 GDP 比重分别高达 94.93%和 92.43%，其次是广州，第三产业占 GDP 比重已经达到 71.8%，逐步转变为以服务业经济作为主要动力的城市，其余城市除深圳和东莞的服务业经济比重超过 50%以外，依然保持以工业作为其经济发展的主要推动力。

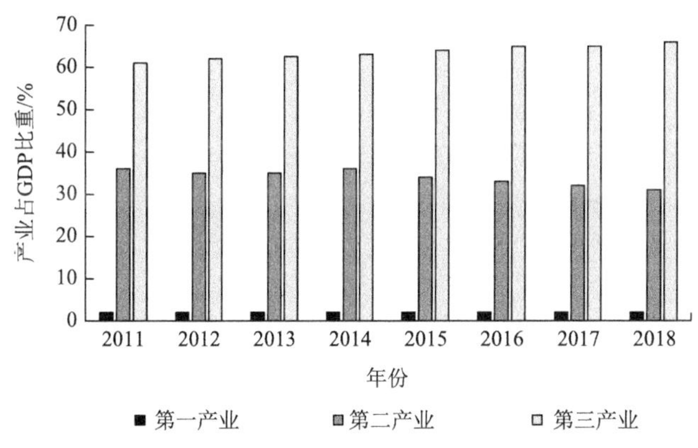

图 4-10　珠三角城市群产业结构变化

当前，珠三角城市群已经步入后工业化发展阶段，但各城市之间发展阶段差异较大。对照钱纳里的工业化阶段标准（换算成当今的美元价格）以及配第-克拉克定理，后工业化发展阶段的人均 GDP 区间为 77 190—123 504 美元，结合珠三角城市群三次产业结构的现状，整体已经步入后工业化发展阶段（表 4-4）。与香港和澳门的高度服务业经济不同，当前珠三角地区正在步入现代服务业快速推进的重要战略机遇期，工业型经济正向服务型经济转变。2017 年，第三产业占 GDP 的比重为 56.78%，高于长三角地区的 53.03%。

表 4-4 工业化阶段判断

指标	工业化初期	工业化中期	工业化后期	后工业化时期
人均 GDP/美元	10 292—20 584	20 584—41 168	41 168—77 190	77 190—123 504
三次产业比重关系	二>一>三	二>三>一	三>二>一	三>二>一
轻工业占工业总产值比重	轻工业占优势	重工业占优势	轻重比重相对稳定	轻重比重相对稳定
城市化水平	<30%	30%—50%	50%—75%	>75%
产业结构主要特征	农业是经济主体，依靠农业资源发展资源和劳动密集型的产业	工业产值开始超过农业产值；由轻工业为主向重工业为主转变	工业产值占工农业总产值比重超过 70%；产业规模化专业化	技术密集型产业为主，科技成为推动经济发展第一推动力

比较珠三角城市群 11 个城市的第三产业占比与人均 GDP，能看出第三产业占比与人均 GDP 基本呈正相关。结合珠三角城市群内部具体城市发展现状，根据工业化阶段标准的判断，可以分为三类：

①处于后工业化时期的城市：以香港、澳门为代表，第三产业占到 90%以上的纯服务型经济体；

②处于工业化后期的城市：以广州、深圳、东莞、珠海为代表，由第二产业逐步向第三产业过渡，第三产业占比在 50%左右；

③处于工业化中期的城市：中山、江门、惠州、佛山和肇庆 5 个城市仍处在工业经济阶段，第二产业是 GDP 贡献的主要推动力。

4.3.3 城市之间形成产业功能协作关系

1. 香港：以贸易物流、金融服务和专业服务为主导

香港是全球最自由的经济体之一，也是全球服务业主导程度最高的经济体之一，服务业占 GDP 90%以上。2018 年，香港是全球第八大商品输出地，也是全球第 15 大服务输出地。2020 年的数据显示，服务业占香港本地生产总值的 93.43%（图 4-11），其中金融及保险，公共行政、社会及个人服务，进出口贸易、批发及零售这三类产业的占比最大，分别达到了 21.22%、19.57%、19.47%，合计占比达 60.26%。

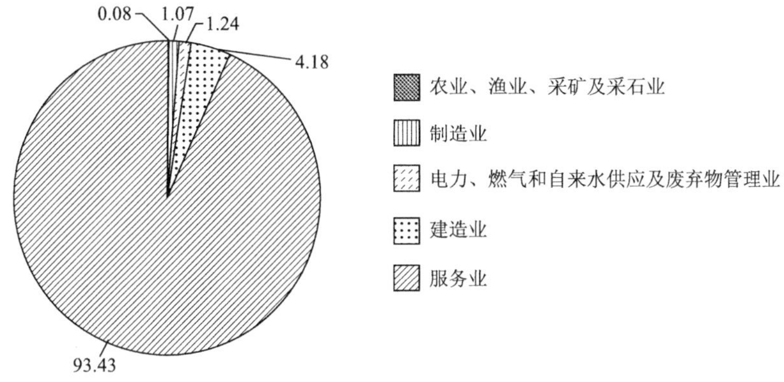

图 4-11　2020 年香港主要行业的经济结构比例（单位：%）

2. 澳门：以博彩业和旅游业为主导

澳门生产总值以第二和第三产业构成，2008 年以后第三产业的比重逐步上升。澳门的支柱产业之一为博彩业，博彩及博彩中介业的蓬勃带动其他行业发展，如酒店业、批发及零售业等，2019 年数据显示，澳门有 51.02%的生产总值由博彩及博彩中介业贡献。澳门属独立关税区，拥有独立税务制度，实行低税制。澳门的主要贸易伙伴为内地（大陆）、香港和台湾，其中，香港出口到澳门的商品主要为消费品，约占 2018 年总出口的六成。

3. 广州：现代服务业与先进制造业并驾齐驱

广州市以第三产业为主，2020 年占比为 72.5%。现代服务业与先进制造业并驾齐驱，已形成 10 个千亿级产业集群，其中，批发零售、金融、房地产、租赁和商务服务、交通运输代表了现代服务业，汽车、石油化工、电子、电力热力生产供应、电气机械及器材制造则代表了先进制造业，已明确广州将以“先进制造业、战略性新兴产业、现代服务业、海洋经济、都市现代农业”五大产业为主导，携手珠三角城市群共建世界级产业集群。

4. 深圳：高新技术产业研发和制造基地

深圳是经济特区、全国性经济中心城市和国家创新型城市，深圳的第三产业比重在 2020 年为 62.1%，四大支柱产业为高新技术产业、金融服务业、现代物流业以及文化产业。其中，企业的研发投入占据了深圳研发投入的核心，2009 年占比就高达 92.6%，到 2020 年，这一数据进一步增长至 93.2%，以企业为主体的高新技术研发是深圳创新的重要组成。

5. 东莞：全球跨国公司制造基地

东莞是世界知名的制造业基地、中国重要的出口基地，高附加值的机电产品和高新技术产品成为对外贸易的主要增长点。东莞经济由出口主导的制造业推动，五大支柱产业是电子信息、电气机械及设备、纺织服装鞋帽、食品饮料加工、造纸及纸制品。2018 年五大支柱产业规模以上工业增加值共 2706.7 亿元，工业特色产业（包括玩具及文体用品制造、家具制造、化工制品制造、包装印刷）完成增加值 340.4 亿元。

6. 佛山：五大优势制造业突出

佛山是珠三角城市群重要的制造业基地，形成了各具特色的产业集群，如容桂、北滘家电，乐从、龙江家具，石湾、南庄陶瓷，大沥铝型材，陈村花卉，西樵纺织等。五大优势制造业包括纺织服装、食品饮料、家具制造、建筑材料、家用电器，其中佛山家电制造业产值占全国家电制造业的 15%以上。从 2009 年开始，第二产业占佛山生产总值的比重稍微下降，而第三产业的比重则逐步上升。金融、现代物流、商务会展、工业设计、服务外包等生产性服务业发展较快。

7. 珠海：制造业和服务业均衡发展

2021 年，珠海的整体产业结构呈现为第三产业主导，第二产业与第三产业占比分别为 41.93%、56.66%。六大工业支柱行业包括精密机械制造、石油化工、家电电气、电子信息、生物医药和电力能源，其中电子信息知名企业包括金山、巨人、金蝶、用友等；家电电气知名企业包括格力、德豪润达等。近年来形成以医疗器械为支撑、以保健品和化妆品为特色的生物医药产业体系，拥有丽珠、联邦、和佳、宝莱特、汤臣倍健等企业。

8. 中山：传统特色制造业引领经济发展

当前中山生产总值的构成仍以第二产业为主，传统优势产业包括家电、服装、电子、灯饰、家具、五金制品等。在特色制造业中，中山已形成了齐备的家电产业链，包括 TCL、美的等家电企业；大涌镇因其系列齐全的牛仔服饰被授予“中国牛仔服装名镇”称号；拥有“中国电子（中山）基地”和“中国电子音响行业产业基地”的称号；灯饰产业以古镇系列灯具为龙头，素有“中国灯饰之都”美誉；大涌镇获得“中国红木家具生产专业镇”及“中国红木家具产业之都”的称号；小榄镇作为“中国五金制品产业基地”，形成锁具、燃气具等产业群。

9. 惠州：电子信息和石化新能源产业作为支柱

2020 年，惠州第二产业占比 50.56%，处于主导地位，重工业占比超过 78%，石油化工和电子信息是惠州两大支柱产业。近年来，清洁能源产业如光伏发电、海上风电、核电项目等项目发展迅速。当前，惠州致力于成为全球重要的高能环保电池生产基地、广东省重要的清洁能源生产基地，拓展蓝色经济，科学开发利用海洋资源，培育海洋生物医药产业。

10. 江门：形成三大特色产业

江门的经济构成以第二产业为主，拥有三大特色产业（摩托车、五金卫浴、不锈钢），传统优势产业包括纺织服装、食品饮料、家具制造、建筑材料、金属制品、家用电器、造纸等。“十四五”规划提出要推动先进制造业的加快崛起，增强产业链供应链的自主可控能力。目前，江门交通运输装备制造发展迅猛，如轨道交通产业集群、重卡和商用车产业集群等领域有较好发展。

11. 肇庆：以六大传统产业为主

在生产总值构成中，2020 年，肇庆的第二产业占比为 39.03%，包括纺织服装、食品饮料、家具、建材、金属制品、家电六大传统产业。肇庆“十四五”规划中提出了“4+4”的制造业集群设想，加快打造新能源汽车及汽车零部件、金属加工等产值超千亿元产业集群，做精做强电子信息、建筑材料等产值超 500 亿元产业集群，加快培育家具制造、食品饮料、精细化工、等产值超 300 亿元产业集群，培育 10 家产值超百亿元的制造业企业，加快发展生物医药产业。

4.4　珠三角城市群科技创新的互补优势与协作基础

珠三角城市群的战略定位之一是打造国际科技创新中心，拥有“一国两制”独特制度环境的珠三角城市群内布局了港澳与珠三角地区两种截然不同的制度体系，其中港澳因其独特的城市发展历史与现代服务业优势，具有对接全球的城市地位优势，珠三角地区则是全国的制造业基地，产业基础雄厚，更是港澳对接广阔的内地市场的窗口。随着港澳与珠三角地区联动进入新阶段，这种互补性的科技优势与协作基础将成为珠三角城市群协同创新的最大优势。

4.4.1　港澳科技创新的优势

1. 全球化优势明显

港澳在全球城市体系中地位突出。香港、澳门是珠三角城市群的两大中心城市，因为独特的城市发展历程与制度特点，是珠三角城市群与国际接轨的前沿。作为世界著名金融中心和人口密度最大的城市之一，香港是一个不同文化的大熔炉，是一座真正意义上的国际大都市。根据全球化与世界城市研究网络（Globalization and World Cities Research Network，GaWC）的世界城市评价体系，2020 年，香港、广州、深圳入围世界一线城市，其中，香港与北京、新加坡、上海、巴黎、东京等一起被列为 Alpha + 级，属于创新枢纽城市。香港拥有高度国际化、法治化的营商环境以及遍布全球的商业网络，是全球最自由经济体之一，根据 2022 年 3 月发布的第 31 期全球金融中心指数，香港位列全球第三大金融中心。香港也是国际航空枢纽、国际航运中心、国际进出口贸易中心，以货柜吞吐量计算，2021 年，香港港在全球 50 大集装箱港口排名中位列第 10，是全球最重要的贸易中心之一。

香港具有成熟的与国际对接的环境。作为开放前沿，香港以其连接东西的独特地位，完善的法制、体制环境与成熟的国际规则对接在珠三角城市群的进一步发展中扮演着不可取代的角色。2017 年，中国货物经香港转口销往世界各地的总值约为 22 268 亿港元，中美双边贸易中，包含出口与进口，约 7%通过香港转口来转往对方市场。在金融环境方面，1992 年起香港逐渐成为内地企业上市的融资门户，内地企业以 A + H 股的形式在香港上市。中国银行、中国工商银行、中国建设银行在 2005—2006 年间在香港上市，共筹募 360 亿美元资金，香港是当前内地企业首次公开招股的最主要境外资本市场（巴曙松等，2018）。

港澳的全球化功能在珠三角城市群中不可替代。在《粤港澳大湾区发展规划纲要》中明确了港澳各自的分工定位，香港主要是巩固和提升其作为国际金融、航运、贸易中心和国际航空枢纽的地位，推动金融、商贸、物流、专业服务等向高端高增值方向发展，大力发展创新及科技产业，建设亚太区国际法律及争议解决服务中心。澳门主要是建设世界旅游休闲中心、中国与葡语国家商贸合作服务平台，促进经济适度多元发展。港澳将发挥引领作用，以其全球化的地位与经验，担任珠三角城市群中的核心城市，为珠三角城市群实体经济的发展和中国金融的进一步对外开放提供“试验田”与“安全垫”。

2. 现代服务业优势突出

香港是亚太区最重要的国际金融、贸易、航运、信息服务枢纽之一，是跨国公司云集的地区总部，现代服务业优势地位突出。目前，香港服务业主要包括批发、零售、进出口贸易、饮食及酒店业，运输、仓库及通信业，金融、保险、地产及商用服务业，社区、社会及个人服务业等。金融服务、贸易和物流、旅游、专业服务成为香港服务业的四大支柱产业。

香港位置优越，拥有优良的海港，独特的历史地理优势是香港服务业发展的原因。香港具有全球性的优势，即贸易、金融和人才的优势。

香港国际金融中心位置仍然不可替代。香港有着稳健与高效率的金融基础设施，以及透明的监管与成熟的法律制度。随着香港与内地的进一步融合，近年来，香港与内地推出沪港通、深港通、债券通及基金互认安排等金融举措，进一步促进内地资本市场对外开放。2018 年 4 月，香港交易所的上市制度进一步改革，吸引了生物医药与科技金融等领域的参与者融入金融生态圈，为成长期较长的创新企业提供了更多资金来源和市场前景。同时，香港已经成为了当前全球离岸人民币业务枢纽，处理着全球约 75%的离岸人民币支付结算业务。随着内地与香港的进一步互联互通，香港可以更好地满足珠三角城市群内的离岸人民币结算、融资及资金管理需要。

3. 港澳教育资源与科研实力在珠三角城市群排名前列

作为珠三角城市群创新主轴的广深港澳科技创新走廊集聚了珠三角城市群超过 60%的高校。香港作为珠三角城市群教育重镇，2022 年共有 7 所大学上榜 QS 世界大学排名，其中，香港大学、香港科技大学、香港中文大学均跻身世界前 50，排名分别为 22、34、39。此外，香港城市大学位列第 53 名，香港理工大学位列第 66 名，中山大学和香港浸会大学同样跻身世界前 300。珠三角城市群在教育资源与教育能力上达到了世界领先水平。在布局强校的同时也推动了一批优势学科，中山大学的数学、化学、材料科学与工程、电子科学与技术，华南理工大学的化学、材料科学与工程、轻工技术与工程，华南师范大学的物理学等，都是国内著名的优势学科。与此同时，近年来珠三角城市群内也不断在推动港澳高校的异地校区布局，尤其是深圳与香港及内地名校合作设立的“深圳校区”或“深圳研究院”，培养了大批实用型科技人才。

4.4.2　广东省科技创新的优势

广东省具备良好的制造业基础，经过 40 多年的改革开放，广东初步形成了有自身特色的区域工业体系，是全国工业发展重镇、全球制造业基地。2021 年，广东省实现工业总产值 169 785.1 亿元，从 2011 年开始超过 10 万亿元并持续保持增长，主要工业产品产能和产量继续提高，在全国占有重要地位，形成了比较完备的产业体系和制造业基础。其中，深圳堪称广东乃至全国的创新高地，引领着全国的新业态迭代与传统产业的转型升级，深圳的生物医药产业规模在 2016 年超过 2000 亿元，已建成华大基因、迈瑞医疗、北科生物等创新型企业 319 家，同时，还集聚了华为、腾讯、中兴、比亚迪、大疆等多种类型的创新企业，工业基础与创新实力都走在全国的前沿。

近二十多年来，广东省工业规模不断增长，工业结构也在不断调整。2000 年广东省工业增加值前十位的产业分别为电力蒸汽热水生产供应业、石油及天然气开采业、电子及通信设备制造业、石油加工及炼焦业、烟草加工业、食品加工业、自来水的生产和供应业、黑色金属冶炼及压延加工业、非金属矿物制品业、交通运输设备制造业，十大产业的总工业增加值约为 496 亿元（图 4-12）；到 2020 年，广东省工业增加值前十位的总工业增加值约为 23 253 亿元，增长超过 40 倍，同时工业结构进一步调整，计算机、通信和其他电子设备制造业，电气机械和器材制造业，汽车制造业，电力、热力生产和供应业，非金属矿物制品业，金属制品业等产业崛起，其中，计算机、通信和其他电子设备制造业，电气机械和器材制造业的工业增加值分别占到前十位工业产业的 36.92%和 15.03%（图 4-13）。

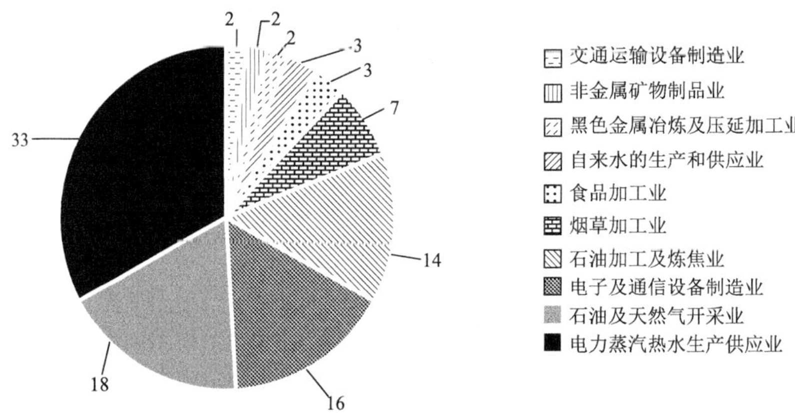

图 4-12　2000 年广东省工业增加值前十位产业产值结构（单位：%）

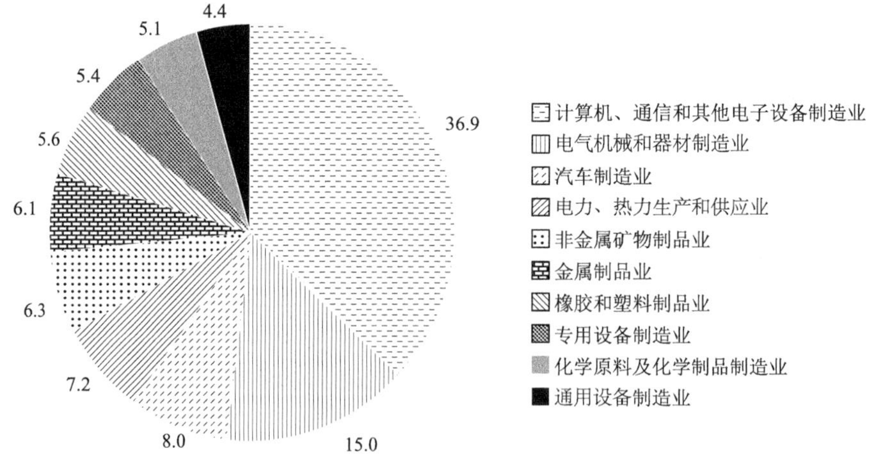

图 4-13　2020 年广东省工业增加值前十位产业产值结构（单位：%）

4.4.3　珠三角城市群进入协同创新的新阶段

珠三角城市群在"一国两制"、三关税区的独特制度背景下，其区域协同发展（或一体化）进程受到边界属性和制度环境变化的显著影响（陈广汉等，2017；张虹鸥等，2018），从而表现出明显的阶段性特征。随着港澳与珠三角地区战略耦合方式的不断变化，珠三角城市群的协同发展也在逐步发展演变。从最早的"前店后厂"模式到以制度性合作为主导的区域一体化整合再到当前的以国家战略导向为重点的协同发展阶段，珠三角城市群实现协同创新发展在当前已成为推动建设国际科技创新中心的关键。

1. 以"前店后厂"为代表的区域生产要素一体化阶段（1978—1996 年）

珠三角城市群区域经济一体化进程始于 1978 年中国改革开放。改革开放初期以珠三角城市群区域生产要素一体化为主要特征，受到香港与珠三角地区的比较优势差异和内地市场有限开放下出口市场力量的驱动（薛凤旋和杨春，1997），珠三角地区成为 20 世纪 80 至 90 年代承接港资制造业北上转移的首要目的地（Eng，1997；Enright et al.，2005）。这一阶段粤港之间的区域经济一体化被总结为著名的"前店后厂"模式，推动了珠三角地区的快速工业化、城镇化和香港的服务经济化，彼此形成了功能互补、运转高效的区域经济协同格局（Yeh，2001；Shen，2003；陈广汉等，2017）。已有研究将这一阶段的珠三角城市群区域经济一体化主要归因于三地自下而上、民间自发的市场力量以及中国改革开放进程中广东省在市场化、分权化和全球化下的"先行一步"优势（Vogel，1989；Lin，1997）。但是，由于恢复对港澳行使主权前珠三角城市群合作具有中英、中葡"外交事务"色彩，地方政府间正式合作非常有限，在产业以外的合作领域、市场以外的合作动力尚未形成（钟韵和胡晓华，2017；刘云刚等，2018；张虹鸥等，2018）。

2. 以制度性合作为主导的区域制度整合一体化阶段（1997—2014 年）

恢复对港澳行使主权以后，珠三角城市群协同发展进入新的阶段，集中体现为由"非制度性合作"向"制度性合作"转变（陈广汉等，2017；钟韵和胡晓华，2017），珠三角城市群合作由之前的"外交事务"转变为"一国两制"框架下的国内跨境区域管治。1998 年和 2001 年，粤港和粤澳合作联席会议制度分别建立并不断发展完善，从经济发展和基础设施逐渐向教育、文化、环保和科技等多领域延伸（刘云刚等，2018）。与此同时，内地与港澳签订的一系列关于建立更紧密经贸关系的协定（CEPA），有效地推动了粤港、粤澳之间乃至内地与港澳之间货物贸易和服务贸易自由化，以及投资、通关便利化，旨在逐步消除内地与港澳之间的关税和非关税壁垒（刘云刚等，2018）。这一阶段珠三角城市群区域经济协同发展进入了制度转型期，传统的“前店后厂”模式已经难以适应新阶段珠三角城市群协同发展的需求（Yeh and Xu，2006；许学强和李郇，2009），尤其是2008年全球金融危机进一步加速了珠三角地区外向型经济的重构（Yang，2012；叶玉瑶等，2021）。然而，有关珠三角城市群区域制度整合一体化对于深化区域协同发展的作用仍然存在争论，珠三角城市群之间尚未形成继“前店后厂”之后高效、清晰的区域协同发展模式。

3. *以国家战略为导向的区域全方位融合一体化阶段*（2015 年—）

2015 年以来，珠三角城市群相继进入“一带一路”倡议和国家“十三五”规划等顶层设计文件，中央政府在深化珠三角城市群协同发展中的引领和协调作用显著增强，港澳与珠三角地区的合作进入了全新的阶段。广东自贸区（广州南沙新区、深圳前海蛇口、珠海横琴新区 3 个片区）成为“扩大对港澳开放”和“全面合作”的珠三角城市群深度合作示范区。2017 年 3 月，“研究制定粤港澳大湾区城市群发展规划”写入政府工作报告，标志着珠三角城市群建设正式上升为国家战略（张虹鸥等，2018）。珠三角城市群国家战略能够更加有效地推动尺度重组、制度创新和集体行动，从而为新阶段珠三角城市群全方位协同发展筑牢根基（许志桦等，2019）。2019 年 2 月国务院提出将珠三角城市群建设成为充满活力的世界级城市群、具有全球影响力的国际科技创新中心、“一带一路”建设的重要支撑、内地与港澳深度合作示范区、宜居宜业宜游的优质生活圈，标志着珠三角城市群协同发展由市场和制度整合走向经济、制度、文化、社会和生态等多领域全方位融合阶段。同时，珠三角城市群的制度建设也由服务贸易单一领域合作拓展到全方位合作的深度合作示范区建设。

4.5 珠三角城市群科技创新协同发展存在的问题与挑战

珠三角城市群是世界上最为独特的一个区域，空间尺度关系复杂（安宁等，2018），拥有“一国两制”独特的制度环境，分属三个关税区、三个法域，流通三种货币，并因此面临不同政治制度、不同关税区、不同法律制度之间转换对接所带来的巨大挑战。创新要素聚而不联，创新要素流动不畅，体制机制转换对接困难成为影响珠三角城市群协同创新的最大的障碍。

4.5.1 产业结构有待优化，目前仍处于全球价值链中低端

珠三角城市群虽已初步形成规模较庞大、结构较完整的产业体系，但对标世界一流湾区，尚未充分实现产业结构的合理化、高级化。珠三角城市群内大部分

企业仍以加工贸易为主，产品附加值低，国际竞争力不强。从“2018 年汤森路透全球百强创新企业排名”看，珠三角城市群仅有华为和比亚迪两家企业入选，同期，东京湾区、旧金山湾区、纽约湾区分别入选 20 家、8 家、5 家。企业创新能力不足，致使珠三角城市群产业陷入“低端困局”，影响了区域经济发展水平。

珠三角城市群各个城市之间产业种类众多，由于地方政府之间在产业发展定位和产业功能上缺乏统一协调，城市产业经济功能存在重复和同质化竞争的问题，增加了实现 9＋2＞11 的难度。对比珠三角城市群内主要城市的相关规划文件（表 4-5），城市之间的产业功能与发展定位存在同质化问题，由于区域内部缺乏协调性，影响了珠三角城市群发挥向内集聚和向外扩散的经济作用。

表 4-5　珠三角城市群内各城市规划定位及重点发展产业

城市	规划定位	重点发展产业类型
香港	国际金融、航运、贸易三大中心，全球离岸人民币业务枢纽地位和国际资产管理中心，亚太区国际法律及解决争议服务中心	国际金融、国际会展、专业服务、航空和港口物流等
澳门	世界旅游休闲中心、中国与葡语国家商贸合作服务平台、多元文化合作交流基地	博彩、酒店、批发及零售、会展、中医药、文化创意
广州	珠三角城市群核心增长极、国际科技创新枢纽、国际航空枢纽、国际航运中心	汽车、电子信息、石化、先进装备、时尚服装、智能家居、金融、物流、会展等
深圳	珠三角城市群建设的新引擎、全球科技产业创新中心、“一带一路”交通枢纽、有全球影响力的海洋中心城市	电子信息、先进制造与自动化、生物与新医药、新能源及节能技术、新材料、高技术服务等
佛山	国家制造业创新中心、全球制造创新中心、珠三角城市群西部航空枢纽、珠三角城市群高品质森林城市	高端新型电子信息、半导体照明、节能环保、新能源汽车
东莞	珠三角城市群先进制造业中心	电子信息、装备制造、文化旅游、金融、现代物流、电子商务
惠州	珠三角城市群科技成果转化高地	石化能源新材料、电子信息、生命健康
中山	珠三角城市群世界级先进制造业基地、区域性综合交通枢纽、产业创新中心和历史文化名城	高端新型电子信息、生物医药、半导体照明、游艇
珠海	珠江西岸的核心城市、珠三角城市群创新高地	软件和集成电路设计、生物医药、智能电网、大数据、物联网、新材料、移动互联网
肇庆	珠三角城市群连接大西南的枢纽门户城市、珠三角城市群新型城市	先进装备制造、新材料、高端新型电子信息、生物医药、节能环保
江门	珠三角城市群西翼枢纽门户城市	轨道交通、电动摩托车、新能源新材料及装备制造

从港口资源来看，珠三角城市群目前拥有香港港、深圳港和广州港三大世界前十的集装箱港口，2021 年，三大港口集装箱吞吐量均超过 1700 万标箱，并且深圳港和广州港均保持了良好的上升势头，2021 年吞吐量相比上一年均上涨了超过 4%；港口群有多个主体，基本上形成了“一城一港”的状况（表 4-6）。在这种建设模式下，区域港口出现了同质化竞争激烈、公共资源配置不优等问题，港口大而不强，现代港口物流、现代航运服务业发展较为缓慢。

表 4-6　典型年份珠三角城市群沿海港口集装箱发展情　（单位：万标箱）

港口名称	2000 年		2010 年		2021 年	
	集装箱吞吐量	外贸集装箱吞吐量	集装箱吞吐量	外贸集装箱吞吐量	集装箱吞吐量	外贸集装箱吞吐量
香港港	1425	1425	2370	2370	1779	1779
广州港	143	92	1255	414	2418	976
深圳港	399	372	2251	2144	2877	2661
珠海港	31	31	70	61	204	78
惠州港	6	6	23	20	31	3
东莞港	13	13	24	21	340	27
中山港	51	50	82	78	137	96
江门港	9	9	26	14	69	7
合计	2077	1998	6101	5122	7855	5627

资料来源：（王蕊等，2023）。

4.5.2　创新空间“聚而不联”，科技成果应用与转化乏力

1. 城市之间尚未实现协同创新

港澳与珠三角地区在科技创新领域存在互补式的优劣势，然而截至目前，珠三角城市群的大城市间尚未实现协同创新。香港、广州、深圳是广深港澳科技创新走廊的核心城市，其在科技创新方面各自存在不足。香港集聚数量众多的全球顶级高校，在人才、科研、资本、法治等软硬条件上具备突出优势，但香港科技产业发展薄弱，缺乏全球性的科技创新企业，未能形成活跃的创新科技生态圈；广州集聚丰富的高校和科研平台资源，科技创新支撑作用较强，但广州亦缺乏科技型龙头企业，科技创新成果转化体制约束较多；深圳科技创新体系完备、创新生态优良、产业化能力突出，但缺乏高质量的研究型大学以及世界级的基础性、前沿性研究平台。总体而言，港穗深在科技创新方面具备良好的合作基础和合作需求。

然而在广深港澳科技创新走廊的城市之间，科技创新方面的合作仍然有待深入推进。近年来，香港高校在内地办学成为推动港澳与珠三角地区融合的重点工作抓手。如香港大学与深圳前海的战略合作，核心内容包含了支持香港大学（深圳）高等法律研究院和香港大学大湾区金融科技研究院发展、建设香港青年创业学院、探索建设香港大学前沿科技产业园、共同开展前海碳中和试点示范区建设等。2022 年，香港科技大学与广州大学合作成立香港科技大学（广州），作为教育部批准设立的第 3 所内地与香港合作大学，前 2 所分别是 2005 年设立的北京师范大学-香港浸会大学联合国际学院和 2014 年设立的香港中文大学（深圳）；香港城市大学（东莞）校区获教育部批准筹备设立，选址于东莞松山湖科学城。在珠

三角城市群国家战略的支持下，香港高校与内地合作办学正在深入发展。然而，这些合作绝大多数都还处于发展的早期阶段，实际成效还有待观察。此外，广州和深圳之间长期存在龙头斗争，处于各自发展状态，从二者在科技创新方面的定位来看，广州提出要打造具有国际影响力的国家创新中心城市和国际科技创新枢纽，深圳致力于打造全球科技产业创新中心，科技创新定位雷同，导致科技创新资源争夺、科技创新合作缺乏等问题。

2. 科技成果应用与转化乏力

一方面，珠三角城市群依托众多的高校和科研院所资源，基础创新能力较强，但区域内科技创新对产业发展的推动作用未能充分发挥，科技成果转化仍面临成果输出方和技术需求方信息不对称、第三方权威评估机构缺乏、专业人才欠缺等障碍。反观其他世界湾区，以大企业主导创新为特色的东京湾区科技成果转化率高达 80%以上，旧金山湾区的斯坦福大学是学术成果转化为产品的全球典范，培育了谷歌、惠普、雅虎、思科、英特尔等一批全球知名公司。

另一方面，发明专利质量不高，2016 年珠三角城市群发明专利总量达 19.4 万件，是旧金山湾区的 3.5 倍；深圳-香港地区 PCT 国际专利申请数量 4.1 万件，高于圣何塞-旧金山的 3.4 万件，在全球创新活动群落中排名第二，但从施引专利（即专利被引用的次数）数量来看，尽管珠三角城市群发明专利数量超过旧金山湾区、东京湾区、纽约湾区，但在施引专利数量上却不及其他湾区。2013 年至 2017 年珠三角城市群的发明专利施引数量均低于旧金山湾区，其中 2013 年、2014 年、2016 年较为明显。2013 年珠三角城市群的发明专利施引数量为旧金山湾区的 22.82%，2015 年差距缩小，比例为 39.52%，2016 年再次降至 22.81%，2017 年差距再次缩小，比例为 43.59%，说明珠三角城市群创新成果质量与其他湾区相比仍存在一定差距（图 4-14）。

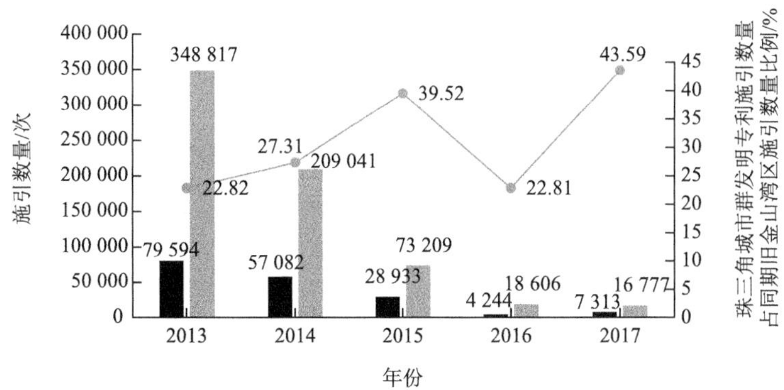

图 4-14　珠三角城市群与旧金山湾区发明专利施引数量对比

4.5.3 创新要素流动不畅

在“一国两制”大背景下，珠三角城市群初步实现生产要素和生活要素的自由流动，形成了区域经济日益融合的局面。未来，建设好珠三角城市群，需要进一步优化资源配置，关键是实现中高级生产要素与生活要素的自由流动，并由此释放巨大增长潜力。珠三角城市群要素自由流动仍面临一系列体制机制障碍。受到两种制度、三个关税区等因素的影响，珠三角城市群经济领域的人才、资金、技术等中高级要素仍然难以实现自由流动。这既限制了内地与港澳之间的人文交流，也限制了珠三角城市群资源的优化配置水平。

1. 人才自由流动的体制机制障碍

第一，内地与港澳税制差异大，人才在港澳与内地间流动面临着重复征税与税率差异大的问题。第二，出入境欠便利。传统通关模式亟待优化升级。港澳签注数量限制严、商务签注门槛高。珠三角城市群内公务员和事业单位在编人员在出入境通关上，有诸多政策限制。第三，公共服务衔接尚未建立。内地与港澳医疗保障体系和医药准入标准不同。珠三角城市群的社会保险衔接关系需加快建立。第四，专业人才职业资格互认与执业存在障碍。港澳的职业资格认证体系与内地尚存在较大的差异，职业资格互认的机制建设尚待推进。

2. 资金流动的体制机制障碍

主要表现为珠三角城市群存在人民币在跨境贸易结算中的使用占比较低、金融机构进入内地门槛较高、跨境金融交易平台体系不健全和金融业务创新有待完善等问题。尽管跨境人民币贷款、双向人民币资金池等业务不断推进，但跨境人民币创新业务发展速度较为缓慢，制约了人民币在珠三角城市群金融合作中的流通使用。特别是港澳与内地金融业法律体系、监管制度和执行标准不同，导致珠三角城市群在解决金融纠纷、发行金融产品、防控金融风险等方面存在较大差异，信息不能有效共享，难以实现互联互通、融合发展。科技创新资本要素的流动也存在障碍，当前，港澳与内地之间科研资金跨境流动存在一定障碍，表现为科研基金过境时需要缴纳所得税、增值税和附加税，将内地收入汇入香港时须提交收入来源证明和完税证明，甚至报送大额交易报告，手续繁杂，企业办理跨境银行贷款等业务时需要两地金融机构两次审核，并且审核标准高，时间长，不利于科技创新资本的高效、有序流动。

3. 商品物流的体制机制障碍

由于珠三角城市群有三个独立的关税区，实行不同关税制度，查验标准和行政管理体制差异较大，信息难以共享，通关效率较低。珠三角城市群在物流通关政策、供应链金融政策、物流业准入等方面存在差异，这给物流资源的优化配置带来了挑战。珠三角城市群内缺乏物流信息共享衔接机制和大数据平台支撑，由此可能会导致物流体系低效率运转。此外，珠三角城市群内物流企业协作水平不够高，不利于促进珠三角城市群物流业的错位发展与协作能力，珠三角城市群物流业健康发展的法律及营商环境协同性还不够，物流技术标准不统一，在过关时可能会面临标准不一带来的商品滞留等问题，降低了物流效率。

4.5.4　体制机制转换对接困难

在司法体制上，香港和澳门在“一国两制”的规定之下，拥有独立的司法体制。其运作模式与内地的司法体制有着相当大的差异，二者分属“海洋法系”及“大陆法系”，两者之间的差异导致两地居民，甚至是司法人员，对两地的司法判决和法规的性质在理解上都存在一定的差异。在判决上，香港和澳门的法院依据世界各地和本地的性质类近的判例做出判决；而内地法院则依照法律条文和立法精神，由法官做出解释和判决。因此，香港和澳门的具体法律规则大部分表现在判例之中，只有较少一部分具体规则表现为成文法的形式，而内地则一般表现在法典中，这样的差异性给两地对具体规则的互相理解带来诸多不便。

在具体的体制机制设计上，港澳与内地也存在着较大的差异，易导致具体的机制对接冲突。

首先，税制冲突明显。与港澳税制相比，内地仍属于高税区。以个人所得税为例，目前香港实行 15%的标准税率，澳门职业税实行的最高税率为 12%，但内地个人所得税最高税率达 45%。

其次，社保、医保等方面存在待遇差异。港澳与内地的就业保障差异较大，按照劳动法，在内地就业签署劳动合同则强制性缴纳社会保险，然而在实际执行中，由于社会保险制度差别大，港澳没有建立社会保障性质的养老保险，无互认制度基础，港澳在内地就业人员对社会保险的诉求小，目前参保人员很少，且主要是原内地获得港澳永居权再回内地工作人员，因而，珠三角城市群内人员的社保、医保等方面的待遇差异较大。

再次，科技成果转换存在制度壁垒。珠三角城市群间跨境成果转化有待提高，港澳在基础与应用基础研究上具有较大优势，但是科技成果到广东就近转化的不多，相关的转移转化平台和服务体系尚不健全。2016 年，广东省科学技术厅（以下简称“广东省科技厅”）投入 5000 万元负责组织实施粤港科技联合资助项目，香港以创新及科技基金、创新及科技支援计划组织实施，双方共同优先支持移动互联网、大数据技术、高端制造装备、智能机器人、新材料、新能源、节能环保（大气及水污染治理)、生物医药、公共安全（食品安全及重大疾病防治）等新兴技术领域的科研项目，推动粤港双方在更大范围和领域内开展科技合作，促进两地技术成果产业化。同时，通过省级科技计划支持粤澳科技合作，积极推动省内重点地市开展对港澳专项合作计划。然而，截至目前，珠三角城市群在科技成果的应用与转化上仍然不够深入，体制机制障碍突出。

最后，职业资格互认差异大。随着广东社会经济的迅速发展，珠三角城市群城市间的人员往来和经贸交流日益频繁，人力资源流动也日趋活跃。不同区域从业者的专业素质和职业资格互认成为阻碍珠三角城市群进一步融合的障碍。早在2012年，广东省就发布了《关于在广州南沙、深圳前海、珠海横琴建设粤港澳人才合作示范区的意见》，此后又陆续发布了系列文件，提出了“通过特殊机制安排，推进粤港澳服务业人员职业资格互认”的工作要求，促进珠三角城市群人力资源的有效流动。然而，一方面，由于职业资格管理事权在国家，如建筑、医疗卫生、会计、法律等专业领域均由国家层面组织实施，内地与港澳包括资格互认、单方认定资格等多方面专业领域合作，需由相关领域行业主管部门授权开展；另一方面，港澳两地认为当地在认可国家职业资格证书方面尚不成熟，职业资格互认难度大。香港特别行政区政府强调专业资格与内地管理模式不同，香港业界没有诉求、职业资格互认可能涉及修订法律以及已有渠道提供给内地人员取得香港专业资格等，认为现阶段不宜开展专业资格互认。

参考文献

安宁，马凌，朱竑，2018. 政治地理视野下的粤港澳大湾区发展思考[J]. 地理科学进展，37（12）：1633-1643.

巴曙松，慈庆琪，郑焕卓，2018. 金融科技浪潮下，银行业如何转型[J]. 当代金融研究（2）：22-29.

陈广汉，杨柱，谭颖，等，2017. 区域经济一体化研究：以粤港澳大湾区为例[M]. 北京：社会科学文献出版社.

方创琳，2021. 新发展格局下的中国城市群与都市圈建设[J]. 经济地理，41（4）：1-7.

贺灿飞，2019. “经济全球化与中国区域发展”专辑序言[J]. 地理科学进展，38（10）：1447-1448.

姜慧梓，2020. “新基建”包括哪些领域？国家发改委权威解读[N/OL]. 新京报，2020-04-20[2020-10-01]. https://baijiahao.baidu.com/s?id=1664464907901458585&wfr=spider&for=pc.

林初昇，2020. 去中心化和（逆）全球化背景下中国人文地理学的批判性理论探索与方法创新[J]. 热带地理，40（1）：1-9.

刘毅，王云，杨宇，等，2019. 粤港澳大湾区区域一体化及其互动关系[J]. 地理学报，74（12）：2455-2466.

刘云刚，侯璐璐，许志桦，2018. 粤港澳大湾区跨境区域协调：现状、问题与展望[J]. 城市观察（1）：7-25.

宋晓宇，范迪，张丽，2021. “十四五”时期城市新型基础设施建设的内涵特征和发展趋势[J]. 科学发展（152）：100-107.

王蕊，丁文涛，冯云，等，2023. 粤港澳大湾区港口集装箱吞吐量预测及发展建议[J]. 水运工程，1（604）：1-6.

许学强，李郇，2009. 改革开放30年珠江三角洲城镇化的回顾与展望[J]. 经济地理，29（1）：13-18.

许志桦，刘云刚，胡国华，2019. 从珠三角到大珠三角再到粤港澳大湾区：改革开放以来中国的国家尺度重组[J]. 热带地理，39（5）：635-646.

薛凤旋，杨春，1997. 外资：发展中国家城市化的新动力：珠江三角洲个案研究[J]. 地理学报，52（3）：193-206.

叶玉瑶，王景诗，吴康敏，等，2020. 粤港澳大湾区建设国际科技创新中心的战略思考[J]. 热带地理，40（1）：27-39.

叶玉瑶，张虹鸥，王洋，等，2021. 中国外向型经济区制造业空间重构的理论基础与科学议题[J]. 世界地理研究，30（2）：331-343.

张虹鸥，王洋，叶玉瑶，等，2018. 粤港澳区域联动发展的关键科学问题与重点议题[J]. 地理科学进展，37（12）：1587-1596.

钟韵，胡晓华，2017. 粤港澳大湾区的构建与制度创新：理论基础与实施机制[J]. 经济学家（12）：50-57.

Eng I，1997. The rise of manufacturing towns：externally driven industrialization and urban development in the Pearl River Delta of China[J]. International Journal of Urban and Regional Research，21（4）：554-568.

Enright M J，Scott E E，Chang K，2005. Regional powerhouse：the greater Pearl River Delta and the rise of China[M]. Singapore：John Wiley & Sons.

Gherhes C，Vorley T，Vallance P，et al.，2021. The role of system-building agency in regional path creation：insights from the emergence of artificial intelligence in Montreal[J]. Regional Studies，56（4）：563-578.

Lin G C S，1997. Red capitalism in South China：growth and development of the Pearl River Delta[M]. Vancouver，Canada：University of British Columbia Press.

Liu W，Dunford M，2016. Inclusive globalization：unpacking China's Belt and Road Initiative[J]. Area Development and Policy，1（3）：323-340.

Vogel E F，1989. One step ahead in China：Guangdong under reform[M]. Cambridge，MA：Harvard University Press.

Wei Y H，2000. Regional development in China：states，globalization and inequality[M]. London：Routledge.

Wu F，2016. China's emergent city-region governance：a new form of state spatial selectivity through state-orchestrated rescaling[J]. International Journal of Urban and Regional Research，40（6）：1134-1151.

Wu F，2018. Planning centrality，market instruments：governing Chinese urban transformation under state entrepreneurialism[J]. Urban Studies，55（7）：1383-1399.

Xu J，Yeh A，2009. Decoding urban land governance：state reconstruction in contemporary Chinese cities[J]. Urban Studies，46（3）：559-581.

Xue D，Wu F，2015. Failing entrepreneurial governance：from economic crisis to fiscal crisis in the city of Dongguan，China[J]. Cities，43：10-17.

Yang C，2012. Restructuring the export-oriented industrialization in the Pearl River Delta，China：institutional evolution and emerging tension[J]. Applied Geography，32（1）：143-157.

Ye Y，Wu K，Xie Y，et al.，2019. How firm heterogeneity affects foreign direct investment location choice：micro-evidence from new foreign manufacturing firms in the Pearl River Delta[J]. Applied Geography，106：11-21.

Yeh A，2001. Hong Kong and the Pearl River Delta：competition or cooperation？[J]. Built Environment，27（2）：129-145.

Yeh A，Xu J，2006. Turning of the dragon head：changing role of Hong Kong in the regional development of the Pearl River Delta[M]//Yeh A，Sit V F，Chen G，et al. Developing a competitive Pearl River Delta in south China under one country-two systems. Hong Kong：Hong Kong University Press.

Zhong Y，Su X，2019. Spatial selectivity and intercity cooperation between Guangdong and Hong Kong[J]. Urban Studies，56（14）：3011-3029.

Zhou Y，2015. Mixed-market and crisis mitigation：lessons from the performance of China's ICT industry before and after the 2008 crisis[J]. Eurasian Geography and Economics，56（2）：193-219.

第 5 章　珠三角城市群创新要素的地理格局

本章主要从地理格局的视角分析了珠三角城市群协同创新的特征。首先，在城市尺度，分析了珠三角城市群各城市创新能力的发展特征；其次，在区域尺度，对多类型创新要素的地理分布进行了系统分析，重点分析了珠三角城市群的创新基础设施发展；最后，从战略性产业的视角，分析了珠三角城市群产业技术创新的地理格局及多样性特征。

5.1　核心城市创新能力不断提升

虽然珠三角地区以“三来一补”型的加工制造业起家，工业化与城市化由制造业发展推动，但从经济结构的增长看，服务业也在发展并持续作出贡献。在 1990 年到 2020 年的 30 年间，第三产业的年平均增长速度达到了 17.52%，与此同时，第二产业的年平均增长速度为 15.78%。尽管在改革开放后，第二产业推动了珠三角地区主要的经济增长，然而在 2009 年第三产业正式超过了第二产业，成为珠三角地区生产总值的主要贡献者。到 2020 年，珠三角地区的整体经济结构中，第三产业产值达到了 52 183.04 亿元，占比 58.29%，第二产业产值为 35 770.21 亿元，占比 39.96%，无论是在增速上还是在结构上，二、三产业的发展都已经拉开差距（图 5-1）。可

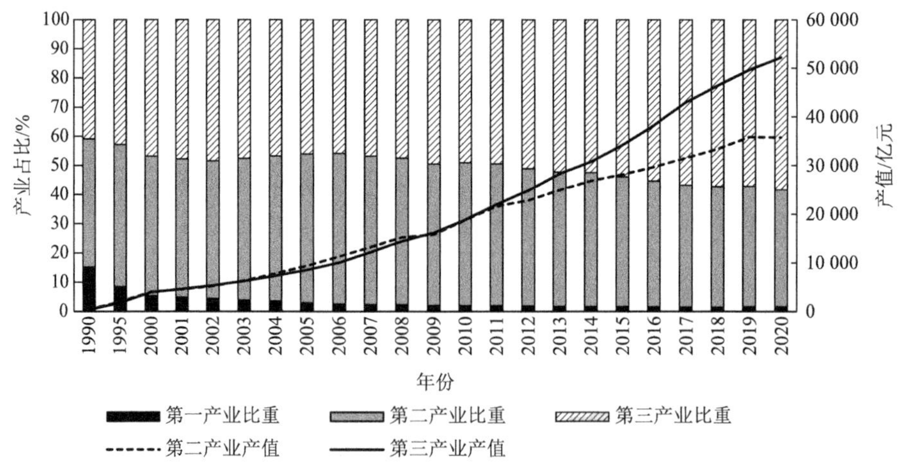

图 5-1　珠三角地区经济结构增长

数据来源：广东统计年鉴

见，虽然由制造业触发增长，但与西方国家的线性连续和渐进式部门转型不同，珠三角地区经济增长和转型的特点是制造业和服务业经济同时扩张。

进入 21 世纪后，由于劳动力和生产成本上升、人民币升值和外部竞争加剧，珠三角地区外向型工业化面临巨大挑战。随着制造业发展遭遇危机，生产性服务逐步成为珠三角地区的经济增长新引擎。根据对广东 10 个主要的生产性服务行业增加值的统计（表 5-1），2014 年到 2018 年，广东省的主要生产性服务业的年均增长率超过了 10%，其中增速最快的为研发设计与其他技术服务、信息服务、人力资源管理与培训服务这三个行业，年均增速都超过 23%，研发设计与其他技术服务的增速更是达到了 24.76%。根据中国统计年鉴中对生产性服务业的定义与分类，从广东省部门分类中筛选出了 6 大类最有代表性的生产性服务业（表 5-2），其部门从业人员在 2005 年占总就业人口比重为 5.21%，到 2020 年这一比重增长至 20.09%，翻了四倍。可见生产性服务业开始成为珠三角地区经济增长的新动力之一，从数据结构上也可以看出珠三角城市群经济增长动力的转型。

表 5-1　广东省生产性服务业增加值

行业	2014 年/亿元	2015 年/亿元	2016 年/亿元	2017 年/亿元	2018 年/亿元	年均增速/%
合计	17 621.58	19 551.98	21 719.60	24 665.14	26 663.97	10.91
研发设计与其他技术服务业	894.20	1 052.63	1 105.97	1 391.62	2 166.21	24.76
货物运输、仓储和邮政快递服务业	1 890.52	2 058.44	2 162.35	2 509.19	2 233.91	4.26
信息服务业	1 968.84	2 289.07	2 871.41	3 821.01	4 710.24	24.37
金融服务业	3 046.39	4 556.38	4 772.26	5 170.49	4 817.39	12.14
节能与环保服务业	319.86	392.67	413.95	409.28	224.15	–8.51
生产性租赁服务业	118.85	136.78	155.55	179.32	232.15	18.22
商务服务业	2 217.67	2 182.59	2 487.18	2 746.32	3 063.49	8.41
人力资源管理与培训服务业	647.93	767.23	913.06	1 159.45	1 500.45	23.36
批发经纪代理服务业	4 345.85	3 798.43	4 225.13	4 510.50	5 690.99	6.97
生产性支持服务业	2 171.47	2 317.75	2 612.75	2 767.96	2 024.98	–1.73

数据来源：《2019 广东统计年鉴》。

表 5-2　广东省主要生产性服务业从业人员　（单位：万人）

行业	2005 年	2010 年	2011 年	2012 年	2013 年	2014 年	2015 年	2016 年	2017 年	2018 年	2019 年	2020 年
交通运输、仓储和邮政业	117.65	160.53	162.38	160.58	173.06	181.71	184.87	186.80	192.31	195.86	227.07	83.09
信息传输、软件和信息技术服务业	36.72	53.94	58.06	62.08	77.89	81.17	86.62	94.96	99.92	118.38	166.39	74.04

续表

行业	2005 年	2010 年	2011 年	2012 年	2013 年	2014 年	2015 年	2016 年	2017 年	2018 年	2019 年	2020 年
金融业	29.83	55.28	56.43	57.70	53.91	53.02	55.40	58.12	58.66	70.89	196.34	95.34
租赁和商务服务业	61.11	90.21	88.66	91.12	110.43	145.64	158.26	164.31	171.64	197.19	345.56	118.59
科学研究和技术服务业	16.35	26.41	31.35	33.42	42.48	51.82	55.16	58.35	62.95	79.48	147.33	47.76
占总就业人口比重/%	5.21	6.58	6.66	6.79	7.48	8.30	8.69	8.96	9.23	10.17	15.14	20.09

数据来源：广东统计年鉴；广东省就业人口统计分行业口径与中国生产性服务业分类口径不完全一致，以生产性服务业分类标准为参照，本研究选取了 6 类最有代表性的生产性服务部门做分析。

为应对全球新的发展形势，珠三角地区在过去十年从一个低端的全球制造业基地全面向高端制造与生产性服务转型。随着地方产业的多样化和专业化程度的不断提升，经济结构升级与政府干预力度的不断加大，珠三角地区正在全面进入一个向全球价值链高端经济转型的新阶段。

在经济结构上，港澳与珠三角地区则有明显差异，两个特别行政区的结构均以第三产业为主（表 5-3，表 5-4）。2020 年，香港的服务业产值达到了 2 397 020 百万港元，占本地生产总值的 93%，经济结构上服务业占据了绝对的主导地位，其中，进出口贸易、批发及零售，金融及保险，公共行政、社会及个人服务这三类产业是服务业的主体，并且从数据的增长可以看出，香港的服务业一直以来都占据主导，其次为建造业，农业、渔业、采矿及采石业，制造业，电力、燃气和自来水供应及废弃物管理业这三类产业占比较低（图 5-2）。澳门的经济结构同样呈现出类似的特点，以二、三产业为主，第三产业占比超过 90%，以不动产业务、博彩及博彩中介业为主，其中博彩及博彩中介业的占比一度超过澳门经济总量的 50%，近年来由于新冠疫情等因素的影响，占比出现一定的回落，但是从数据上仍然可以看出博彩业在澳门经济中的主导地位。

表 5-3　香港特别行政区以当时市价计算的本地生产总值　（单位：百万港元）

行业	2015 年	2016 年	2017 年	2018 年	2019 年	2020 年
农业、渔业、采矿及采石业	1 630	1 898	1 736	1 762	2 057	2 648
制造业	26 716	26 844	27 299	27 571	29 366	25 140
电力、燃气和自来水供应及废弃物管理业	34 653	34 414	34 978	35 660	34 083	35 155
建造业	107 902	124 932	129 714	120 473	114 499	104 017
服务业	2 154 541	2 229 760	2 357 359	2 514 947	2 559 558	2 397 020

续表

行业	2015 年	2016 年	2017 年	2018 年	2019 年	2020 年
进出口贸易、批发及零售	527 822	525 526	548 636	575 103	533 352	473 298
住宿及膳食服务	78 134	79 682	83 507	91 525	75 918	37 397
运输、仓库、邮政及速递服务	150 073	149 742	153 359	158 440	151 574	115 122
资讯及通信	80 813	84 208	86 891	91 449	95 557	93 662
金融及保险	409 933	428 903	480 488	535 126	581 319	597 994
地产、专业及商用服务	252 714	266 139	274 822	280 843	276 497	244 955
公共行政、社会及个人服务	407 405	436 912	465 488	499 433	536 259	531 218
楼宇业权	247 648	258 649	264 166	283 028	309 081	303 373
以基本价格计算的本地生产总值	2 325 443	2 417 849	2 551 086	2 700 413	2 739 563	2 563 979

数据来源：香港特别行政区政府统计处，https://www.censtatd.gov.hk/sc/web_table.html? id=35。

表 5-4　澳门特别行政区以当年生产者价格计算的产业结构　（单位：%）

产业	行业	2015 年	2016 年	2017 年	2018 年	2019 年	2020 年
第二产业	小计	7.74	6.66	5.07	4.15	4.32	8.69
	制造业	0.57	0.60	0.58	0.55	0.57	0.88
	水电及气体生产供应业	0.66	0.71	0.75	0.61	0.64	1.43
	建筑业	6.51	5.34	3.74	2.99	3.10	6.38
第三产业	小计	92.26	93.34	94.93	95.85	95.68	91.31
	批发及零售业	5.58	5.28	5.71	5.81	5.64	6.89
	酒店业	3.82	4.06	4.28	4.40	4.60	1.08
	饮食业	1.71	1.75	1.64	1.56	1.61	1.63
	运输、仓储及通讯业	2.72	2.85	2.64	2.57	2.69	3.03
	银行业	5.25	5.53	5.41	5.30	5.51	12.96
	保险及退休基金业	0.97	1.29	1.06	1.25	1.34	–0.50
	不动产业务	10.40	10.81	10.68	9.84	8.84	17.57
	租赁及工商服务业	4.08	5.04	4.79	4.87	4.32	6.17
	公共行政业	4.18	4.41	4.28	4.09	4.34	9.99
	教育业	1.79	1.94	1.88	1.83	1.96	4.55

续表

产业	行业	2015 年	2016 年	2017 年	2018 年	2019 年	2020 年
第三产业	医疗卫生及社会福利业	1.31	1.45	1.41	1.38	1.49	3.53
	博彩及博彩中介业	47.85	46.37	48.88	50.68	51.02	21.28
	其他团体、社会及个人服务及雇用佣人的家庭	2.61	2.56	2.30	2.28	2.33	3.13

数据来源：澳门特别行政区政府统计处，https://www.dsec.gov.mo/zh-MO/Statistic？id=902。

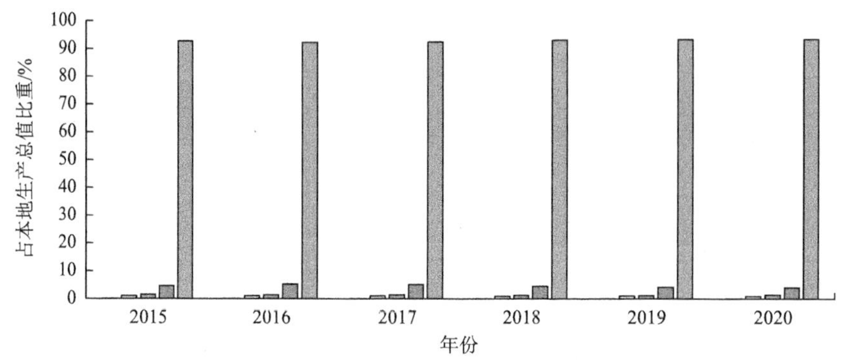

图 5-2 香港特别行政区各产业占以基本价格计算的本地生产总值百分比（后附彩图）

数据来源：香港特别行政区政府统计处，https://www.censtatd.gov.hk/sc/web_table.html？id = 36#

当前，已有较多研究关注城市创新的“属性特征”，如科研机构总量、科研人员总数、产出总量、创新环境与政策等，比较具有代表性的是澳大利亚创新研究机构“2thinknow”的全球创新城市指数。[①]根据 2021 年 2thinknow 发布的《全球创新城市指数》中对全球城市创新能力的评估结果显示，珠三角地区共有 6 个城市入选 2021 年全球创新城市 500 强，分别为深圳（26）、广州（51）、东莞（229）、中山（288）、佛山（290）、珠海（324）（表 5-5）。该机构根据城市在全球创新网络和创新型经济的重要性来划分，把评选城市分为关键纽带、枢纽、节点、影响者和崛起者五类，广州和深圳属于枢纽城市。此评价指数指标体系由生产性服务业或文化资产、人力资本与市场网络等方面构建，这说明了珠三角地区的核心城市已经开始从传统的低附加值制造业驱动模式向具有全球创新力的世界级城市群方向转型发展。此外，另一权威机构 GaWC 对银行、保险、法律、咨询管理、广告和会计六大“高级生产性服务业机构”在世界各大城市中的办公网络和信息流动进行分析，进而对全球城市进行排名（表 5-6）。GaWC 将世界城市分为 Alpha、

① “2thinknow”评价指数指标体系包括文化资产、人力资本、市场网络三大方面共 162 项指标。

Beta、Gamma、Sufficiency 四个大的等级，在国内一般被理解为一线、二线、三线、四线四个等级。2020 年 GaWC 发布的《世界城市名册 2020》中广州（34）和深圳（47）均为 Alpha–城市，这表明珠三角地区的核心城市已经开始从传统的生产型制造向服务型制造高地的世界级城市群方向发展。

表 5-5　2021 年主要城市的世界排名

世界排名	城市	世界排名	城市
15	上海	217	温州
19	北京	219	福州
23	台北	229	东莞
26	深圳	237	台中
49	香港	242	南宁
51	广州	245	太原
151	宁波	244	南通
176	重庆	247	泉州
177	天津	248	大连
178	苏州	250	青岛
183	成都	252	沈阳
186	高雄	288	中山
188	杭州	290	佛山
190	台南	359	西安
193	厦门	324	珠海
195	无锡	358	武汉

数据来源：《全球创新城市指数》报告。

表 5-6　2020 年 GaWC 的世界城市评价结果

等级	城市
Alpha ++（特级）	伦敦（英国）、纽约（美国）
Alpha +（强一线）	香港（中国）、新加坡（新加坡）、上海（中国）、北京（中国）、迪拜（阿联酋）、巴黎（法国）、东京（日本）
Alpha（一线）	悉尼（澳大利亚）、洛杉矶（美国）、多伦多（加拿大）、孟买（印度）、阿姆斯特丹（荷兰）、米兰（意大利）、法兰克福（德国）、墨西哥城（墨西哥）、圣保罗（巴西）、芝加哥（芝加哥）、吉隆坡（马来西亚）、马德里（西班牙）、莫斯科（俄罗斯）、雅加达（印度尼西亚）、布鲁塞尔（比利时）
Alpha–（弱一线）	华沙（波兰）、首尔（韩国）、约翰内斯堡（南非）、苏黎世（瑞士）、墨尔本（澳大利亚）、伊斯坦布尔（土耳其）、曼谷（泰国）、斯德哥尔摩（瑞典）、维也纳（奥地利）、广州（中国）、都柏林（爱尔兰）、台北（中国）、布宜诺斯艾利斯（阿根廷）、旧金山（美国）、卢森堡（法国）、蒙特利尔（加拿大）、慕尼黑（德国）、德里（印度）、圣地亚哥（智利）、波士顿（美国）、马尼拉（菲律宾）、深圳（中国）、利雅得（沙特）、里斯本（葡萄牙）、布拉格（捷克）、班加罗尔（印度）

续表

等级	城市
Beta +（强二线）	华盛顿（美国）、达拉斯（美国）、波哥大（哥伦比亚）、迈阿密（美国）、罗马（意大利）、汉堡（德国）、休斯顿（美国）、柏林（德国）、成都（中国）、杜塞尔多夫（德国）、特拉维夫（以色列）、巴塞罗那（西班牙）、布达佩斯（匈牙利）、多哈（卡塔尔）、利马（秘鲁）、哥本哈根（丹麦）、亚特兰大（美国）、布加勒斯特（罗马尼亚）、温哥华（加拿大）、布里斯班（澳大利亚）、开罗（埃及）、贝鲁特（黎巴嫩）、奥克兰（新西兰）
Beta（二线）	胡志明（越南）、雅典（希腊）、丹佛（丹麦）、天津（中国）、阿布扎比（阿拉伯联合酋长国）、珀斯（澳大利亚）、卡萨布兰卡（摩洛哥）、基辅（乌克兰）、蒙得维的亚（乌拉圭）、奥斯陆（挪威）、赫尔辛基（芬兰）、钦奈（印度）、河内（越南）、南京（中国）、费城（美国）、开普敦（南非）、杭州（中国）、内罗毕（肯尼亚）、西雅图（美国）、麦纳麦（巴林）、卡拉奇（巴基斯坦）、里约热内卢（巴西）、重庆（中国）、巴拿马城（巴拿马）
Beta–（弱二线）	武汉（中国）、曼彻斯特（英国）、日内瓦（瑞士）、大阪（日本）、斯图加特（德国）、贝尔格莱德（塞尔维亚）、卡尔加里（加拿大）、蒙特雷（墨西哥）、科威特城（科威特）、加拉加斯（委内瑞拉）、长沙（中国）、布拉迪斯拉发（斯洛伐克）、索菲亚（保加利亚）、圣何塞（哥斯达黎加）、萨格勒布（克罗地亚）、达卡（孟加拉国）、厦门（中国）、坦帕（美国）、郑州（中国）、突尼斯（突尼斯）、阿拉木图（哈萨克斯坦）、沈阳（中国）、里昂（法国）、明尼阿波利斯（美国）、尼科西亚（塞浦路斯）、圣地亚哥（智利）、安曼（阿曼）、西安（中国）、危地马拉城（危地马拉）、大连（中国）、圣彼得堡（俄罗斯）、拉各斯（尼日利亚）、基多（厄瓜多尔）、济南（中国）、圣萨尔瓦多（巴西）、坎帕拉（乌干达）、乔治敦（开曼群岛）、马斯喀特/鲁维（阿曼）、底特律（美国）、爱丁堡（英国）、吉达（沙特阿拉伯）、海得拉巴（印度）、拉合尔（拉合尔）、奥斯汀（英国）
Gamma +（强三线）	圣荷西（哥斯达黎加）、加尔各答（印度）、夏洛特（美国）、圣路易斯（美国）、浦那（印度）、安特卫普（比利时）、鹿特丹（荷兰）、阿德莱德（澳大利亚）、波尔图（葡萄牙）、巴库（阿塞拜疆）、瓜达拉哈拉（瓜达拉哈拉）、卢布尔雅那（斯洛文尼亚）、青岛（中国）、阿尔及尔（阿尔及利亚）、苏州（中国）、贝尔法斯特（英国）、格拉斯哥（苏格兰）、麦德林（哥伦比亚）、科隆（德国）、金边（柬埔寨）、伊斯兰堡（巴基斯坦）、菲尼克斯（美国）、里加（拉脱维亚）、第比利斯（格鲁吉亚）、昆明（中国）、艾哈迈达巴德（印度）、达累斯萨拉姆（坦桑尼亚）、合肥（中国）、奥兰多（美国）、巴尔的摩（美国）
Gamma（三线）	德班（南非）、维尔纽斯（立陶宛）、哥德堡（瑞典）、圣胡安（美国）、南特（法国）、安卡拉（土耳其）、圣多明哥（多米尼加）、弗罗茨瓦夫（波兰）、渥太华（加拿大）、达喀尔（塞内加尔）、马尔默（瑞典）、布里斯托尔（英国）、地拉那（阿尔巴尼亚）、科伦坡（斯里兰卡）、都灵（意大利）、瓦伦西亚（西班牙）、瓜亚基尔（厄瓜多尔）、台中（中国）、马那瓜（尼加拉瓜）、拉巴斯（玻利维亚）、纳什维尔（美国）、特古西加尔巴（洪都拉斯）、海口（中国）、惠灵顿（新西兰）
Gamma–（三线弱）	路易港（南非）、阿克拉（加纳）、亚松森（巴拉圭）、毕尔巴鄂（西班牙）、马普托（莫桑比克）、杜阿拉（喀麦隆）、拿骚（巴哈马）、哈拉雷（津巴布韦）、波兹南（波兰）、罗安达（安哥拉）、克利夫兰（美国）、福州（中国）、名古屋（日本）、堪萨斯城（密苏里州）、卡托维兹（波兰）、马拉加（西班牙）、克雷塔罗（墨西哥）、哈尔滨（中国）、密尔沃基（美国）、槟城（马来西亚）、盐湖城（美国）、哥伦布（美国）、高雄（中国）、利马索尔（塞浦路斯）、萨克拉门托（美国）、贝洛奥里藏特（巴西）、洛桑（瑞士）、太原（中国）、埃德蒙顿（加拿大）

数据来源：《世界城市名册 2020》报告。

5.2　创新要素高度集聚形成广深港澳科技创新走廊

5.2.1　高等院校与科研院所

世界级、地区级大学集群是创新产生与发展的基础。珠三角城市群集聚了众多高水平大学，截至 2018 年，广东省共有 149 所高校，其中包括本科院校 64 所、专科院校 85 所，而这些高校绝大部分集群式分布在珠三角城市群内，尤其是广州、深圳与香港（图 5-3）。高校的空间分布上，广州市 82 所，涵盖 35 所本科院校、47 所专科院校；深圳市 7 所，涵盖 4 所本科院校、3 所专科院校，这两个城市的高校分布占整个广东省的 59.73%。东莞市 7 所、佛山市 7 所、中山市 3 所、珠海市 6 所，高校集聚分布在珠江的东西岸城市。

图 5-3　珠三角城市群主要高等院校的分布图（后附彩图）

科研院所的空间分布也呈现显著的集群式分布特征（图 5-4），科研院所在广州与深圳形成了两个最大的分布集群，主要分布在广州的越秀区、天河区、海珠区，深圳的南山区、罗湖区等。除了广深这两个最大的核心，在珠海、东莞、中山也形成了相对较小的核心分布。科研院所的整体分布仍然显现出了非常大的珠江水系空间依赖性，主要沿着珠江的东岸与西岸城市布局，在珠三角外围地区分布较少。

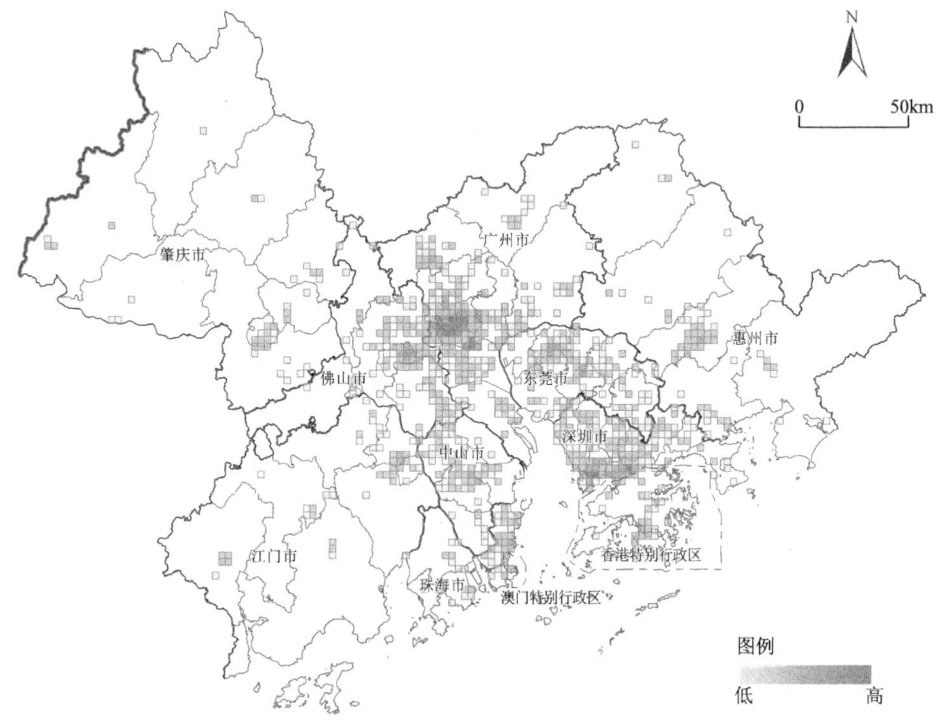

图 5-4　珠三角城市群科研院所分布图（后附彩图）

5.2.2　高新技术企业

作为主要创新主体的高新技术企业密布珠江东西两岸（图 5-5）。高新技术企业在分布上形成了明显的广州-东莞-深圳廊道区，同样在广州与深圳形成了两个核心，但同时也密布东莞，廊道效应明显。东岸的分布密度明显高于西岸，西岸城市中，中山与珠海也有分布，但是还未在区域上形成核心。珠三角外围地区的分布较少。

在 2017 年公布的世界 500 强企业名单中，珠三角地区多达 11 家，其中包括深圳 6 家、广州 3 家、佛山 2 家。根据 2018 年发布的《粤港澳大湾区独角兽白皮书》，珠三角城市群共 118 家独角兽相关企业，包括 2 家超级独角兽①、33 家

① 在珠三角城市群注册的、具有法人资格的，创办时间在 10 年以内（统计截止日期为 2018 年 1 月 1 日），已进行若干轮外部私募融资，但仍未上市，公司估值超过或含 100 亿美元的企业。

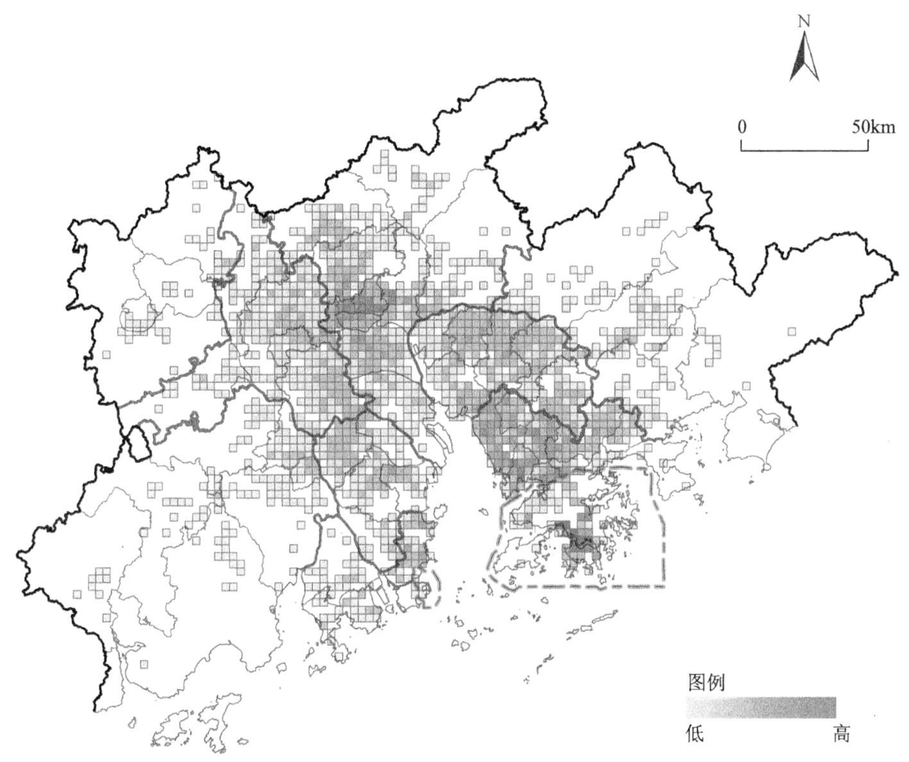

图 5-5　珠三角城市群高新技术企业分布图（后附彩图）

独角兽[①]、26 家准独角兽[②]和 57 家潜在独角兽[③]，118 家企业估值总和约 1282 亿美元，行业主要分布于高端装备与智能硬件制造（28 家）、互联网金融（15 家）、电子商务（14 家）、互联网服务（13 家）、生物医疗（8 家）。按行业估值总额来看，排名前五的行业为文化娱乐（23.6%）、物流服务（18.4%）、高端装备与智能硬件制造（16.3%）、互联网金融（12.5%）、互联网服务（6.1%）。珠三角城市群当前的创新发展主要布局在高端制造与互联网行业。

---

① 在珠三角城市群注册的、具有法人资格的，创办时间在 10 年以内（统计截止日期为 2018 年 1 月 1 日），已进行若干轮外部私募融资，但仍未上市，公司估值超过或含 10 亿美元的企业。

② 在珠三角城市群注册的、具有法人资格的，创办时间在 10 年以内（统计截止日期为 2018 年 1 月 1 日），发展速度较快、相对稀少、产业方向符合产业指导目录，有希望 3 年内成长为独角兽企业，公司进行过私募融资且融资额超过 1500 万美元，估值在 3 亿—10 亿美元（不含 10 亿）的企业。

③ 在珠三角城市群注册的、具有法人资格的，创办时间在 10 年以内（统计截止日期为 2018 年 1 月 1 日），发展速度较快、相对稀少、产业方向符合产业指导目录，有希望 2 年内成长为准独角兽企业，公司进行过私募融资且融资额超过 100 万美元，估值在 1 亿—3 亿美元（不含 3 亿）的企业。

5.2.3 重要创新平台

创新要素密布在珠三角地区，广州-东莞-深圳也形成了科技资源集中分布的创新走廊（图 5-6）。广州-东莞-深圳沿线密布了珠三角地区主要的创新平台，其中包括 42 个国家地方联合创新平台、17 个国家工程实验室和工程研究中心、310 个国家工程技术中心、55 个国家企业技术中心以及 58 个省工程实验室。创新平台集聚分布于广深高速两端，其中，90%以上集中在广州（333 个）和深圳（110 个）两市。97 家省级研发机构集聚分布于三市中心地区，主要集聚分布于广州越秀区、天河区、黄埔区、海珠区以及南沙区，东莞松山湖，深圳南沙区以及福田区。其中，广州拥有 44 个，深圳拥有 29 个，东莞拥有 24 个。

国家自主创新示范区共有 15 个，同样集聚分布于广州与深圳两市（图 5-6）。其中面积最大的为深圳自主创新示范区的宝安片区与龙岗片区，面积均超过 85 平方千米；其次为广州中新知识城，占地面积达 60 平方千米，东莞主要为松山湖产业园，占地面积为 5.8 平方千米。

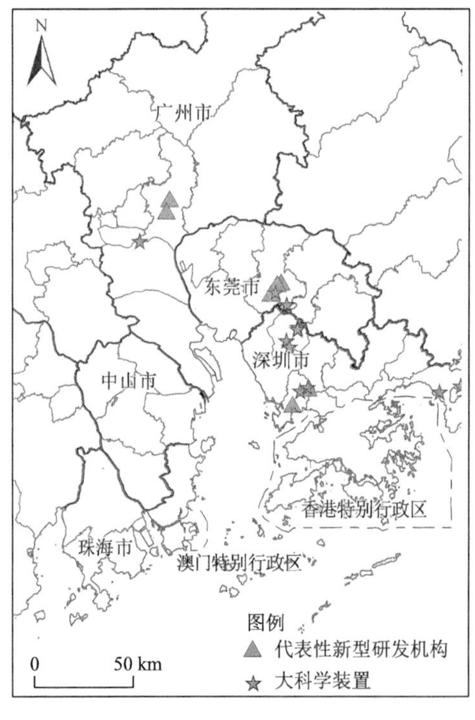

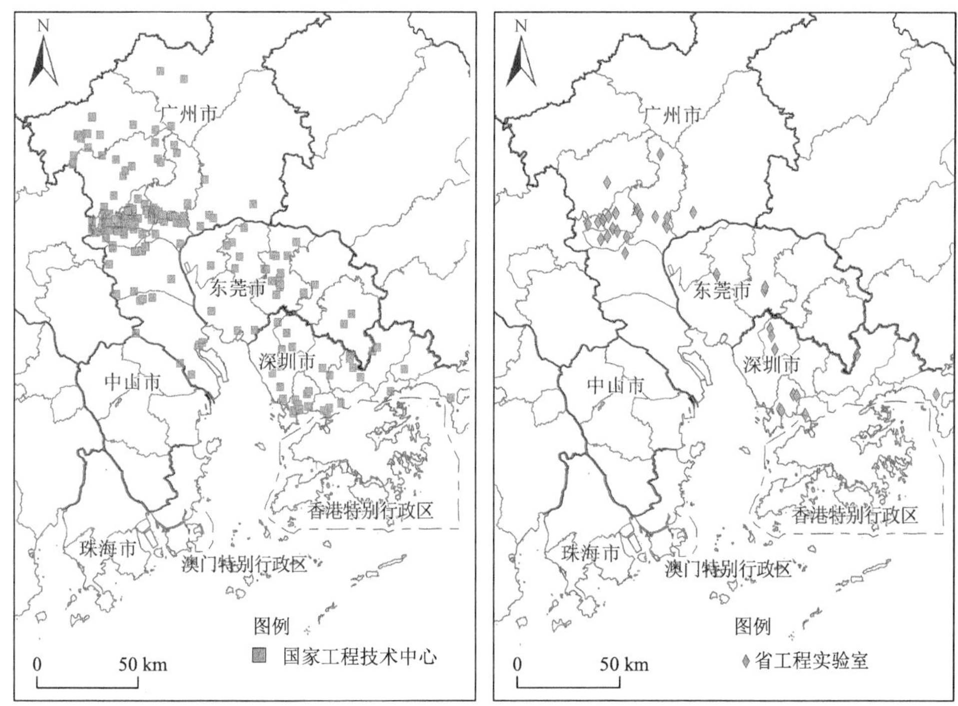

图 5-6　珠三角地区主要创新平台空间分布（后附彩图）

广州-东莞-深圳沿线地区集中分布了珠三角地区的主要科技资源，空间分布上形成了一条科创廊道。这条科技创新走廊在《粤港澳大湾区发展规划纲要》中被重点提及，未来的珠三角城市群也将围绕这条创新走廊，进一步联动香港与澳门的创新资源，打造广州-深圳-香港-澳门科技廊道，作为建设珠三角城市群国际科创中心的空间支撑。

5.2.4　新型基础设施

（1）信息基础设施

信息基础设施，主要指基于新一代信息技术演化生成的基础设施，比如，以5G、物联网、工业互联网、卫星互联网为代表的通信网络基础设施，以人工智能、云计算、区块链等为代表的新技术基础设施，以数据中心、智能计算中心为代表的算力基础设施等。珠三角城市群在信息基础设施方面具有较好的基础和较快的建设步伐，其中港澳具有相当好的硬件基础，珠三角地区在不断加大信息基础设施建设力度，在光纤骨干网、5G 网络建设方面取得了较大进展。

①5G 通信网络。

依据《广东省 5G 基站和数据中心总体布局规划（2021—2025 年）》，2019 年，广东省累计建成5G基站36 988个；截至2020年10月已经突破10万个，广东5G基站数量全国第一。珠三角地区城市基本实现城区核心区域5G网络覆盖。其中，广州、深圳争创5G示范城市，分别建成15 969、14 810个5G基站（表5-7），基本实现中心城区5G网络连续覆盖。珠三角城市群基本形成了5G器件、5G核心网络与基站设备、5G智能终端等5G产业生态链，成为世界级5G产业集聚区。2019年广东省5G产值约2374亿元，华为、中兴占全国通信设备75%的市场份额。

表5-7　珠三角九市5G基站及站址建设情况　（单位：个）

城市	2019年底5G基站完成数	2020年新增5G基站站址数
广州	15 969	1 582
深圳	14 810	1 230
珠海	548	105
佛山	1 701	181
惠州	456	72
东莞	1 515	229
中山	567	210
江门	150	151
肇庆	160	105

截至2019年底，广东省已投产使用的数据中心数量约160个。珠三角地区已投产的机架数量约9.6万个，上架率约63.3%。其中，广州、深圳分别为63.21%和69.01%（表5-8）。

表5-8　珠三角地区上架率情况

城市	现有机架数/个	上架率/%
广州	34 676	63.21
深圳	25 213	69.01
珠海	819	74.94
佛山	10 414	75.16
惠州	803	55.92
东莞	17 618	59.73
中山	5 971	29.56
江门	367	60.05
肇庆	428	74.07

②算力基础设施。

经过多年发展，云计算已逐渐成熟并得到广泛的应用。云计算具有按需服务、可计量、资源池化、弹性等特点，在政府政务和企业管理中得到普遍应用。阿里云、华为云、腾讯云等都取得了快速发展。随着计算能力的提高、数据量的增多和深度学习能力的增强，AI 开始广泛应用于工业生产、政务服务、金融、教育等多个领域，如从人脸识别到语音助手，从智能辅助决策系统到多场景交互系统等（范灵俊等，2020）。2019 年，科技部印发《国家新一代人工智能创新发展试验区建设工作指引》，珠三角城市群被纳入布局范围，开展人工智能技术应用示范，探索促进人工智能与经济社会发展深度融合的新路径。科大讯飞深耕珠三角城市群，为珠三角城市群 AI 发展奠定基础。广电运通作为珠三角城市群本土 AI 企业，发布“智慧金融 + 政务”5G 智慧小屋、全新版本 AICore 大数据平台等软硬件产品。其中，“智慧金融 + 政务”5G 智慧小屋已经在广州市开发区政务中心供市民使用。2020 年，星河（惠州）人工智能产业园动工建设。

③工业互联网。

工业互联网已上升为国家战略。加快工业互联网发展，对推动珠三角城市群工业经济更高质量、更有效率、更可持续发展意义重大。近年来，广东加快推进无线网络、光纤网络、物联网等各类基础网络设施建设，立足制造业产业优势，大力推进工业互联网等专用网络设施建设，信息网络优势明显。

作为推进制造业转型升级的工业互联网，受到了珠三角城市群不同能级城市的青睐。广州、深圳等城市陆续推出“新基建”相关政策，鼓励加快工业互联网相关的应用场景落地。作为制造业城市的佛山和东莞，均是以工业互联网作为关键发展领域。政府牵头部署、统筹布局工业互联网基础设施建设，有助于优质企业提高“新基建”相关商业应用场景的落地效率，从而赋能智能制造。

在智能制造的基础上搭建工业互联网平台，通过工业互联网实现互联互通可以提升制造资源的优化配置。总部位于珠三角城市群的富士康工业富联基于工业云平台 Fii Cloud 打造的“柔性装配作业智能工厂”，其生产线全程由 AI 机器人完成，在熄灯下无人自主作业。Fii Cloud 覆盖了设计、制造、销售以及全产业链解决方案，通过自设计、零组件、智能制造、智能测试和出货至终端客户，提高了企业整套供应链系统的部署效率。这套工业互联网系统广泛运用于电子制造、机械制造和交通设备制造等场景，已在汽车零配件、汽车电子、机动车、金属加工等领域落地，推动工业业务数字化转型，加速我国智能制造向前迈进的脚步。

华为、比亚迪等优秀企业脱颖而出，成为珠三角城市群数字经济的重要力量，不断带动产业链升级。珠三角城市群在工业互联网发展中取得非常好的成就，工业互联网平台也迅猛发展，呈现百花齐放态势。科技企业腾讯也于 2020 年末正式启动在佛山的腾讯工业互联网粤港澳大湾区基地。锁定围绕佛山的泛家居和陶瓷行业，打造公共服务平台，以覆盖东莞、江门、肇庆等地方的制造业对工业互联网的需求。腾讯的技术将与制造业相结合，深入到制造业生产活动的各个环节提供服务。提供的解决方案覆盖生产制造、质量管控、运营管理、供应链管理、运维服务、安全生产、研发设计、节能减排和储仓物流。例如用于生产制造的"高端装备产线工效优化"方案，通过装配现场安装的高清摄像头，实现对现场特定区域内工作人员的识别与轨迹追踪，以及对货物、工具等物体的到位识别，并提供工时、工效等统计分析。最后根据分析结果改良流程以提升工厂工作效率。

（2）融合基础设施

融合基础设施，主要指深度应用互联网、大数据、人工智能等技术，支撑传统基础设施转型升级，进而形成的融合基础设施，比如，智慧医疗基础设施、智慧交通基础设施等。

①智慧医疗。

随着人均寿命的增加与医学的进步，国民对医疗服务的需求相应提高。新冠疫情的暴发加速了医疗解决方案的发展，与医疗服务相关的"新基建"项目也在珠三角城市群逐渐落地。5G、物联网、人工智能等技术被广泛应用于珠三角城市群的"新基建"项目中，促进了智慧医院和医疗大数据云平台等商业场景的建设。南方医科大学南方医院与广州智能装备产业集团有限公司（广智集团）建立战略合作关系，共同建设"粤港澳大湾区智慧医疗和生命健康基地"。充分利用医院医疗科技创新及广智集团产业配套的资源优势，打造区域内以医疗科研协同创新及大健康为主导产业的业态布局，优化区域内产业结构，提升社会及经济效益。广东省第二人民医院与华为联合发布了"医院智能体"，全国首家全场景智能医院落户广东。以用户体验为中心，将云、5G、人工智能等技术应用于医、教、研、管等各个领域及流程节点，以此实现医院人、财、物全要素协同，持续提高就医体验、效率和质量、运营管理水平及创新能力。深圳以 5G 和"互联网 + 物联网"为载体，采用医企协同创新和覆盖诊疗全流程的手段进行信息化建设，帮助医院提升效率和质量。医学专科大数据和管理云平台等商业应用的落地，为新冠疫情风险的评估提供辅助诊断信息和临床决策建议。例如由私人数据应用公司和广州呼吸健康研究院共同搭建的"国家级呼吸健康专科大数据云平台"，可通过影像学信息的采集和特征分析，结合 AI 和深度学习精准算法，根据新冠感染 CT 影像学变化特征提供智能诊断，将成果服务于公共卫生应急体系和医疗服务体系。

②智慧交通。

智慧交通是"新基建"的重要领域。智慧交通基础设施的落地关乎推进交通运输高质量发展，在缓解交通拥堵和优化出行服务等方面发挥重要作用。"新基建"蕴含的不同科技手段助力传统交通方式的转型升级，提高交通基建智能化和数字化水平。随着珠三角城市群的发展不断深化，交通建设政策相继出台，已逐步打造一个新时代下的智慧交通。未来，一个连接珠三角城市群产业一体化的新交通格局将逐步形成。港珠澳大桥的正式开通运作，首次实现了珠海、澳门与香港的陆路连接；广深港高铁开通，极大地缩短了珠三角城市群内各城市间的距离；深圳机场码头往返珠海九洲港的“水上巴士”开通，有助于深圳机场打造“空地、空海、空铁”联程联运的立体交通网络；深圳宝安机场还携手支付宝开通“无感停车”功能，极大地缩短了车辆通行时间，而且珠三角城市群已有数千个停车场开通支付宝无感停车。广州出台的三年行动计划，提出在城市交通等领域深化应用，从而加快新型智慧城市的建设。全国首条 5G 公交线路在广州黄埔落地，建立了人（手机）、车（智能网关）和路（站场与站台设备）可相互短程感知和协同工作的系统；同时，采用 5G 和大数据等手段采集的 5G 智慧公交车载大数据实时监管平台投入使用，从而为综合管理提供可视化管理。深圳市在智慧交通的规划建设方面，除现已普及的电动出租车和配套充电站，还引入了 5G 和物联网的应用。宝安区以 5G 为载体，建设智能灯杆，智能灯杆可组成海量传感器，将有利于物联网搭建，利好无人驾驶和车路协同的实现，促进有关商业应用场景的落地。

③智慧城市建设。

近年来，物联网得到了迅猛发展，不仅广泛应用在智能家居、智能可穿戴设备、智慧门禁系统、智慧交通等领域，而且还应用于智慧医疗、智慧零售、智慧农业以及智慧物流等范畴。珠三角城市群有着较为完整的物联网产业链和相应的服务配套设施，智能制造、智慧城市、车联网是目前几大最具代表性的应用，而共享单车、无人零售等应用已经基本得到了普及。珠三角城市群内各个城市在建设智慧城市的过程中，保障和改善民生，提高生活品质。

香港、澳门在智慧城市建设方面已走在世界前列。香港是世界上 Wi-Fi 热点最密集的区域之一，同时港澳在海关、金融、服务业、民生行业信息化应用上也走在前列。香港在 2017 年 12 月就公布了“香港智慧城市蓝图”，勾画了未来 5 年发展计划，将在“智慧出行”、“智慧生活”、“智慧环境”、“智慧市民”、“智慧政府”和“智慧经济”六大范畴内推行各项政策和措施。澳门于 2018 年 5 月公布《澳门智慧城市发展策略及重点领域建设（咨询文本）》，提出两个根本原则、五个发展目标、七条发展策略、十三个重点领域以及六项先导计划，计划把澳门建设成为宜居、宜业、宜行、宜游、宜乐、可持续发展的世界旅游休闲智慧城市。

深圳、广州等城市在智慧城市建设的技术能力与创新能力等方面均走在国内甚至世界前列。2018 年 7 月，深圳市政府印发《深圳市新型智慧城市建设总体方案》，提出要建设两个中心，实施四大应用，推进十大工程建设。广州将全球智慧城市的示范区建设纳入《琶洲地区发展规划纲要（2018—2035 年）》。

珠海、东莞、中山、佛山都有很完善的智慧城市建设目标和规划。2017 年

12 月以来，珠海市政府、珠海横琴新区管理委员会先后与腾讯、阿里巴巴集团、蚂蚁金服集团、华为、中国平安签署战略合作协议，共同推进珠海新型智慧城市建设，提出要把珠海建设成为“数字政府标杆、湾区模式典范、创新发展高地、美丽中国样板”，打造珠三角城市群智慧城市标杆、国家新型智慧城市建设示范市，并最终建成“世界级智慧城市”。《东莞市信息基础设施建设三年行动提升计划（2018—2020 年）实施方案》以高速光网、移动物联网、4K 高清等新一代信息技术为标志打造新业态、新产业。中山成立“数字政府”改革建设工作领导小组，编制《中山市新型智慧城市顶层设计框架方案》。2017 年底，佛山与华为、阿里云计算有限公司分别签署了《智慧城市及云计算产业战略合作协议》《阿里云创新中心（佛山）建设合作框架协议》。

惠州、肇庆、江门也是国家智慧城市建设的试点城市之一，目前也在加快建设之中。惠州市与中国铁塔股份有限公司签署《共同推进惠州市 5G 网络基础设施建设战略合作框架协议》，共同推进惠州 5G 网络信息基础设施建设，充分发挥双方资源、产业、技术、市场等优势，抢抓珠三角城市群发展机遇，全力打造面向 5G 技术的物联网与智慧城市示范区，树立新型智慧城市标杆，为大规模推动 5G 网络信息基础设施建设奠定良好基础。2018 年 8 月，江门市政府与中国联通广东分公司签署《全面推进“数字江门”建设战略合作协议》，将在信息设施建设、数字政府、工业互联网、智慧城市和乡村振兴五大方面开展更深层次、更高水平的合作与发展。

（3）创新基础设施

创新基础设施，主要指支撑科学研究、技术开发、产品研制的具有公益属性的基础设施，比如，重大科技基础设施、科教基础设施、产业技术创新基础设施等。

近年来，广东加快实施创新驱动发展战略，着力推进国家实验室、重大科技基础设施、省实验室、产业技术创新平台等创新基础设施建设。重大科技基础设施方面，截至 2019 年，广东拥有 11 个已建、在建大科学装置，包括中微子实验、散裂中子源、国家超算广州中心等，另外正在筹建南方先进光源装置、冷泉生态系统等 12 个大科学装置。位于东莞市的中国散裂中子源一期 2018 年建成，有三台谱仪正在运行，另外有 8 台谱仪将于近几年陆续建成。中国散裂中子源是珠三角城市群最重要的大科学装置。国家高能物理科学数据中心全面支撑中国散裂中子源科学研究项目的数据服务，为材料科学、生物、能源领域的科技创新作出了重要的贡献。毗邻的南方光源研究测试平台建设已启动，未来计划建设南方先进光源。惠州市的洁净能源（加速器驱动嬗变研究装置）和强流重离子加速器装置、江门市的中微子实验站则正在动工建设当中。

打造国际科技创新中心是珠三角城市群的关键战略定位之一。在空间结构上，主要依托“两点两廊”来推进（表 5-9），其中两点分别是深港科技创新合作区与珠澳科技创新合作区，是珠三角地区与两个特别行政区的制度实验与制度创新空间；“两廊”则对应广深港与广珠澳两条创新廊道，广深港主要联动广州-东莞-深圳-香港的创新资源，广珠澳则主要联动肇庆、佛山、中山、江门、珠海与澳门的创新资源。依托“两点两廊”的结构，串联珠三角城市群的核心资源，联动珠三角城市群内 9 个国家级高新区，通过科技创新合作区进行制度实验与创新，提升珠三角城市群整体的科技创新实力，发挥制度优势，打造国际科技创新中心。在此发展设想的前提下，进一步依托“三城一区”打造珠三角城市群综合性国家科学中心（表 5-10），“三城一区”，即广州南沙科学城、深圳光明科学城、东莞中子科学城与深港科技创新合作区，这些核心创新空间都被赋予了明确的战略定位与建设内容。在这一重大的发展设想下，珠三角城市群也系统性布局了系列创新基础设施以提升科创实力、集聚科创人才。

表 5-9　珠三角城市群国际科技创新中心整体空间结构布局

战略布局	平台名称	战略定位
两点	深圳河套（深港科技创新合作区）	服务香港建设国际创新科技中心重要平台、接轨国际先进创新规则试验场、综合性国家科学中心开放创新先导区、珠三角城市群高质量创新转化策源地。
	珠海横琴（珠澳科技创新合作区）	科技体制改革创新试验区、珠澳科技创新集聚区、澳门经济适度多元发展引擎牵动区。
两廊	广深港	广深港走廊重点建设中新广州知识城、广州科学城、广州南沙科学城、广州琶洲人工智能与数字经济试验区、广州大学城-国际创新城、深圳光明科学城、深圳高新区、深圳西丽湖国际科教城、深圳坂雪岗科技城、深圳国际生物谷、东莞松山湖、东莞滨海湾新区、惠州仲恺高新区、香港科学园等创新载体。
	广珠澳	广珠澳走廊重点建设珠海西部生态新区、佛山粤港澳合作高端服务示范区、中山翠亨新区、江门大广海湾经济区、粤港澳大湾区（肇庆）特别合作试验区。

表 5-10　珠三角城市群综合性国家科学中心

布局	名称	战略定位或建设内容
三城	广州南沙科学城	广州南沙科学城毗邻港澳，是珠三角城市群几何中心和东西岸交汇之地，是综合性国家科学中心的海洋科学重大设施平台集聚区和前沿交叉研究高地。规划面积约 90 千米^2，规划建设设施核心区、科研集聚区、高等教育区和成果转化区。
	深圳光明科学城	深圳光明科学城毗邻东莞中子科学城，是综合性国家科学中心的生命科学领域重大设施平台集聚区和前沿交叉研究高地。规划面积约 99 千米^2，规划建设设施核心区、科教集聚区、成果转化区和配套服务区。
	东莞中子科学城	东莞中子科学城毗邻深圳光明科学城，是综合性国家科学中心的材料科学重大设施平台集聚区和前沿交叉研究高地。规划面积 53.3 千米^2，规划建设设施核心区、科教集聚区、成果转化区和配套服务区。

续表

布局	名称	战略定位或建设内容
一区	深港科技创新合作区	深港科技创新合作区位于深圳市福田区南部与香港接壤处，是综合性国家科学中心的国际创新规则对接区和开放创新先导区。合作区包括皇岗口岸片区（面积 1.67 千米^2）和福田保税区（围网内，面积 1.35 千米^2），总面积 3.02 千米^2。合作区重点引进香港及国际顶尖实验室、研究机构、研究型大学，设立全球领先的科学实验室和研发中心，建设一批前沿交叉平台和公共技术服务平台；充分借鉴香港国际化经验和优势，做好创新制度对接，探索采用国际上最有利于科技创新的政策规则、最有利于区域融通和创新要素跨境流动的创新政策。

①重大科技基础设施。

在打造国家科技创新中心愿景的推动下，珠三角城市群近年来系统性布局了系列重大科技基础设施。截至 2019 年，已经建成的大科学装置包括东莞的中国散裂中子源、深圳的深圳国家基因库以及国家超级计算深圳中心、广州的国家超级计算广州中心以及惠州的大亚湾中微子实验室共五个项目；另有在建项目 9 个、计划建设项目 8 个。总共已有 8 个项目被纳入国家重大科技基础设施规划中（表 5-11）。

表 5-11 珠三角城市群大科学装置

类别	大科学装置名称	所在地	牵头单位
已建成项目（5 个）	中国散裂中子源*	东莞	中科院高能所
	深圳国家基因库*	深圳	华大基因
	国家超级计算广州中心*	广州	国家超级计算广州中心
	国家超级计算深圳中心*	深圳	国家超级计算深圳中心
	大亚湾中微子实验室*	惠州	中科院高能所
在建项目（9 个）	中微子实验站*	江门	中科院高能所
	加速器驱动嬗变研究装置*	惠州	中科院近物所
	强流重离子加速器装置*	惠州	中科院近物所
	新型地球物理综合科学考察船“实验 6”号	广州	中科院南海所
	天然气水合物钻采船（大洋钻探船）	广州	广州海洋地质调查局
	合成生物研究设施	深圳	中科院深圳先进院
	脑解析与脑模拟设施	深圳	中科院深圳先进院
	空间环境与物质作用研究设施	深圳	哈尔滨工业大学（深圳）
	空间引力波探测地面模拟装置	深圳	中山大学深圳校区
计划建设项目（8 个）	动态宽域飞行器试验装置	广州	中科院力学所
	极端海洋环境综合科考系统	广州	中科院沈阳自动化研究所
	高密度能源燃料研究装置	惠州	中科院高能所
	精准医学影像大设施	深圳	北京大学深圳研究生院

续表

类别	大科学装置名称	所在地	牵头单位
计划建设项目（8 个）	冷泉生态系统大科学装置	广州	中科院南海所
	南方先进光源	东莞	中科院高能所
	人类细胞谱系大科学研究设施	广州	中科院生命健康院
	横琴智能超算中心	珠海	中科院计算所

*为纳入国家重大科技基础设施规划的装置，2019 年数据。

②高水平实验室体系。

在实验室体系建设方面，也逐步形成国家重点实验室、国家工程实验室、省实验室、省工程实验室、粤港澳联合实验室等多类型实验室（表 5-12 至表 5-15），截至 2019 年，广东省形成了以 7 家省实验室、28 家国家重点实验室、306 家省重点实验室共同组成的省实验室体系；2018 年以来，已经落地并正常运行的高水平研究院达到 15 个，另有 9 个研究院的建设正在有序推进中，这些高水平研究院对诸如纳米技术、智能无人系统、精准医疗等领域开展了针对性研究，旨在重点突破当前国内的系列“卡脖子”技术领域。

表 5-12 广东省部分省实验室

序号	名称	建设单位
1	生物岛实验室	中国科学院广州生物医药与健康研究院等
2	深圳网络空间科学与技术广东省实验室	哈尔滨工业大学（深圳）为主要依托单位，协同清华大学、北京大学、深圳大学、南方科技大学、香港中文大学（深圳）、中国航天科技集团、中国电子信息产业集团、深圳国家超算中心、华为、中兴、腾讯等
3	佛山先进制造科学与技术广东省实验室	广东工业大学等
4	东莞材料科学与技术广东省实验室	华南理工大学、东莞中子科学中心等
5	南方海洋科学与工程广东省实验室	中山大学等
6	深圳湾实验室	深圳市科技创新委员会、北京大学深圳研究生院

数据来源：广东省科技厅，2019 年数据。

表 5-13 2018 年以来已经落地的高水平研究院

序号	名称	所在地	依托单位	研究领域
1	中国科学院空天信息研究院粤港澳大湾区研究院	广州	中科院空天信息研究院	现代物理学、材料科学、空间科学
2	中国科学院苏州纳米技术与纳米仿生研究所广东（佛山）研究院	佛山	中科院苏州纳米技术与纳米仿生研究所	半导体光电子材料与器件、纳米科技

续表

序号	名称	所在地	依托单位	研究领域
3	广东智能无人系统研究院	广州	中科院沈阳自动化研究所	新一代潜航器及智能无人系统
4	广东省大湾区集成电路与系统应用研究院	广州	中科院微电子研究所	新材料、集成电路
5	广东粤港澳大湾区硬科技创新研究院	广州	中科院西安光学精密机械研究所控股公司	商业航天、光电芯片
6	中国科学院自动化研究所广州人工智能与先进计算研究院	广州	中科院自动化研究所	集成电路、DSP（数字系统控制）芯片设计、高通量实时感知计算
7	广东粤港澳大湾区国家纳米科技创新研究院	广州	国家纳米科学中心	纳米科技
8	中国科学院力学研究所广东空天科技研究院	广州	中科院力学研究所	力学与空天科技
9	中科院药物创新研究院中山研究院（华南分院）	中山	中科院上海药物研究所	新药创制
10	广东琴智科技研究院有限公司	珠海	中科院计算技术研究所寒武纪科技公司	智慧城市行业 AI 解决方案
11	广东粤港澳大湾区协同创新研究院	广州	北京协同创新研究院	先进制造与高端装备、光电子技术与系统、新能源、生物医学成像、生物技术与生物医药、环境保护等
12	广东省新一代通信与网络创新研究院	广州	广东省科技厅、广州市政府、广州高新区	网络通信
13	广州市大湾区虚拟现实研究院	广州	北京理工大学等	虚拟现实
14	广东华南智慧管道研究院	广州	中石化管道华南分公司等	人工智能技术在油气管道应用，油气输送管道安全、高效、智慧运行
15	武汉理工大学广东氢能产业技术研究院	佛山	武汉理工大学	氢燃料电池

数据来源：广东省科技厅，2019 年数据。

表 5-14　粤港澳联合实验室

名称	依托单位
粤港澳光热电能源材料与器件联合实验室	南方科技大学
粤港澳光电磁功能材料联合实验室	华南理工大学
粤港澳中子散射科学技术联合实验室	散裂中子源科学中心
粤港澳离散制造智能化联合实验室	广东工业大学
粤港澳人机智能协同系统联合实验室	中国科学院深圳先进技术研究院

续表

名称	依托单位
粤港澳呼吸系统传染病联合实验室	广州医科大学附属第一医院
粤港慢性肾病免疫与遗传研究联合实验室	广东省人民医院
粤港新发传染病联合实验室	汕头大学医学院
粤港澳大湾区环境污染过程与控制联合实验室	中国科学院广州地球化学研究所
粤港澳环境质量协同创新联合实验室	暨南大学
粤港澳智慧城市联合实验室	深圳大学
粤港大数据图像和通信应用联合实验室	深圳信息通信研究院
粤港澳数据驱动下的流体力学与工程应用联合实验室	南方科技大学
粤澳先进智能计算联合实验室	广东琴智科技研究院有限公司
粤港澳智能微纳光电技术联合实验室	佛山科学技术学院
粤港量子物质联合实验室	华南师范大学
粤港澳污染物暴露与健康联合实验室	广东工业大学
粤港澳中医药与免疫疾病研究联合实验室	广州中医药大学第二附属医院
粤港水安全保障联合实验室	北京师范大学珠海校区
粤港 RNA 医学联合实验室	中山大学

数据来源：广东省科技厅，2019 年数据。

表 5-15　正在对接落地的高水平研究院

序号	名称	所在地	依托单位	研究领域
1	国家金属腐蚀控制工程技术研究中心南方基地（暂定名）	广州	中科院金属研究所	金属腐蚀控制技术研发及产业化
2	华中科技大学大湾区研究院（暂定名）	广州	华中科技大学	装备制造、数字化设计
3	广东粤港澳大湾区中科应化先进材料研究院（暂定名）	广州	中科院长春应化所	化学材料
4	广东省精准医学研究院（暂定名）	广州	复旦大学	精准医学
5	南方量子科学中心（暂定名）	深圳	中国科技大学、南方医科大学	量子科学
6	复旦大学 NIB 研究院（暂定名）	深圳	复旦大学	纳米、信息、生物技术
7	广东中物科技创新研究院（暂定名）	深圳	中国工程物理研究院	新能源
8	中山光子科学中心（暂定名）	中山	中物院激光聚变研究中心	激光应用
9	中科院理化所广东研究院（暂定名）	中山	中科院理化所	低温技术

数据来源：广东省科技厅，2019 年数据。

③产业技术创新基础设施。

产业技术创新基础设施密布珠三角城市群，截至 2019 年，已形成类型多样化的创新基础设施（见表 5-16 至表 5-20）。广东省拥有国家和省级高新技术产业开发区 29 个，引进中科院空天信息研究院等 15 家单位在广东建设高水平研究院；建设国家工程技术研究中心 23 家、省级工程技术研究中心 5351 家，国家-地方联合工程研究中心 113 家；建成或在建国家产品质量监督检验中心 80 个、国家产业计量测试中心 2 个、国家技术标准创新基地 6 个、国家标准验证检验检测点 2 个。截至 2019 年底，经广东省政府批准认定的省级新型研发机构共 251 家，其中珠三角地区共有 202 家，占总数的 80%。

表 5-16 广东省部分国家级高新区情况汇总

序号	名称	发展情况
1	深圳高新技术产业开发区	位于广东省深圳经济特区西部，行政区域东起车公庙与福田区相邻，其西至南头安乐村、赤尾村与宝安区毗连，北背羊台山与宝安区接壤，南临蛇口港、大铲岛和内伶仃岛与香港元朗相望。南山区地处珠江口东岸，依山傍海，地势北高南低。深圳高新技术产业开发区始建于 1996 年 9 月，规划面积 11.5 千米 ^{2}，是国家“建设世界一流高科技园区”的六家试点园区之一，是“国家知识产权试点园区”和“国家高新技术产业标准化示范区”。
2	广州高新技术产业开发区	1991 年 3 月经国务院批准成立的首批国家级高新区之一，地处广州市东部。为加速广州高新技术产业的发展，1997 年广州市政府对高新区管理体制进行了调整，形成由广州科学城、天河科技园、黄花岗科技园、民营科技园和南沙资讯园组成的“一区多园”的新格局。1998 年 8 月，广州市委、市政府研究决定，并报请科技部批准，广州经济技术开发区与广州高新区合署办公（即两块牌子，一套管理机构）。2016 年 5 月，被国务院确立为大众创业万众创新示范基地。
3	东莞松山湖高新技术产业开发区	2001 年 11 月经广东省政府批准设立，2010 年 9 月经国务院批准为国家高新技术产业开发区。东莞高新区规划控制面积 72 千米 ^{2}。园区以打造科技产业创新中心为目标，建立了以高端电子信息、生物医药、机器人、新能源、现代服务业为主体的“4 + 1”产业体系，成功引进华为、易事特、生益科技等一批行业龙头企业。
4	珠海高新技术产业开发区	1992 年 12 月经国务院批准成立，1993 年 3 月由国家科委（现科技部）授牌并进行动态管理的国家级高新区，由南屏科技工业园、三灶科技工业园、新青科技工业园和科技创新海岸组成。高新区作为珠海市建设国家自主创新示范区主平台和创新驱动主引擎，其主园区已形成以名牌大学为依托，以软件研发企业为主体，集“产学研政孵投”于一体的高科技产业走廊，重点发展智慧产业、软件和集成电路设计、互联网和移动互联网、智能电网装备和新能源、生物医药和医疗器械、智能制造和机器人等主导产业。
5	佛山高新技术产业开发区	1992 年经国务院批准建设的国家级高新区，现实行“一区五园，统一规划，分园管理，创新服务”的管理体制，与狮山镇形成“园镇融合”的发展格局。佛山高新区以实体经济、民营经济为主，目前已形成汽车整车及零部件制造、高端装备制造、光电、新材料、智能家电、生命健康等高新技术产业集群，建有广东省智能制造示范基地、广东生物医药产业基地、广东新光源产业基地、中欧科技合作产业园等特色产业园，集聚世界 500 强投资企业 91 家，上市及新三板挂牌企业 74 家，高新技术企业 1014 家。

续表

序号	名称	发展情况
6	中山火炬高技术产业开发区	由科技部、广东省政府和中山市政府于 1990 年共同创办的国家级高新区。中山火炬高技术产业开发区内有国家健康科技产业基地、中国包装印刷生产基地、中国电子（中山）基地、国家高新技术产品出口加工基地、中国技术市场科技成果产业化（中山）示范基地、国家火炬计划中山（临海）装备制造产业基地、中国绿色食品产业基地 7 个国家级基地。2013 年，火炬高技术产业开发区获评为国家产学研合作创新示范基地、广东省技术创新专业镇。
7	惠州仲恺高新技术产业开发区	仲恺高新技术产业开发区自然生态环境优美，是一个宜居宜业生态之区。区内有广东省内最大内陆淡水湿地——潼湖湿地，约 55 千米^{2}的湿地占仲恺陆地面积的 17%，多样的生态系统不仅使其成为近百种鸟类的栖息天堂，更成为惠州乃至珠三角东岸城市之肺，加上飞流急湍的花果山、水质纯美的观洞水库，以及高达 34%的森林覆盖率，组成了仲恺优美的自然生态环境，2016 年获评省级生态区，创建国家级生态镇 1 个。
8	江门高新技术产业开发区	建于 1992 年 8 月，1993 年 3 月被广东省政府批准为省级高新技术产业开发区，规划控制总面积 47.1 千米^2。1993 年 6 月，江门市委、市政府为加快高新区发展，在区内成立高新技术工业园和台商工业园。2001 年初市委市政府部署重点首期开发建设 18 千米^2，分高新技术工业园、临港工业园和行政商务服务中心三个功能区。目前，建成区域面积超过 12 千米^2。高新区以建设新兴制造业基地为目标，经过近年的建设，区内基础设施与生活配套设施也逐步完善，建有 11 万伏、22 万伏的输变电站，通信网络也正在加紧建设中。此外，区内还建有 0.25 千米^{2}的绿化面积，为企业提供优美的环境。
9	肇庆高新技术产业开发区	肇庆高新技术产业开发区按照“建设现代科技工业城、引领全市新型工业化”的要求，以建设成为创新企业的承载基地、创新成果转化基地为主攻方向，突出发展以先进装备制造、生物医药和食品为重点的高新技术产业。2004 年 7 月被广东省政府确定为广东省吸收外资重点工业园区和广东省山区吸收外资示范区；2008 年 8 月竞得广东省首批示范性产业转移园。

表 5-17　代表性新型研发机构

序号	机构名称	所在地	所属领域	基本情况
1	深圳清华大学研究院	深圳	宽带通信与互联网技术、自动化与智能控制技术、生物医用材料	深圳清华大学研究院以服务于清华大学的科技成果转化和广东社会经济发展为宗旨，围绕广东经济社会发展需求和布局，面向战略性新兴产业及未来产业方向，汇聚清华大学及海内外优质资源，培育高新技术产业，为传统产业转型升级提供技术创新支撑和服务。
2	中科院深圳先进技术研究院	深圳	软件开发、集成电路设计与制造及封装、生物工程与检测技术	由中科院、深圳市政府、香港中文大学三方共建，充分利用中科院、深圳及香港优势互补的空间，形成了科研、教育、产业、资本“四位一体”微创新体系。
3	清华珠三角研究院	广州	宽带通信与互联网技术、精密仪器，生物医药	成立 8 个研发中心，包括微纳能源研发中心、铝离子电池研发中心、无线宽带通信技术研发中心、产业互联网研究中心、冶金新材料研发中心、智能电网技术研发中心、能源先进测控技术与装备研发中心、公共法律研究中心，推动了微小型超级电容器、宽带无线通信芯片、铝离子电池等十多项科技成果在广东产业化。

续表

序号	机构名称	所在地	所属领域	基本情况
4	广州智能装备研究院有限公司	广州	智能装备	由工业和信息化部、广东省政府和广州市政府三方共建，是面向智能装备产业的共性技术研究机构和公共服务平台。致力于构建以“支撑政府、服务企业”为核心，以“产业政策规划、设计检测服务、共性技术研究、标准制修订、人才引进培养、技术交易孵化”为研究服务方向的发展体系。
5	广东华中科技大学工业技术研究院	东莞	智能装备与制造	是东莞市政府、广东省科技厅和华中科技大学于2007年联合共建的公共创新平台，拥有600余人的技术团队和1000余人的产业化团队，发起了全国数控一代机械产品创新应用示范工程，建设了全国电机能效提升示范点、全国智能制造现场会唯一示范点，先后获得国家技术发明二等奖及广东省科技进步特等奖，为10 000余家企业提供了高端技术服务。

表 5-18　技术创新中心总体情况

序号	机构名称	所在地	进展情况
1	广东省印刷及柔性显示创新中心	广州	以聚华印刷显示技术创新平台为核心，建成世界一流的印刷显示研发平台，并成功打印世界首台H-QLED 31寸显示屏，成功点亮业界领先的31寸FHD印刷AMOLED显示屏。开发的OLED绿光材料寿命、QLED红绿光材料寿命处于业界领先地位，吸引了50余家印刷显示上、下游产业聚集。
2	广东美的白色家电技术创新中心	佛山	作为美的全球创新中心的核心，累计投入建设资金15亿元，成立了美的集团中央研究院、智慧家居研究院、产品先行研发中心、机器人研发中心等研究机构，进驻科研人员6000余名，其中外籍专家200余名，在基础技术、共性技术、颠覆性技术和未来技术的研究中取得了一系列的技术突破，共申请发明专利1000余件，获得授权发明专利300余件，参与国际、国内、行业等标准制定120项。

表 5-19　珠三角地区各市创新、科研平台及重点企业情况

城市	重大创新平台	重点科研平台	重点科技创新企业
广州	广州南沙科学城、中新广州知识城、广州琶洲人工智能与数字经济试验区、广州科学城、广州国际生物岛、天河智慧城、广州大学城	广东智能无人系统研究院、中科院空天信息研究院粤港澳大湾区研究院暨太赫兹国家科学中心、广州中科院工业技术研究院、广州中科院沈阳自动化研究所分所、广州中科院先进技术研究所、广州中科院软件应用技术研究所、清华珠三角研究院	广汽集团、唯品会、网易、微信、小鹏汽车、广药集团、明珞装备、金域检验、达安基因、南方电网
深圳	国家新一代人工智能创新发展试验区、高新区、国家技术转移南方中心、深圳虚拟大学园、深圳大学城、深圳光明科学城	鹏城实验室（深圳网络空间科学与技术省实验室）、大亚湾中微子实验站、国家基因库、国家超算中心、空间环境地面模拟拓展装置、空间引力波探测地面模拟装置和多模态跨尺度生物医学成像设施	华为、中兴、腾讯、比亚迪、大疆、创维、华讯方舟、迈瑞、大族激光

续表

城市	重大创新平台	重点科研平台	重点科技创新企业
珠海	珠海横琴新区、珠海（以色列）创新中心	粤澳合作中医药科技产业园、南方海洋科学与工程省实验室	格力电器、丽珠医药集团
惠州	惠州高新区	先进能源科学与技术省实验室（筹）	TCL 王牌电器、惠州比亚迪电子
东莞	松山湖高新区	散裂中子源科学中心、松山湖材料实验室、广东华中科技大学工业技术研究院、东莞中科院云计算产业技术创新与育成中心	华为终端、欧珀移动通信、维沃移动通信、生益科技股份、东阳光药业
中山	中山高新区	中科院未来技术创新研究院（中山）、中山市与中国工程物理研究院激光聚变研究中心合作共建光子科学中心	讯芯电子科技（中山）、广东长虹电子
江门	江门高新区	国家摩托车及配件质量监督检验中心、大健康国际创新研究院、嘉宝莉环境友好涂料研究院、省专用车及商用车底盘零部件（富华）工程技术研究中心、省美达锦纶重点工程技术研究开发中心	大长江集团、科恒实业股份、无限极、世运电路科技、迪生力汽配
肇庆	西江创新产业走廊、肇庆高新区	岭南现代农业科学与技术省实验室（肇庆中心）（筹）、新型电子元器件关键材料与工艺国家重点实验室、肇庆市珈旺环境技术研究院、广东国腾量子科技有限公司、肇庆市华师大光电产业研究院	风华高新科技、鸿图科技股份、宏旺金属实业、小鹏汽车、大华农生物药品
佛山	佛山高新区	佛山先进制造科学与技术省实验室	美的厨房电器、美的制冷设备、腾越建筑工程

表 5-20　广东省制造业创新中心汇总

序号	名称	所属领域	载体或牵头单位
1	广东省印刷及柔性显示创新中心	新一代电子信息	广东聚华印刷显示技术有限公司
2	广东省机器人创新中心	智能制造	工业和信息化部电子第五研究所
3	广东省轻量化高分子材料创新中心	新材料	金发科技股份有限公司
4	广东省智能海洋工程创新中心	海洋工程装备	中国国际海运集装箱（集团）股份有限公司
5	广东省智能网联汽车创新中心	智能网联汽车	广州汽车集团股份有限公司
6	广东省半导体智能装备和系统集成创新中心	高端装备制造	佛山市南海区广工大数控装备协同创新研究院
7	广东省未来通信高端器件创新中心	电子信息	清华大学、南方科技大学
8	广东省高性能医疗器械创新中心	生物医药	中国科学院深圳先进技术研究院
9	广东省小分子新药创新中心	生物医药	深圳信立泰药业股份有限公司
10	广东省石墨烯创新中心	新材料	清华大学深圳研究生院
11	广东省局域能源互联网创新中心	绿色低碳	珠海格力电器股份有限公司

续表

序号	名称	所属领域	载体或牵头单位
12	广东省智能化超声成像技术装备创新中心	高端装备制造	汕头市超声仪器研究所股份有限公司
13	广东省工业云制造创新中心	工业互联网	美的集团股份有限公司
14	广东省宽禁带半导体材料及器件创新中心	新材料	易事特集团股份有限公司
15	广东省小家电智能制造区域创新中心	智能制造	珠海格力智能装备有限公司

5.2.5　广深港澳科技创新走廊

当前，新一轮科技革命和产业革命加速演进，科技创新作为区域与城市核心竞争力的决定性因素，将引领全球区域以及城市竞争格局产生重大变革。在全球科技创新竞争愈发激烈的形势下，广东省贯彻落实习近平总书记对广东重要工作批示精神，承担起为全国创新驱动发展战略提供支撑的重要使命，对标美国硅谷、波士顿等地区先进经验，因地制宜探索发展路径，在珠三角城市群内打造广深科技创新走廊。

2017 年 12 月，广东省委、省政府印发《广深科技创新走廊规划》（粤发〔2017〕20 号）（以下简称《规划》），提出打造“一廊十核多节点”的空间格局，形成一廊联动、十核驱动、多点支撑的创新局面。依托高速公路、城际轨道等交通通道串联穗莞深三市创新资源，形成一个产业联动、空间联结、功能贯穿的创新带，辐射带动全省创新发展。为深入实施《规划》，广东省科技厅牵头起草《关于加快建设广深科技创新走廊若干政策措施（征求意见稿）》，拟在集聚高精尖人才、提升原始创新能力、畅通科技成果转化通道、促进创新型企业高质量发展、高水平高起点建设创新载体、增强创新创业环境吸引力、加强创新资源开放共享等方面实施若干政策措施。

顺应《规划》中提及的“完善粤港澳科技合作机制”与党的十九大报告从国家战略层面上对珠三角城市群协同发展提出的更高要求，粤港、粤澳科技交流与合作在原有基础上不断加强，并积极共谋更高层次、更深领域、更广范围的科技创新合作。2017 年 11 月，广东省科技厅与香港特别行政区创新及科技局签署《粤港科技创新交流合作安排》；2018 年 3 月，广东省科技厅与澳门科学技术发展基金签署《粤澳科技创新交流合作安排》，珠三角城市群的合作关系更加紧密。

珠三角城市群科技资源高度集聚，且优势互补性强，通过建立创新协调发展机制，推动港澳在上游基础研发与广深在中下游产业应用的融合，促进金融领域与科技创新深度结合，共同推动金融科技发展，有助于提升珠三角城市群在全球创新格局的地位和能级。将“广深科技创新走廊”延伸至港澳地区，扩大创新资源配置范围，促进创新要素自由流动，合力打造珠三角城市群国际科技创新中心，是时势所趋，是历史必然。结合广深港澳科技创新发展现状、优劣势分析，本书提出了近期形成“广州-深圳-香港-澳门”科技创新走廊的发展设想，形成“一带、两线、四核、多节点”的空间格局（图 5-7）。

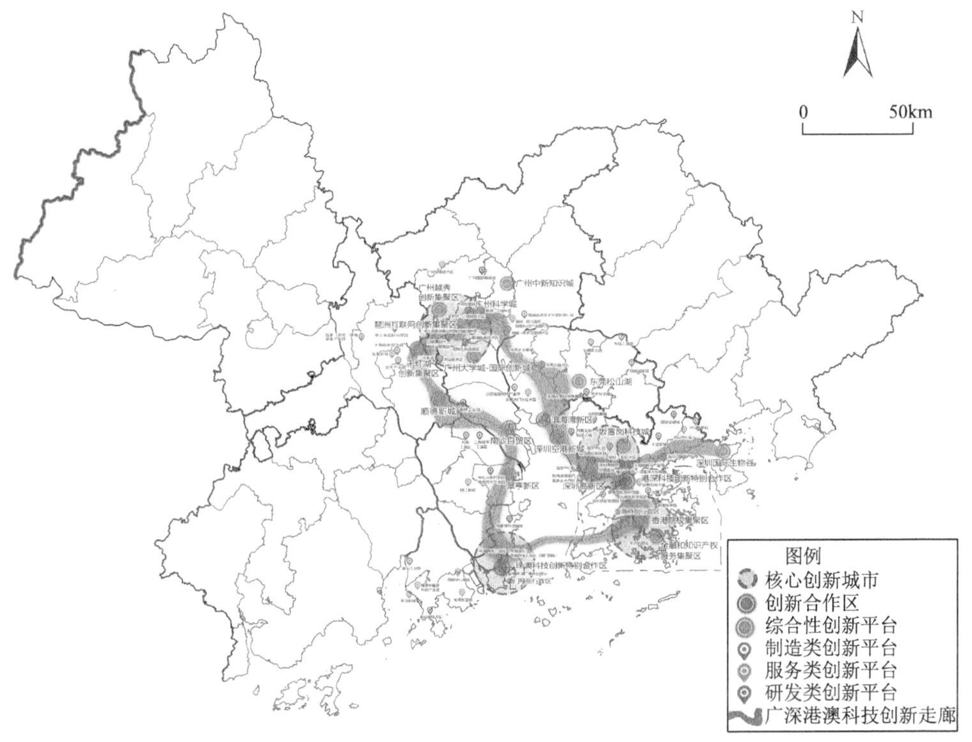

图 5-7　广深港澳科技创新走廊规划设想（后附彩图）

“一带”即“广州-深圳-香港-澳门”科技创新走廊构成的创新带，集聚穗莞深港澳创新资源与创新平台，依托高速公路、城际轨道等交通通道串联，共同形成一条产业联动、空间联结、功能贯穿的科技创新走廊。

“两线”即珠江口东岸和西岸两条科技创新发展线，东岸科技创新发展线为规划实施中的广深科技创新走廊，积极加强与香港的金融、科创的合作与建设，引导创新要素集聚；充分发挥珠江口西岸空间资源与生态环境优势，依托城际轨道、高速公路等复合型交通通道形成西岸科技创新发展线，促进澳门、珠海、中山、佛山等城市科技创新功能的提升，与“广州-深圳-香港-澳门”科技创新走廊形成闭环。

“四核”分别为广州、深圳、香港、澳门四个核心创新城市，共同构建区域科技创新系统，为珠三角城市群实施创新驱动战略发展提供强大动力，打造国际科创中心和国际一流的创新湾区。其中，广州重点增强高端要素集聚、科技创新、文化引领和综合服务，培育提升科技教育文化中心功能；深圳加快建成现代化国际化创新型城市，努力成为具有世界影响力的创新创意之都；香港大力发展创新及科技事业，巩固和提升国际金融、航运、贸易中心和国际航空枢纽地位；澳门促进经济适度多元发展，打造以中华文化为主流、多元文化共存的交流合作基地。

“多节点”包括科技创新合作区、综合性创新平台和功能性创新平台三个层次。其中，科技创新合作区为深圳河套、珠海横琴两大科技创新合作区，发挥边界地区优势，在科技领域开展自由港制度探索与实践，推动形成创新要素跨境自由流动新机制，打造成为国家离岸创新高地、广深港澳科技创新走廊发展新引擎；综合性创新平台包括广州大学城-国际创新城、广州科学城、深圳高新区、东莞松山湖、香港院校集聚区、千灯湖创新集聚区、翠亨新村等 17 个核心创新平台，共同构建科技创新重要空间载体，为珠三角城市群实施创新驱动战略发展提供强大动力；功能性创新平台包括广州天河智慧城、坪山高新区、东莞中子科学城、香港科学园、东大屿都会、珠澳跨境工业区（澳门园区）等 63 个具有一定创新基础的节点，是发挥示范效应、推动广深港澳科技创新走廊区域发展的创新载体。

5.3 基于战略性产业的珠三角城市群技术创新地理格局

5.3.1 战略性支柱产业集群与战略性新兴产业集群

战略性产业集群的培育是珠三角城市群新阶段创新化转型的重要产业支撑性抓手。2020 年，《广东省人民政府关于培育发展战略性支柱产业集群和战略性新兴产业集群的意见》（粤府函〔2020〕82 号）出台，明确新阶段广东省打造现代化产业体系所重点依托的双十战略性产业集群，分别包括新一代电子信息、绿色石化、智能家电、汽车、先进材料、现代轻工纺织、软件与信息服务、超高清视频显示、生物医药与健康、现代农业与食品十大战略性支柱产业集群和半导体与集成电路、高端装备制造、智能机器人、区块链与量子信息、前沿新材料、新能源、激光与增材制造、数字创意、安全应急与环保、精密仪器设备十大战略性新兴产业集群（表 5-21）。在 2019 年，广东省十大战略性支柱产业集群的营收达到 15 万亿元，是全省经济的基础与支撑，十大战略性新兴产业集群的营收达到了 1.5 万亿元，初步显现集群效应，是未来引领珠三角城市群增长的重点。

表 5-21　广东省十大战略性支柱产业集群和十大战略性新兴产业集群主体产业

	战略性产业集群主体产业
十大战略性支柱产业集群	1. 新一代电子信息产业集群包含国民经济行业分类中的计算机制造、通信设备制造、广播电视设备制造、雷达及配套设备制造、非专业视听设备制造、智能消费设备制造、电子器件制造、电子元件及电子专用材料制造、其他电子元件制造 9 项中类 36 项小类。
	2. 绿色石化产业集群包含石油加工业、化学原料和化学制品制造业、化学纤维制造业、橡胶和塑料制品业 4 大类 60 中类。
	3. 智能家电产业集群包含国民经济行业分类中的电气机械和器材制造业，计算机、通信和其他电子设备制造业，通用设备制造业 3 个大类 9 个中类中的 28 个小类。
	4. 汽车产业集群包含“汽车制造业”中的“汽车整车制造（汽柴油车整车制造和新能源车整车制造）、汽车用发动机制造、改装汽车制造、低速汽车制造、电车制造、汽车车身及挂车制造、汽车零部件及配件制造”1 个大类 7 个中类 8 个小类。
	5. 先进材料产业集群包含非金属矿物制品业，黑色金属冶炼和压延加工业，有色金属冶炼和压延加工业，金属制品业，化学原料和化学制品制造业，化学纤维制造业，橡胶和塑料制品业，计算机、通信和其他电子设备制造业 8 大类 25 中类中的 93 小类。
	6. 现代轻工纺织产业集群包含国民经济行业分类中的纺织业，纺织服装、服饰业，皮革、毛皮、羽毛及其制品和制鞋业，木材加工和木、竹、藤、棕、草制品业，家具制造业，造纸和纸制品业，印刷和记录媒介复制业，文教、工美、体育和娱乐用品制造业，化学原料和化学制品制造业，化学纤维制造业，橡胶和塑料制品业，非金属矿物制品业，金属制品业，专用设备制造业，铁路、船舶、航空航天和其他运输设备制造业，仪器仪表制造业，其他制造业 17 个大类 57 个中类中的 174 个小类。
	7. 软件与信息服务产业集群包括满足信息技术需求的服务产品与服务过程，具体涉及软件产品、信息技术服务、嵌入式系统软件、信息安全等领域。
	8. 超高清视频显示产业集群包括设备制造、节目制作、传输服务、行业应用等领域和环节。
	9. 生物医药与健康产业集群包括生物药、化学药、现代中药、医疗器械、医疗服务、健康养老等领域，具有“四高一长”的发展特点，即高技术、高投入、高风险、高收益、长周期。
	10. 现代农业与食品产业集群包括农、林、牧、渔业及其专业性、辅助性活动，农副食品加工业，食品制造业，酒、饮料、精制茶制造业，烟草制造业等。
十大战略性新兴产业集群	1. 半导体与集成电路产业集群包括半导体器件的设计、制造、封装测试，以及相关原材料、辅助材料、装备等。
	2. 高端装备制造产业集群包括高端数控机床、海洋工程装备、航空装备、卫星及应用、轨道交通装备、集成电路装备等重点领域。
	3. 智能机器人产业集群包括工业机器人、服务机器人、特种机器人和无人机（船）等。
	4. 区块链与量子信息产业集群包括硬件基础设施、底层技术平台、区块链通用应用、技术扩展平台及终端用户服务等，广东省已初步形成了覆盖区块链全产业链条的产业技术图谱。技术创新及应用方面，全省专利申请量约占全国三分之一；区块链服务为政务、民生、金融等提供有力支撑，如区块链电子发票接入企业近万家，跨境交易实现千万级，供应链金融达到亿级。
	5. 前沿新材料产业集群包括智能、仿生与超材料，低维及纳米材料，高性能纤维，新型半导体材料，电子新材料及电子化学品，先进金属材料，新型复合材料，超导材料，增材制造材料，新能源材料，生物医用材料，材料先进研发、制备和检测、验证服务等领域。
	6. 新能源产业集群主要包括核能、风能、天然气及其水合物、太阳能、氢能、生物质能、地热能、海洋能、智能电网、储能等领域。
	7. 激光与增材制造产业集群初步形成了激光与增材制造材料、扫描振镜、激光器、整机装备、应用开发、公共服务平台等协同发展的产业链。广东省是国内最大的激光与增材制造产业集聚区，产业链各环节不断完善，整个产业已成为驱动广东省迈向“制造强省”的核心动力源泉。

续表

	战略性产业集群主体产业
十大战略性新兴产业集群	8. 数字创意产业集群是以数字技术为主要驱动力，围绕文化创意内容进行创作、生产、传播和服务而融合形成的新经济形态，主要包括数字创意技术和设备、内容制作、设计服务、融合服务四大业态，呈现技术更迭快、生产数字化、传播网络化、消费个性化、产业市场化、内容规范化等特点。
	9. 安全应急与环保产业集群包括安全应急、节能环保领域的专用产品、设备和服务。
	10. 精密仪器设备产业集群主要包括工业自动化测控仪器与系统，信息计测与电测仪器，科学测试分析仪器，人体诊疗仪器，各类专用检测与测量仪器以及相关的传感器、元器件、材料六大领域，其中工业自动化测控仪器与系统包括温度/压力/流量检测仪表、变送/调节仪表、伺服执行器等；信息计测与电测仪器包括元器件参数测量仪器、通信测试仪器、电能计量仪表等；科学测试分析仪器包括质谱仪、气相色谱仪、热分析仪、振动试验机等；人体诊疗仪器包括彩色多普勒超声诊断仪、监护仪、PCR仪、基因测序仪、磁共振成像 MRI、螺旋 CT 等；各类专用检测与测量仪器包括集成电路三维封装量测仪器、全站仪、GNSS 接收机等。精密仪器设备广泛应用于工业、农业、交通、科技、环保、国防、文教卫生、人民生活等，是先进制造技术的重要组成部分、制造业高质量发展的基础支撑，对促进科技进步和经济发展具有巨大的推动作用。

广东省所有战略性支柱产业和新兴产业集群中，新一代电子信息产业、智能家电产业、汽车产业、半导体与集成电路产业、高端装备制造产业、新能源产业 6 个产业在全省制造业发展中具有支柱性作用，也是重点发展的产业。新一代电子信息产业是广东最大的产业，2019 年电子信息工业产值 4.3 万亿元，工业增加值 9227.08 亿元，连续 29 年居全国第一，占全省工业产值的 29.4%。智能家电产业是广东传统产业中的支柱产业，广东智能家电产业规模一直扩大，2019 年广东智能家电产业规模占全国总额比重超 40%。广东是国内主要汽车生产基地之一，汽车制造企业数量持续稳定增长、生产规模持续扩大，汽车产量连续多年保持全国第一。广东是国内信息产业第一大省，在消费电子、通信、人工智能、汽车电子等领域拥有国内最大的半导体及集成电路应用市场，集成电路进口金额占全国的 40%左右。广东高端装备制造业和新能源产业近年来发展态势迅猛，也将是未来广东制造业的重点发展行业。

1. 新一代电子信息产业

新一代电子信息产业代表着新一代信息通信技术，是广东第一大产业，同时也是全国第一，规模占全国三分之一。2019 年广东电子信息产业营业收入 4.3 万亿元，连续 29 年居全国第一，占全省工业营业收入的 29.4%，是支撑广东经济发展的主导力量。2020 年前三季度，新一代电子信息产业实现工业总产值、增加值分别占全省规模以上工业的 29.1%和 26.6%，是全省工业占比最大的行业。广东新一代电子信息产业集群企业数量多、总量规模大，增速快于全省规模以上工业增速（图 5-8，表 5-22，图 5-9）。新一代电子信息产业集群主要集中在通信设备制造业，主要分布于珠三角地区，粤东西北较少。珠三角地区又以珠江东岸电子信息产业带为集聚区，在智能终端、信息通信、集成电路设计等领域具有良好产业基础，5G 手机、通信设备、计算机整机等产品产量居全国前列。

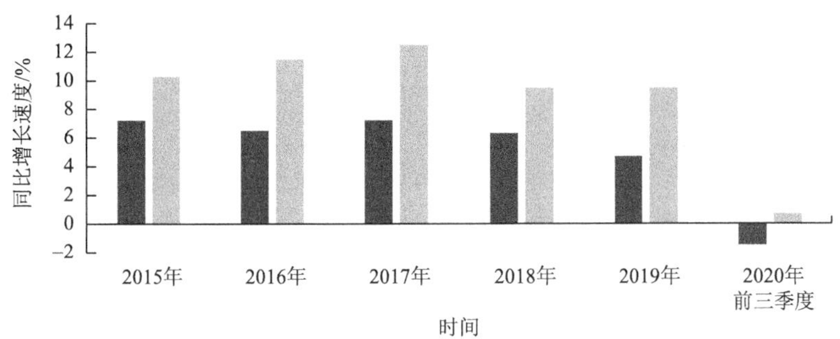

图 5-8 2015—2020 年前三季度新一代电子信息产业增加值增速

数据来源：广东省统计局工业交通统计处，《广东新一代电子信息战略性支柱产业集群发展现状和对策研究》

表 5-22 2018—2020 年前三季度广东新一代电子信息产业集群总量增长情况

区域	2020 年前三季度		2019 年		2018 年	
	总量/亿元	占比/%	总量/亿元	占比/%	总量/亿元	占比/%
全省	6111.12	—	9227.08	—	8766.47	—
珠三角九市	5965.20	96.7	9042.00	96.8	8630.00	97.0
广州	304.58	4.9	475.53	5.1	370.70	4.2
深圳	3706.31	60.1	5527.91	59.2	5585.81	62.8
珠海	151.61	2.5	209.04	2.2	203.65	2.3
佛山	120.23	1.9	178.53	1.9	179.77	2.0
东莞	1017.06	16.5	1704.47	18.3	1374.27	15.4
中山	97.97	1.6	139.03	1.5	160.40	1.8
江门	77.14	1.3	98.36	1.1	76.45	0.9
惠州	456.59	7.4	657.68	7.0	639.00	7.2
肇庆	33.72	0.5	51.45	0.6	39.93	0.4

数据来源：广东省统计局工业交通统计处，《广东新一代电子信息战略性支柱产业集群发展现状和对策研究》

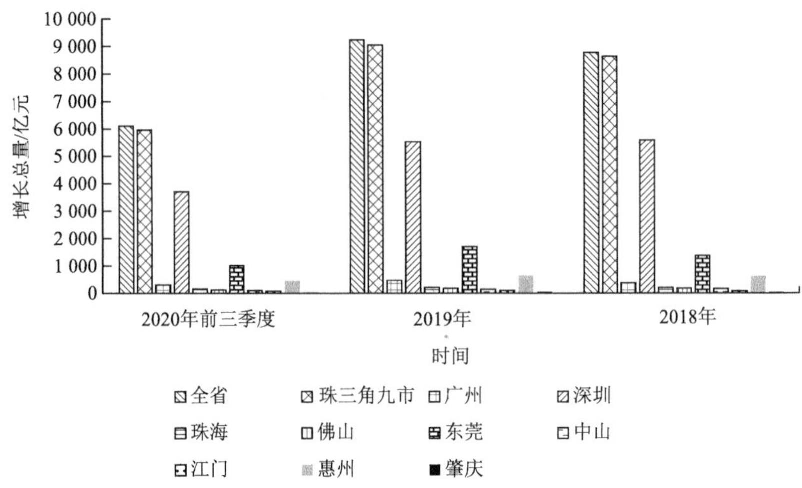

图 5-9 2018—2020 年前三季度广东新一代电子信息产业集群总量增长情况

数据来源：广东省统计局工业交通统计处，《广东新一代电子信息战略性支柱产业集群发展现状和对策研究》

2. 智能家电产业

智能家电产业是广东传统产业中的支柱产业。近年来，广东智能家电产业规模持续扩大。2019 年广东省智能家电产业主营业务收入 1.3 万亿元，工业增加值 2700 亿元，规模占全国总额比重超 40%。2020 年前三季度，全省智能家电产业实现增加值 1946.17 亿元，占全省规模以上工业的 8.5%，实现工业总产值 8900.24 亿元，占比为 8.7%，分别比 2019 年提高 0.4 个和 0.2 个百分点。广东智能家电产业主要集中在家用电力器具制造业，其中电视机、空调、冰箱、厨房电器、照明灯饰等产品规模全国第一，已形成深圳、佛山、东莞、珠海、中山、惠州、湛江为聚集地的智能家电产业集群，其中珠三角核心区智能家电产业增加值占广东增加值的比重为 97.2%。广东具有全球规模最大、品类最齐全的产业链，是全球最大的智能家电产业中心，产业整体呈现智能化、节能环保、绿色健康的发展趋势。广东的彩色电视机、家用电冰箱等在全国占据了重要的市场份额（表 5-23，图 5-10）。

表 5-23 2019 年智能家电产业重点省（市）部分产品产量情况

区域	彩色电视机/万台	占比/%	房间空气调节器/万台	占比/%	家用电冰箱/万台	占比/%	家用洗衣机/万台	占比/%
全国	18 999.06	—	21 866.16	—	7 904.25	—	7 432.99	—
广东	10 442.30	54.9	6 691.42	30.6	1 631.42	20.6	672.56	9.0
上海	135.75	0.7	314.20	1.4	33.81	0.4	147.75	2.0

续表

区域	彩色电视机/万台	占比/%	房间空气调节器/万台	占比/%	家用电冰箱/万台	占比/%	家用洗衣机/万台	占比/%
江苏	1 383.46	7.3	499.97	2.3	1 068.08	13.5	2 239.39	30.1
浙江	193.43	1.0	1 939.20	8.9	567.89	7.2	1 118.46	15.0
安徽	1 941.85	10.2	3 366.45	15.4	2 505.89	31.7	2 328.32	31.3
山东	1 580.57	8.3	876.36	4.0	732.50	9.3	513.71	6.9

数据来源：广东省统计局工业交通统计处，《广东智能家电战略性支柱产业集群发展现状和对策研究》

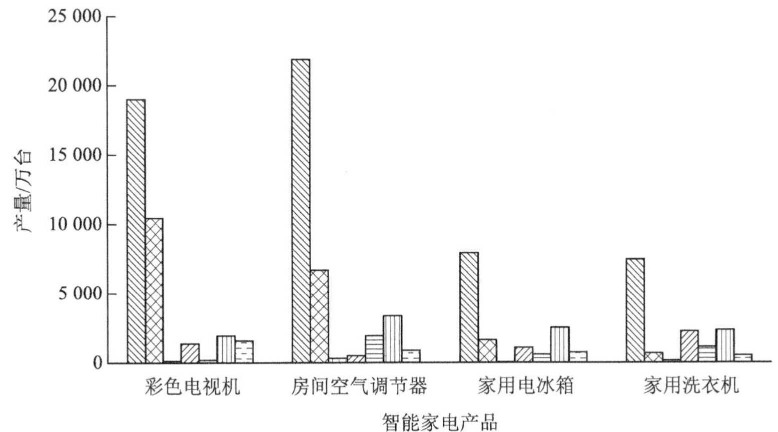

图 5-10　2019 年智能家电产业重点省（市）部分产品产量情况

数据来源：广东省统计局工业交通统计处，《广东智能家电战略性支柱产业集群发展现状和对策研究》

3. 汽车产业

汽车产业是广东重要支柱产业之一，广东也是国内主要汽车生产基地之一，截至 2020 年第三季度，共有规模以上整车制造企业 27 家、汽车零部件企业 876 家。近年来广东汽车制造企业数量保持稳定增长，生产规模持续扩大。2020 年广东省汽车产量 313.23 万辆（图 5-11），前三季度广东汽车产业完成工业总产值 5698.58 亿元，同比增长 0.6%，完成增加值 1266.89 亿元，下降 1.3%，分别占全部规模以上工业的 5.6%和 5.5%。2021 年，广东省汽车产量达 338.50 万辆，同比增长 8%，已连续 5 年保持全国第一。广东汽车产业主要集中在汽车整车制造业和汽车零部件及配件制造业两大行业，主要集中分布在珠三角核心区，北部生态发展区和沿海经济带占比较低。2020 年前三季度，珠三角核心区完成增加值 1265.77 亿元，下降 1.8%，占全省汽车产业的比重高达 97.5%。随着比亚迪、广汽传祺等自主品牌发展壮大，小鹏汽车、腾势汽车、广汽蔚来等新能源造车企业逐步发展，广东已形成日系、欧美系和自主品牌多元化汽车产业格局。

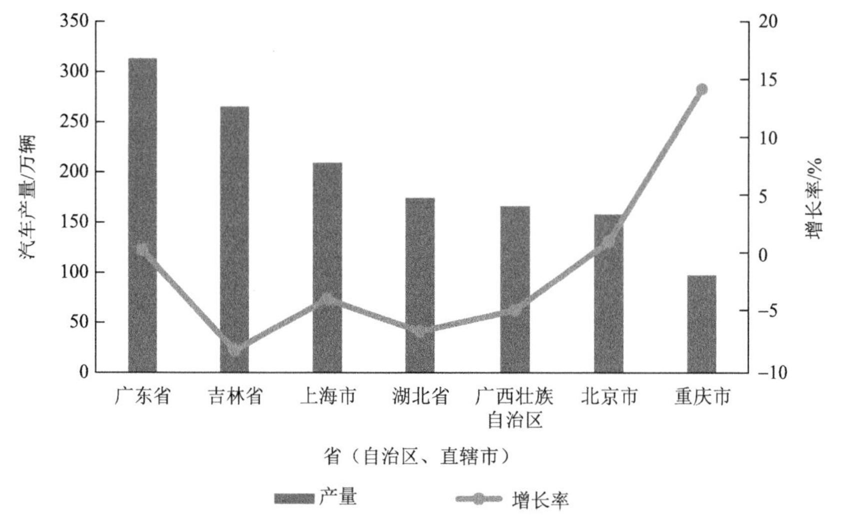

图 5-11　2020 年全国主要省（自治区、直辖市）汽车产量情况

数据来源：中商产业研究院数据库

4. 半导体与集成电路产业

广东省是国内信息产业第一大省，在消费电子、通信、人工智能、汽车电子等领域拥有国内最大的半导体与集成电路应用市场，集成电路进口金额占全国的40%左右。2019 年广东半导体与集成电路产业主营业务收入超过 1200 亿元，其中集成电路设计业营业收入超过 1000 亿元。2020 年广东半导体与集成电路产业主营收入约 1700 亿元，约占全国的 19%，其中设计业营业收入近 1500 亿元。目前广东半导体与集成电路产业发展分布非常不均衡，深圳半导体与集成电路产业主营收入约为 1500 亿元，约占广东省的 88%；珠海、广州等其他城市的半导体与集成电路产业主营收入占比总和只有 12%。广东已基本形成以广州和深圳两个国家级集成电路设计产业化基地以及珠海为核心，带动佛山、东莞、中山、惠州等地协同发展的产业格局。

5. 高端装备制造产业

广东省由于受计划经济时期国内产业布局的影响，高端装备制造产业基础比较薄弱。近年来，广东省在高端数控机床、海洋工程装备、航空装备等领域引进建设了一批项目，培育了一批龙头骨干企业，高端装备制造研发、设计和制造能力持续增强，新产品新技术不断取得突破，在广州、深圳、东莞、珠海、佛山、中山、江门等地初步形成产业集聚态势。装备制造是广东省的重点发展行业，2019 年全省高端装备制造业实现营业收入近 1800 亿元，2020 年全省装备制造业产值大约 3 万亿元，其中珠江西岸地区的装备制造产值大约 2 万亿元，是广东省发展装备制造的主要基地。目前广东的工作母机类制造、机器人、新能源汽车等产业领跑全国。

6. 新能源产业

近年来，广东省积极推动新能源开发与产业发展形成了良性互动、相互促进的循环，产业规模不断壮大。风能、太阳能、生物质能实现规模化应用，核电装机规模、天然气储备能力领先全国，海上风电进入快速发展通道。2019 年全省新能源产业营业收入约 4100 亿元；新能源发电装机规模 5153 万千瓦，较“十二五”末增长 93%，非化石能源消费约占全省能源消费总量的 29%；建成天然气主干管网 2200 千米，液化天然气（liquefied natural gas，LNG）接收站 4 座，充电站约 2350 座，充电桩约 12 万个，加氢站 34 座。新能源产业技术水平持续提升，具有持续且高质的研发能力。据施引专利数量和发明总量复合增长率两项指标数据，新能源产业均位于战略性新兴产业前列，产业内专利质量极高，企业具备强劲的创新实力。风力发电机组、逆变器、高效太阳能电池和集热器、氢燃料电池电堆等研发制造处于全国领先地位，氢能利用、储能技术、充电桩和智能电网建设位居全国前列，自主品牌“华龙一号”三代核电技术达到国际先进水平，天然气水合物连创试采纪录。广东新能源产业在核电、海上风电、太阳能、氢能产业方面产生了一批优势特色企业，形成了骨干企业带动、重大项目支撑、上下游企业集聚发展的态势。

5.3.2　珠三角城市群技术创新的地理格局

采用发明专利作为技术创新的代理指标，本书系统性展现了珠三角城市群“双十战略”产业中的部分关键产业的技术创新地理格局。所用数据采集自国家知识产权局专利公布公告查询系统（2020 年数据，获取时间为 2021 年 8 月[①]）。该专利数据库包含了专利名称、申请时间、专利权人（含详细地址信息）、专利分类号等。采用地理编码技术，基于百度 API 接口获取了每个发明专利的经纬度信息，通过坐标纠偏与异常值清洗，建立了珠三角城市群发明专利空间数据库，该数据

① 专利数据公布时间存在滞后性，2021 年未能获取全部的 2020 年申请数据，数据量经与 2020 年中国统计年鉴数据比对，占比超过 2020 年发明专利申请量的 93.5%，数据样本量足以支撑本书研究分析需求。

库包含了珠三角城市群 11 个城市共 190 916 条发明专利信息。从全样本的发明专利中，结合发明专利的数量占比与产业在珠三角城市群中的代表性，本书挑选了新一代电子信息、汽车、绿色石化、新能源、先进材料、智能机器人六类产业深入分析产业的技术创新地理格局。

我国现行的专利公布数据库中所采用的分类代码体系是国际专利分类（international patent classification，IPC），IPC 与国民经济行业分类属于两个独立的分类系统，对主要产业的技术创新研究需要建立两套分类系统间的联系。基于“官方途径、官方口径”的分类原则，本书收集《广东省战略性支柱产业集群发展现状和对策研究》系列报告（http://stats.gd.gov.cn/tjfx/index_2.html），获取了广东省战略性支柱产业所对应的完整的国民经济行业分类代码（该分类体系基于三位数代码），通过《国际专利分类与国民经济行业分类参照关系表》，建立了战略性支柱产业与 IPC 分类号间的联系。其中，新能源产业较为特殊，在广东统计信息网暂无相关报告，通过《战略性新兴产业分类与国际专利分类参照关系表（2021）（试行）》进一步补充了新能源产业的 IPC 分类号。具体的行业代码与 IPC 分类号如表 5-24 所示。特别需要指出的是，由于每一类产业所涉及的国民经济行业分类众多，对应的专利 IPC 分类号极其复杂，在表格中列出了完整的国民经济行业代码，而仅列出了部分有代表性的 IPC 分类号，更详尽系统的 IPC 分类号可参阅文件《国际专利分类与国民经济行业分类参照关系表》。

表 5-24　珠三角城市群多类型技术创新专利分类筛选表

主要产业类型	细分行业领域	国民经济行业代码	部分代表性 IPC 分类号
新一代电子信息产业	计算机、通信和其他电子设备制造业	391—399	B41J；G03G；G06E；G06F15；G06J；G06N；G11C；H04K；H04W；H04L1
汽车产业	汽车制造业	361—367	B60D；B60F；B60K7；B60L；B60M；B60V；F02B；F02D；F02M；F41H
绿色石化产业	石油加工业、化学原料及化学制品制造业、化学纤维制造业、橡胶和塑料制造业	251；261—266；268；281；282；291；292	A01N25；B01J20；C01B11；C03C3；C05C；C09D1；C10G1；C25B1；D06P；D21C
新能源产业	核电产业、风能产业、太阳能产业、生物质能及其他新能源产业、智能电网产业		C01B33/02；C10J3；E02D27；E04G21；F03D1；G01R19；G21C5；H01H31；H02J3/38；H02P1
先进材料产业	化学原料及化学制品制造业，化学纤维制造业，橡胶和塑料制造业，非金属矿物制品业，黑色金属冶炼及压延加工业，有色金属冶炼及压延加工业，金属制品业，计算机、通信和其他电子设备制造业	264—266；281；282；291；292；301—308；311—314；321；323—325；339；398	A24F；B21B；C07B；C09C；C10M；D06P；E04B；F16J15；G09F11；H01L

续表

主要产业类型	细分行业领域	国民经济行业代码	部分代表性 IPC 分类号
智能机器人产业	工业机器人制造业、特殊作业工业机器人制造业、智能无人飞行器制造业、服务消费机器人制造业	3491；3492；3963；3964	A61L2；B08B1；B25J1；B64C；B25J5；B60S11；B60S5；D06F13；H04L27；H05H
智能家电产业	通用设备制造业，电气机械和器材制造业，计算机、通信和其他电子设备制造业	346；381；3831；385—387；3939；395；396	A47J19；B60Q1；D06F61；F17B；F21K；F23Q；F24S；G08C；H01L；H04N

基于格网尺度分析深入探索珠三角城市群技术创新的空间分布特点（格网尺度为 3 千米×3 千米），结果如图 5-12 所示，从专利空间分布的结果可以直观看出珠三角城市群的技术创新在空间分布上显著不均衡，发明专利在空间分布上集中在少数县区。专利高值区显著集中在珠江的东西两岸。其中，广州与深圳两市的分布密度最高，格网内专利数量超过 4000 个的区域（极高值区）一共有 7 个，分别分布在广州的越秀区、天河区，深圳的南山区、福田区，东莞的滨海片区与珠海的香洲区。其余典型的高值区还包括东莞的松山湖片区，深圳的光明区、龙华区等；对于港澳而言，香港的专利高值区主要分布在港岛片区，澳门则形成了以澳门大学为核心的专利集聚区。

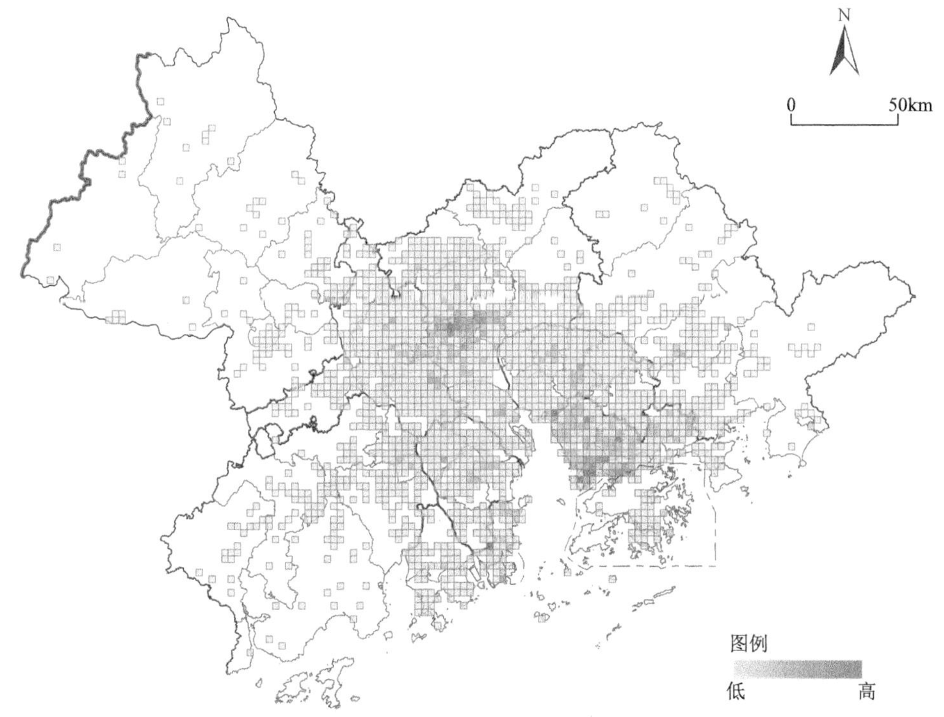

图 5-12　珠三角城市群发明专利的空间分布（后附彩图）

进一步研究珠三角城市群内发明专利的分布的空间相关性特征。基于全局空间自相关算法得到专利数据的全局相关系数为 0.3134（$p = 0.0000$；$z = 47.4260$），表明整体而言，珠三角城市群的发明专利在空间上呈现显著的正空间自相关性。基于局部莫兰指数算法探索高值与低值集聚区的分布，结果显示（图 5-13），在珠三角城市群内形成了两个连片的专利高集聚区，分别是广州-佛山片区、深圳-东莞片区，这两个片区集聚了珠三角城市群内主要的核心科技资源，也是广深港澳科技创新走廊的核心节点（叶玉瑶等，2020）。

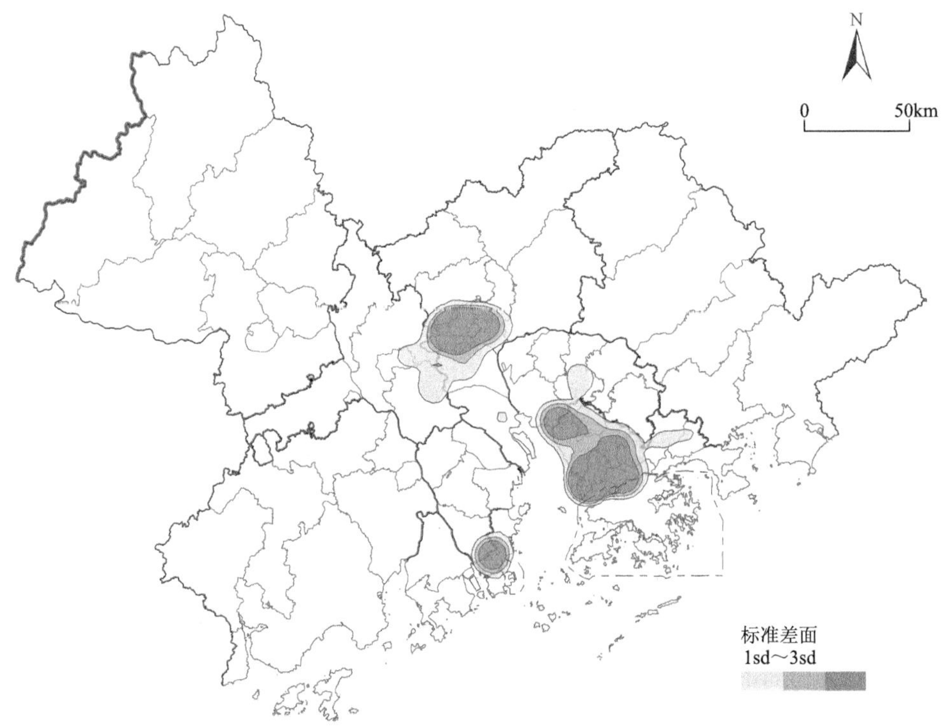

图 5-13　珠三角城市群发明专利的空间集聚特征（后附彩图）

基于格局的分析可以直观看出珠江东西两岸技术创新能力上的差距，进一步以广州为起点，沿东西两岸各自截取剖面线（基于 3 千米×3 千米尺度；东岸剖面线：广州-东莞-深圳-香港剖面线经广州越秀至香港港岛；西岸剖面线：广州-佛山-中山-珠海剖面线经广州越秀至珠海香洲）（吴康敏等，2016）。结果显示（图 5-14），东岸的技术创新积累远高于西岸。东岸的剖面线在广州、深圳形成了两个明显的高峰，在东莞形成了一个次级的峰值；西岸的剖面线高值则主要集中在广州与珠海，且峰值远低于东岸。东西两岸的创新能力剖面线结果验证了两岸在创新能力上的差距（邱坚坚等，2020）。

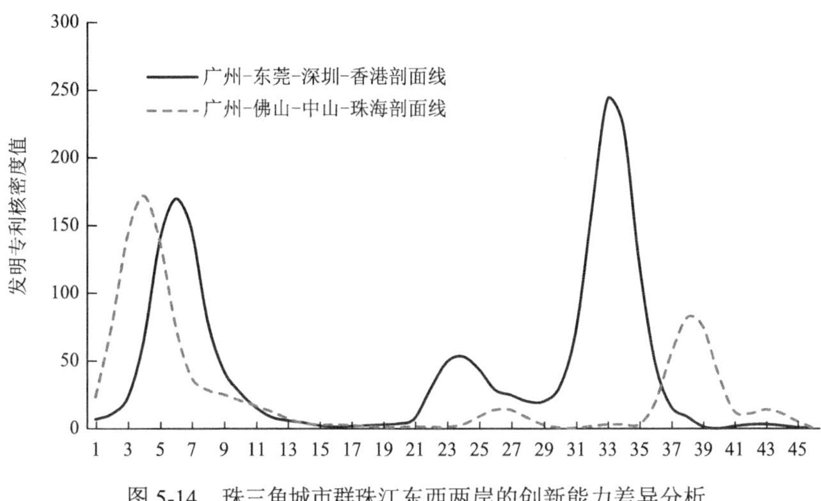

图 5-14　珠三角城市群珠江东西两岸的创新能力差异分析

5.3.3　战略性产业技术创新的主要集聚区

在全样本格局以及技术多样性分析的基础上，本节进一步对接广东省的十大战略性支柱产业规划以及十大战略性新兴产业规划，结合产业自身的创新能力及在珠三角城市群的经济发展占比，从全样本的发明专利中挑选了新一代电子信息、汽车、绿色石化、新能源、先进材料、智能机器人六类产业，进一步研究不同技术类型创新在空间分布上的特征与差异（表 5-25）。

表 5-25　珠三角城市群多类型技术创新的空间特征

主要产业类型	专利数量/个	比例/%	R 值	p 值	平均邻近距离/m	分布特点
新一代电子信息产业	58 506	30.64	0.057 6	0.00	32.03	强烈集聚
智能家电产业	26 893	13.91	0.095 1	0.00	73.87	比较集聚
先进材料产业	20 773	10.88	0.108 4	0.00	103.44	比较集聚
绿色石化产业	19 385	10.15	0.109 9	0.00	107.26	比较集聚
新能源产业	8 260	4.33	0.126 3	0.00	166.10	比较集聚
智能机器人产业	4 439	2.33	0.190 0	0.00	343.27	一般集聚
汽车产业	3 520	1.84	0.203 9	0.00	324.30	一般集聚

不同产业类型的技术创新数据分布特征各有不同，从发明专利的构成比重看，新一代电子信息产业的创新比重最高，占研究区发明专利总数的 30.64%，占比远

远高于其他类型产业；其次是先进材料与绿色石化，占比分别为10.88%与10.15%。这三类产业的技术创新占比达到了2020年发明专利总量的51.67%，反映了新一代电子信息、先进材料与绿色石化在珠三角城市群未来进一步打造国际科技创新中心中的战略性支柱地位。新能源、智能机器人与汽车产业的发明专利占比相对较低，三个行业加总占比为8.5%，尽管当前技术创新的占比不高，但结合当前的产业发展趋势与广东省的双十战略规划，这些产业都是未来珠三角城市群发展的重要支撑。

从空间分布特征上看（图5-15至图5-21），新一代电子信息产业的创新集聚程度最高，*R*值为0.0576，发明专利间的平均最邻近距离观测值为32.03米，属于所选分析行业中的最小值，呈现强烈集聚特征。这与该产业类型的企业、高技能劳动力的集聚分布密不可分（贺灿飞和肖晓俊，2011）。空间分布上，发明专利的高值区主要分布在广州与深圳的核心区，包括广州越秀、天河以及深圳南山、福田、罗湖等区位，香港的九龙-港岛片区也有连片的分布，这些区位也是珠三角城市群计算机与互联网企业高度集聚的区位。先进材料、绿色石化与新能源三类产业在分布上也呈现出显著的集聚特征，*R*值分别为0.1084、0.1099、0.1263，平均最邻近距离观测值分布在100—170米的区间。在空间分布上，这三个产业也呈现出了显著的核心城市核心区的分布指向，在广州与深圳两市的核心区均有发明专利的高值区分布。但同时也显现出了差异化的空间格局，先进材料的分布高值区集中在广深；绿色石化的技术创新在其他城市如惠州、东莞、佛山、珠海等城市均有高值区分布，高值区的分布范围相对更广；新能源产业在地理分布上则更加集中，除了广深两市，仅在佛山、中山以及珠海的少数区位有专利分布，在外围城市的分布较少；汽车与智能机器人这两个产业相对其他产业的分布的集聚度相对不高，平均最邻近距离的观测值均在300米以上，空间分布仍然主要集中在广深两市的核心区。

5.3.4 战略性产业集群的发展战略

优化调整珠三角城市群城市间分工与协作，全面支撑广东省战略性产业集群高质量发展。通过系统分析广东省培育发展二十个战略性产业集群的五年行动计划（2021—2025年），以新一代电子信息、绿色石化、智能家电、汽车、先进材料、软件与信息服务等战略性支柱产业集群和半导体及集成电路、高端装备制造等战略性新兴产业集群为例，探讨珠三角城市群城市间各有侧重、紧密协作的产业链和创新链协同发展，推进珠三角城市群现代产业体系建设。

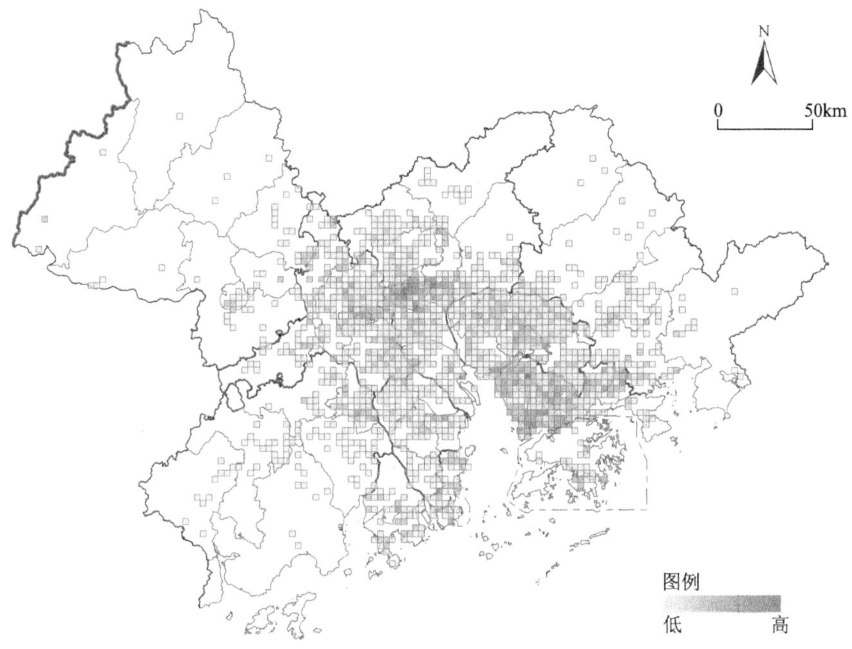

图 5-15　珠三角城市群先进材料产业技术创新的空间分布（后附彩图）

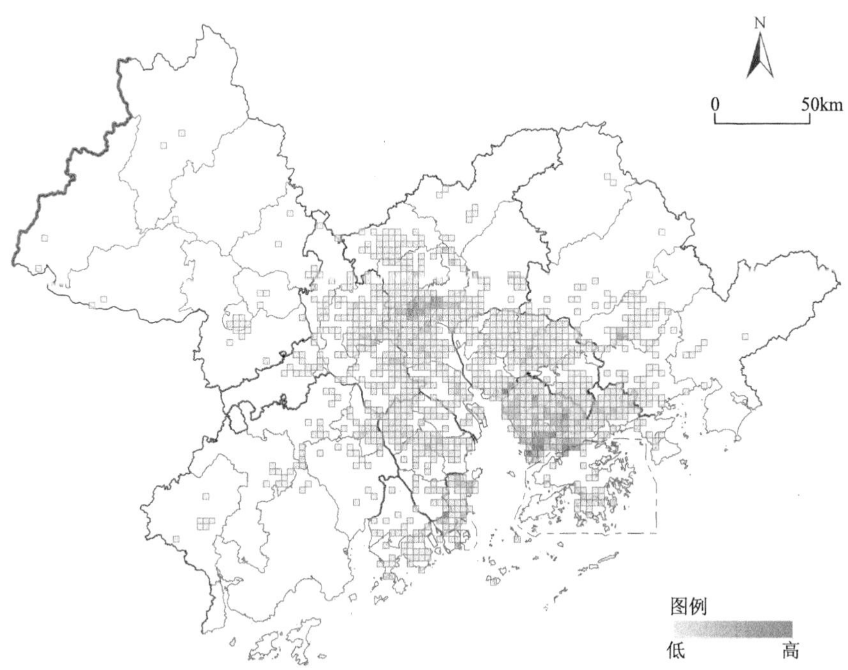

图 5-16　珠三角城市群新一代电子信息产业技术创新的空间分布（后附彩图）

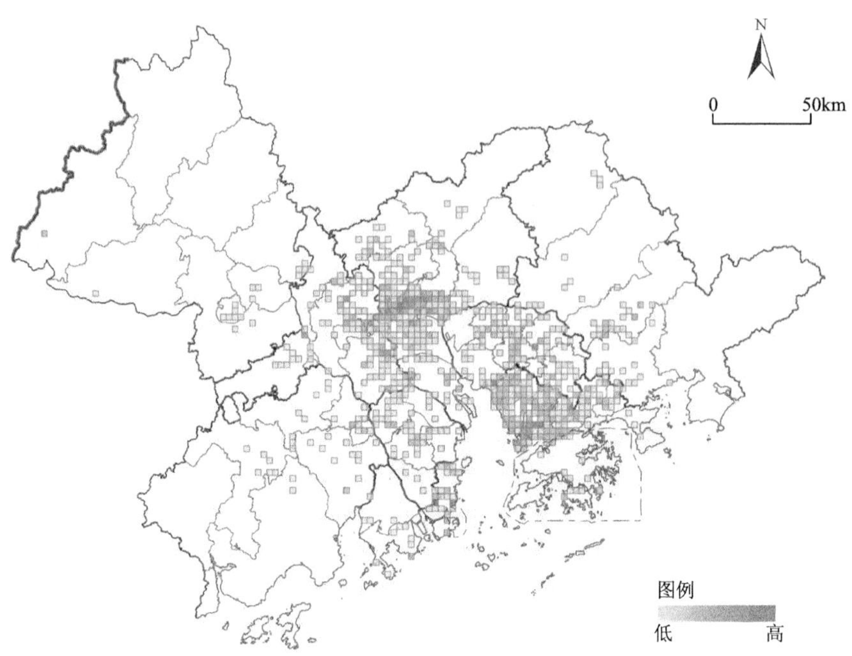

图 5-17　珠三角城市群智能机器人产业技术创新的空间分布（后附彩图）

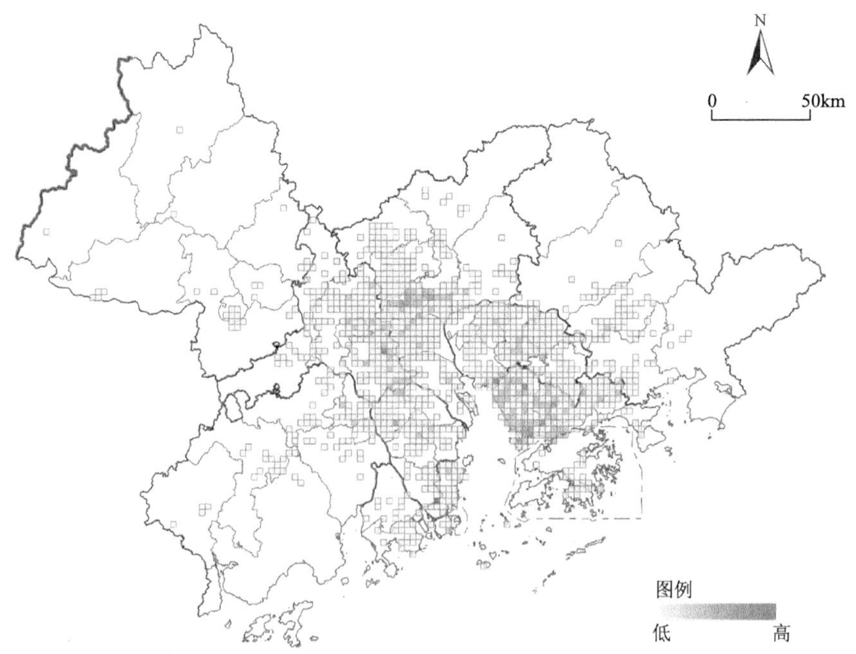

图 5-18　珠三角城市群智能家电产业技术创新的空间分布（后附彩图）

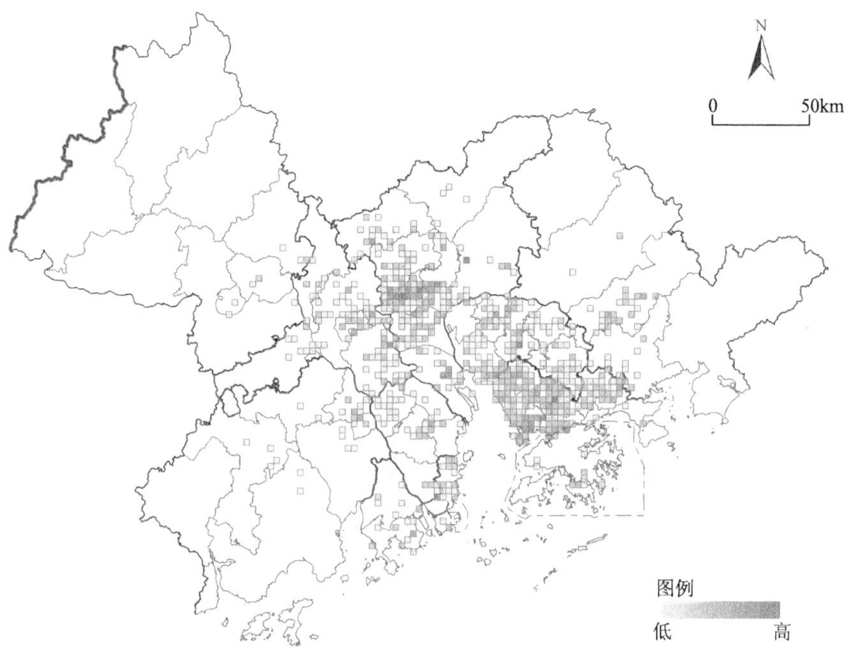

图 5-19　珠三角城市群汽车产业技术创新的空间分布（后附彩图）

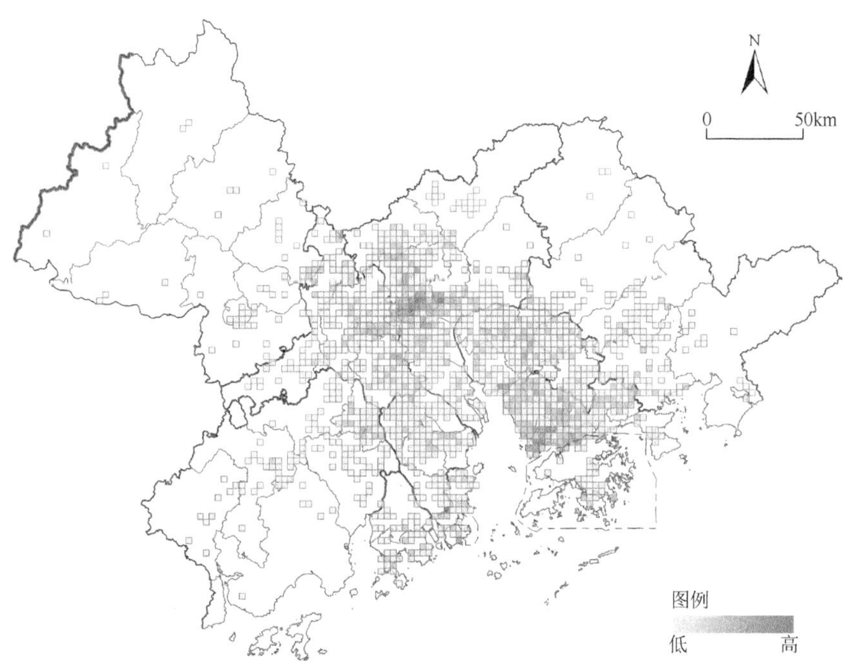

图 5-20　珠三角城市群绿色石化产业技术创新的空间分布（后附彩图）

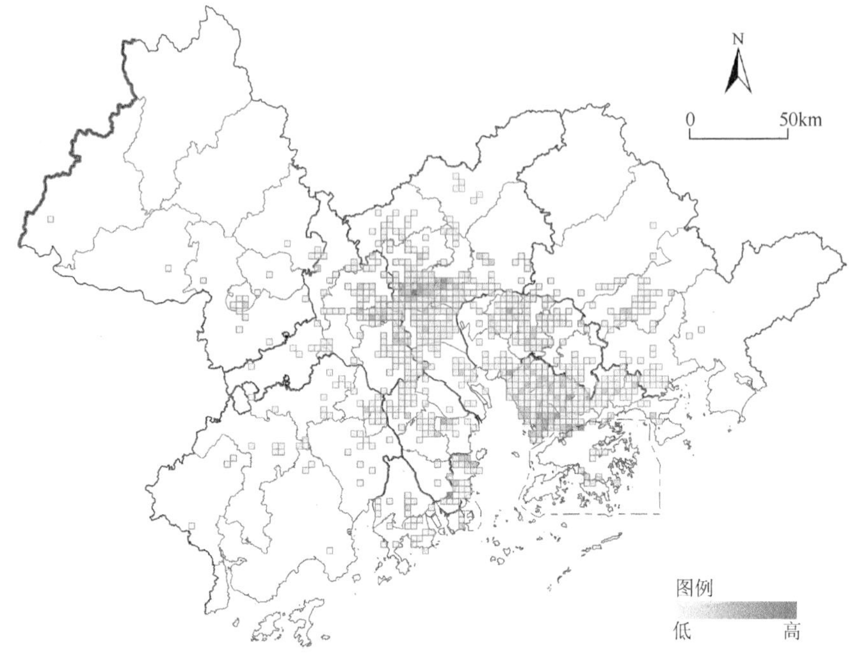

图 5-21　珠三角城市群新能源产业技术创新的空间分布（后附彩图）

（1）新一代电子信息战略性产业集群

以广州和深圳为核心，做强珠江东岸高端电子信息产业带。以广州、深圳、惠州、东莞为依托建设高端化智能终端产业集聚区，以深圳为依托建设新型电子元器件产业集聚区，以广州、深圳为依托发展网络安全产业集聚区。

（2）绿色石化战略性支柱产业集群

推进广州石化基地和惠州大亚湾石化基地建设，以延伸产业链为中心，积极挖潜、建设石化项目，进一步壮大产业规模。逐步形成粤东、粤西两翼产业链上游原材料向珠三角地区产业链下游精深加工企业供给，珠三角地区精细化工产品和化工新材料向粤东、粤西两翼先进制造业企业供给的循环体系。

（3）智能家电战略性支柱产业集群

打造以广州、深圳、香港、澳门为核心的家电产业创新网络和以深圳、佛山、珠海、惠州、中山为核心的产业制造网络，建设以电视机、空调、冰箱、洗衣机、小家电、厨房电器等为主要产品的制造基地和以广州、深圳为核心的生产性服务业网络，实现技术-人才-资金等创新要素高度集聚。

（4）汽车战略性支柱产业集群

提升广州花都、番禺、南沙以及深圳坪山等产业园区的集聚能力，带动上下游配套企业集聚发展，完善研发设计、生产制造、汽车销售、汽车金融等产业链功能。

（5）先进材料战略性支柱产业集群

提升珠三角九市先进材料产业基地的集聚能力，推进珠三角核心区高端先进材料产业带，带动粤东粤西粤北协同发展，打造一批规模大、实力强、主业突出、具有核心竞争力的区域产业集群。

（6）软件与信息服务战略性支柱产业集群

珠三角城市群已形成以广州、深圳两个中国软件名城为中心、珠三角地区为主体的产业发展格局。强化广州、深圳两个中国软件名城的产业集聚效应和辐射带动作用，引领全省软件与信息服务产业高质量发展。东莞重点发展嵌入式软件、新型工业软件。珠海做大做强集成电路设计、办公软件等优势软件产业。惠州、佛山、中山聚焦电子信息、装备制造、智能家电等特色产业领域。推进江门、肇庆和粤东粤西粤北地区培育发展信息服务和配套产业。

（7）超高清视频显示战略性支柱产业集群

依托广州、佛山、惠州打造世界级超高清视频产业集群，广州重点发展新型显示制造、内容制作产业，佛山积极发展超高清应用产品生产，惠州重点发展终端垂直一体化制造。深圳重点建设具有全球影响力的超高清视频技术创新策源地。珠海、中山、东莞根据各自产业特点发展特色超高清视频产业。

（8）生物医药与健康战略性支柱产业集群

重点提升广州国际生物岛、深圳国家生物产业基地、珠海金湾生物医药产业园、中山国家健康科技产业基地等地的产业集聚能力。打造以广州、深圳为核心，以珠海、佛山、惠州、东莞、中山等为重点的产业创新集聚区。广州布局生命科学、生物安全、研发外包、高端医疗、健康养老等领域。深圳做精做深高性能医疗器械、生物信息、细胞与基因治疗等领域。珠海重点发展现代中药标准化、高端制剂、医养结合等领域。佛山、中山打造生物医药科技成果转化基地、生物医药科技国际合作创新区。惠州、东莞打造国内重要的核医学研发中心、生物医药研发制造基地。江门、肇庆建设再生医学大动物实验基地、南药健康产业基地。

（9）半导体及集成电路战略性新兴产业集群

以广州、深圳、珠海为核心，积极推进特色制程和先进制程集成电路制造，打造涵盖设计、制造、封测等环节的全产业链。以深圳、肇庆为依托建设新型电子元器件产业集聚区，广深珠莞等多地联动发展化合物半导体产业。佛山、惠州、东莞、中山、江门等城市依据各自产业基础推动建设半导体及集成电路产业园区，形成与广深珠联动发展格局。

（10）高端装备制造战略性新兴产业集群

进一步强化广州、深圳、东莞、珠海、佛山、中山、江门等地产业集聚态势。广州、佛山重点打造高端数控精密加工装备产业基地，深圳、佛山、东莞、中山重点打造国际领先的激光装备产业基地。重点推进深圳建设全球海洋中心城市，以广州为主建设海洋工程技术配套设备基地，以中山为主建设海上风电机组研发中心，形成以广州、深圳、珠海、中山为核心的海洋高端装备产业集聚区。

（11）新能源战略性新兴产业集群

提升珠三角城市群在核电、海上风电、太阳能等领域的产业优势，形成以大企业为核心、相关配套企业聚集发展的新能源产业集群。广州重点发展三代核电装备制造，四代核电、核聚变装置设计研发与先进制造；深圳、东莞、江门重点发展核电运行维护、先进燃料研制、核材料研发与检测、非动力核技术应用等产业；惠州、江门重点发展核电工程施工调试、核能综合利用等产业。广州、深圳、珠海、惠州全力构建覆盖设计、研发、总装、建造和应用等上中下游环节的天然气及其水合物产业链。广州、深圳、佛山、东莞、中山重点建设光伏生产设备、辅料、逆变器和高效 PERC 电池生产基地。

参 考 文 献

范灵俊，杨菲，郑卫城，等，2020. 构建城市“互联网＋”新型基础设施发展战略研究[J]. 中国工程科学，22（4）：106-113.

贺灿飞，肖晓俊，2011. 跨国公司功能区位实证研究[J]. 地理学报，66（12）：1669-1681.

邱坚坚，刘毅华，袁利，等，2020. 粤港澳大湾区科技创新潜力的微观集聚格局及其空间规划应对[J]. 热带地理，40（5）：808-820.

吴康敏，张虹鸥，王洋，等，2016. 广州市多类型商业中心识别与空间模式[J]. 地理科学进展，35（8）：963-974.

叶玉瑶，王景诗，吴康敏，等，2020. 粤港澳大湾区建设国际科技创新中心的战略思考[J]. 热带地理，40（1）：27-39.

第 6 章　珠三角城市群协同创新的网络关系

本章主要基于关系数据，对珠三角城市群协同创新网络结构进行了综合测度。首先，基于现有发展状况与规划，论述了珠三角城市群内各城市在全球创新网络中的功能与定位；其次，重点针对技术、知识、资本三个维度的流数据，对珠三角城市群的协同创新发展与网络结构特征进行了研究；最后，以领先企业华为为案例，剖析领先企业创新的全球化布局。

6.1　珠三角城市群在全球创新网络中的位置

进入新的发展阶段，“创新”成为了珠三角城市群的核心关键词之一。广东省政府印发《广东省科技创新“十四五”规划》，这份关键文件明确提出“建设具有全球影响力的科技和产业创新高地”的战略目标，这也是当前整个珠三角城市群产业转型发展的目标与方向。到 2025 年，珠三角城市群初步建成具有全球影响力的科技和产业创新高地，成为国家重要创新动力源；到 2035 年，珠三角城市群建成具有全球影响力的科技和产业创新高地。

在“高质量发展”新阶段和“双循环”新格局下的宏观背景下，国际科技创新中心建设是珠三角城市群新时期发展的重要抓手。加速人才、资金、信息、技术等要素在珠三角城市群集聚与自由流动，推动珠三角城市群加快融入并引领全球创新网络和全球生产网络，培育强化珠三角城市群国际科技创新中心的功能，发挥珠三角城市群国际科技创新中心“推动战略性产业集群高质量发展”的作用是珠三角城市群加快融入全球创新网络的核心。

当前，珠三角城市群在全球已经是一个非常突出的科技集群。根据《2022 年全球创新指数》报告，中国有 3 个集群进入全球前十。从全球尺度而言，东京-横滨仍然是当前全球表现最佳的科技集群，其次便是深圳-香港-广州，位列全球第二，排在北京、首尔和圣何塞-旧金山集群之前。无论在中国还是放眼全球，珠三角城市群都是全球创新网络中不容忽视的一个关键节点。

6.2　珠三角城市群协同创新网络结构

“流空间”视角的引入拓宽了城市群协同发展的研究视角，基于“流数据”能更准确测度城市群协同的程度与网络结构特征。协同创新作为城市群协同发展的关键维度，其测度同样可以引入“流空间”分析视角。结合当前学界对于协同创新研究的关注与数据的可获取性，本节综合技术创新合作、知识创新合作、创新资本流动三个维度的创新流要素（表 6-1），结合空间分析与社会网络分析方法，系统性研究珠三角城市群的协同创新水平与网络结构特征。

表 6-1 珠三角城市群协同创新的测度指标

协同创新维度	代理指标	研究数据来源
技术创新合作	专利合作申请	WIPO 数据库
知识创新合作	论文合作发表	web of science（WOS）数据库
创新资本流动	风险投资	“投中数据”数据库

技术创新合作。作为创新产出端的重要指标，专利代表了技术创新的前沿，也在各类研究中被广泛用于代理地方创新能力、创新产出等。珠三角城市群发明专利的合作申请，反映了各城市在技术创新方面的合作，作为一类重要的创新关系数据，专利合作申请体现了各城市在产业创新、基础研究技术创新等领域中的协作情况。因而，本书对珠三角城市群的专利合作申请给予了重点研究关注。由于港澳在经济体制与知识产权保护体制方面与内地有差异，大量的港澳专利以国际专利形式向世界知识产权组织（WIPO）提交申请，基于国家知识产权局数据的分析容易忽视港澳的重要作用。本书所采用的专利合作申请数据采集自 WIPO 数据库，WIPO 是全球最权威的专利申请信息数据库之一，涵盖了全球尺度的专利申请、授权等详细的信息数据，所获取的数据时间尺度为1997—2020 年。

知识创新合作。同样作为创新产出端的重要指标，论文发表代表了更为基础性的原始创新，与专利不同，论文产出的主体更多以科研院所和高等院校为主。珠三角城市群的论文合作发表，反映了各城市在基础研究创新方面的合作，因而，本书对珠三角城市群的论文合作发表也给予了重点的研究关注。由于香港与澳门在办学机制上与内地高校存在差异，大量港澳学者的研究成果以外文形式发表在国外的学术刊物上，以中文论文数据库为基础同样容易忽略港澳在知识生产中的关键作用。本书所采用的论文合作发表数据采集自 WOS 数据库。WOS 数据库作为当前全球最权威的论文信息数据库之一，涵盖了全球尺度的论文发表数据。通过文章的发文机构及发文地址信息，搜集两两城市间合作发文的数据，本书所获取的数据时间尺度为 1994—2020 年。

创新资本流动。与专利、论文等创新产出端不同，我们仍然需要获取创新投入端的数据来研究珠三角城市群的协同创新情况，风险投资的流动，反映了各城市间创新资本的协作情况，这些创新资本的流动对于推动地方产业的发展与创新的产出至关重要，因而，本书也重点关注了在资本投入方面珠三角城市群的协同情况。本书所采用的风险投资数据来源于“投中数据”数据库（www.cvsource.com.cn）。数据涵盖了 2000—2018 年珠三角城市群的风险投资事件，数据属性包括风险机构名称、地址、接受风险投资企业名称、地址等信息。

6.2.1　基于技术、知识、资本的珠三角城市群协同创新网络结构

基于社会网络分析法，本书采用了度中心性、接近中心性、中介中心性三个指标，进一步研究珠三角城市群协同创新网络结构以及各城市在节点网络中的位置。从港澳与珠三角地区联动发展的阶段看，1978—2000 年，以“前店后厂”模式为主要特征，2000 年后，进入了以 CEPA 为核心的区域制度整合一体化时期（Zhong and Su，2019；刘毅等，2019），在 2008 年后，国务院发布了《珠江三角洲地区改革发展规划纲要》，提出转换发展模式，打造自主创新高地，珠三角城市群联动进入一个新的发展时期（Wu et al.，2021）。为了更直观展示协同创新网络中各城市的创新流要素联系特征，进一步绘制了创新流要素联系图，直观比较珠三角城市群协同创新网络的结构及各城市的位置。

从技术创新合作维度看，珠三角城市群内的国际专利合作申请网络呈现为明显核心外围结构（图 6-1）。从度中心性的测度结果来看，深圳、香港、东莞、广州是珠三角城市群技术协同创新网络中的绝对核心城市，度中心性分别达到了 1.0000、0.8232、0.1495、0.1193；佛山、中山、珠海、惠州为第二层级，珠三角城市群内其余城市为第三层级，度中心性均在 0.1 以下。从接近中心性的测度结果看，城市间的差异性体现在广州虽然度中心性排在第 4，但是其接近中心性却在珠三角城市群 11 个城市中排名最高，达到了 0.2278，表明了广州在珠三角城市群的技术协同创新网络中扮演了中心行动者角色，对技术资源有强的集聚力；深圳与香港为第二层级，属于高中心性、高集聚力的城市；其余城市为第三层级，其中较为典型的是东莞市，东莞在技术协同创新网络中具有较高的度中心性，表明其对外合作专利的数量在珠三角城市群较为突出，然而其接近中心性不高，也反映出了其创新资源集聚能力相对于广深港的弱势。从中介中心性的测度结果可以看出，广州、深圳、香港的中介中心性均超过 0.9，表明了广深港在珠三角城市群技术协同创新网络中发挥着关键的“桥梁”与“中介”作用，大量的科技创新联系通过这三个城市完成；中介中心性的测度结果表明尽管深圳、香港虽然总体的对外技术联系更多，但是广州在珠三角城市群中的枢纽作用更加突出，其他城市可以通过更短的路径到达广州，通过广州，可以更便利地与网络中的其他城市建立合作（表 6-2）。从城市间的技术联系强度来看，深圳与香港、深圳与东莞、

深圳与广州、中山与佛山属于联系强度排名前列的城市组合，其中，深圳与香港的联系强度最高，双方有密集的技术创新合作（表 6-3）。

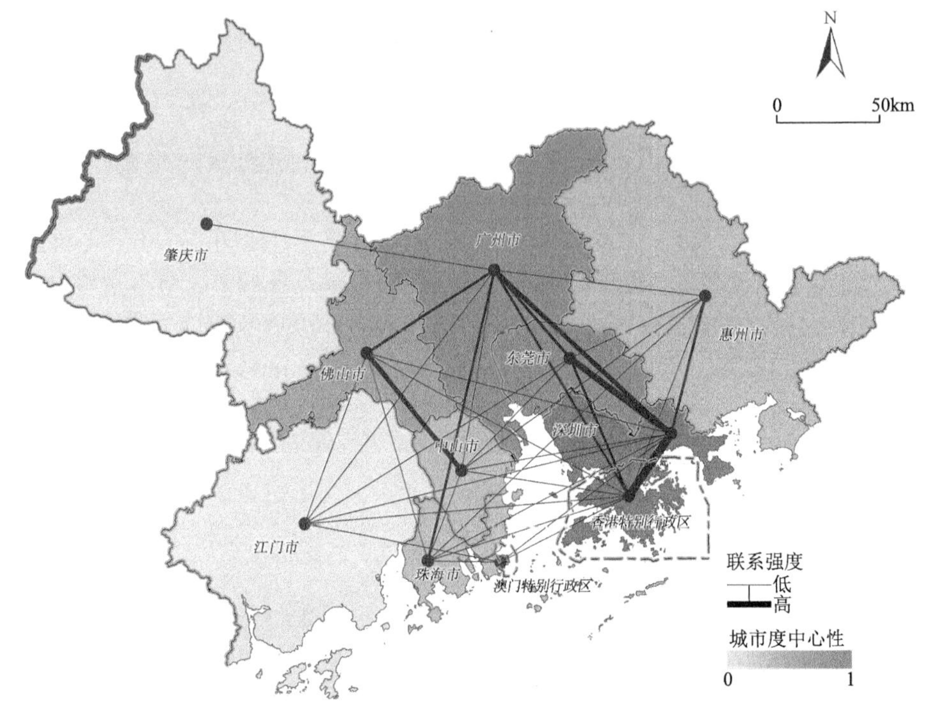

图 6-1　珠三角城市群国际专利合作申请网络结构（后附彩图）

表 6-2　技术创新合作维度下的珠三角城市群网络结构特征

城市	度中心性	中介中心性	接近中心性
深圳	1.0000	0.9091	0.0667
香港	0.8232	0.9091	0.0667
东莞	0.1495	0.7143	0.0100
广州	0.1193	0.9091	0.2278
佛山	0.0627	0.7143	0.0089
中山	0.0383	0.7692	0.0133
珠海	0.0251	0.7692	0.0359
惠州	0.0170	0.7143	0.0044
江门	0.0071	0.7143	0.0285
澳门	0.0010	0.5882	0.0044
肇庆	0.0000	0.5000	0.0000

注：数据经标准化。

表 6-3　珠三角城市群国际专利合作申请矩阵

	广州	深圳	东莞	惠州	佛山	珠海	江门	肇庆	中山	香港	澳门
广州		**0.0740**	0.0126	0.0004	0.0187	0.0268	0.0037	0.0033	0.0037	0.0110	0.0000
深圳			**0.1621**	0.0175	0.0089	0.0016	0.0024	0.0000	0.0004	**1.0000**	0.0004
东莞				0.0004	0.0000	0.0000	0.0012	0.0000	0.0004	0.0154	0.0000
惠州					0.0000	0.0004	0.0000	0.0000	0.0008	0.0053	0.0000
佛山						0.0008	0.0041	0.0000	**0.0427**	0.0073	0.0000
珠海							0.0000	0.0000	0.0020	0.0012	0.0020
江门								0.0000	0.0000	0.0004	0.0004
肇庆									0.0000	0.0000	0.0000
中山										0.0016	0.0000
香港											0.0016
澳门											

注：数据经标准化。

从知识创新合作维度看，珠三角城市群内的论文合作发表网络联系强度整体比国际专利合作申请网络更高（图 6-2）。从度中心性的测度结果来看，知识协同创新网络的整体结构也显现出了较大的差异，首先，广州与香港是珠三角城市群知识协同创新网络中的绝对核心城市，度中心性分别达到了 1.0000、0.9142；深圳为第二层级，且与穗港拉开了较大的差距；其余城市为第三层级，度中心性均低于 0.1，在珠三角城市群层面形成了明显的三角形合作网络结构。从测度的结果看，广州是珠三角城市群知识协同创新网络的核心，这得益于广州是珠三角城市群的教育重镇，布局了多所知名高校与科研院所，使得广州在基础知识创新合作方面处于领先地位。香港同样位于网络的核心，与此同时，深圳在基础知识创新合作方面则明显与广州、香港拉开差距，虽然在近些年来，深圳通过高校异地校区布局与引进新香港高校极大地推动了自身教育资源水平的提升，然而在网络中，深圳的度中心性仍相对较低。从接近中心性的测度结果看，各节点城市均保持了较高的城市连通性，除了澳门与中山的连通性较低外，其余城市总体维持了一个稳定的水平。从中介中心性的测度结果可以看出，各城市在知识生产方面也未拉开明显差距（表 6-4）。从城市间的知识联系强度来看，深圳与香港、广州与香港、广州与深圳是珠三角城市群内三组联系强度最高的城市，其中，深圳与香港的联系强度最高，甚至超过了广州与香港，这与近几年来香港高校大量到深圳布局密不可分，也体现了深圳与香港在距离邻近上的优势（表 6-5）。

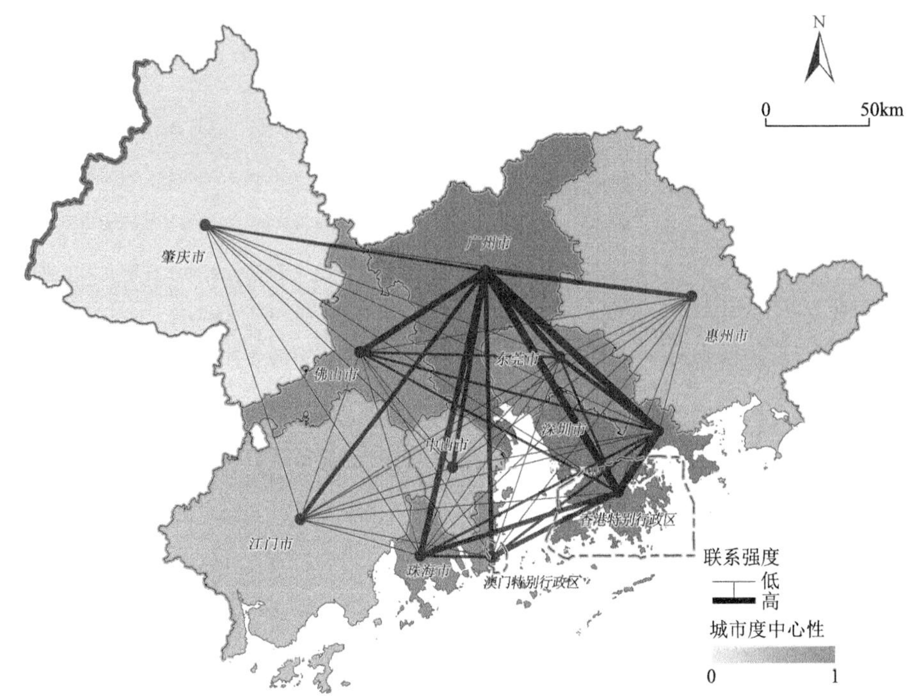

图 6-2　珠三角城市群论文合作发表网络结构（后附彩图）

表 6-4　知识创新合作维度下的珠三角城市群网络结构特征

城市	度中心性	中介中心性	接近中心性
广州	1.0000	1.0000	0.0087
香港	0.9142	0.9091	0.0028
深圳	0.7570	1.0000	0.0087
东莞	0.0851	1.0000	0.0087
佛山	0.0832	1.0000	0.0087
珠海	0.0800	1.0000	0.0087
澳门	0.0420	0.8333	0.0000
中山	0.0125	0.8333	0.0000
江门	0.0118	1.0000	0.0087
惠州	0.0099	1.0000	0.0087
肇庆	0.0000	0.9091	0.0028

注：数据经标准化。

表 6-5　珠三角城市群论文合作发表矩阵

	广州	深圳	东莞	惠州	佛山	珠海	江门	肇庆	中山	香港	澳门
广州		**0.6711**	0.1526	0.0427	0.1762	0.1319	0.0445	0.0294	0.0535	**0.9994**	0.0424
深圳			0.0382	0.0059	0.0177	0.0219	0.0055	0.0025	0.0032	**1.0000**	0.0172
东莞				0.0028	0.0073	0.0028	0.0030	0.0013	0.0022	0.0223	0.0011
惠州					0.0018	0.0020	0.0009	0.0003	0.0008	0.0028	0.0002
佛山						0.0041	0.0026	0.0014	0.0021	0.0147	0.0012
珠海							0.0014	0.0006	0.0028	0.0419	0.0122
江门								0.0008	0.0013	0.0042	0.0004
肇庆									0.0002	0.0010	0.0000
中山										0.0000	0.0000
香港											0.0594
澳门											

注：数据经标准化。

从创新资本流动维度看，珠三角城市群的风险投资网络同样呈现为显著的核心外围结构（图 6-3）。从度中心性的测度结果来看，深圳是珠三角城市群的第一层级城市，且与其他城市拉开了较大的差距；从第二层级开始的城市，其度中心性都在 0.7 以下，广州与香港是第二层级；其余城市为第三层级，度中心性均小于 0.3。深圳在资本协同创新网络中占据了核心位置，主要原因在于深圳集聚了全国大量的金融资源，是全球重要的金融中心，这也推动了深圳成为重要的风险资本集散地。从接近中心性的测度结果看，广州、深圳、香港保持了较高的连通性，表明这三个城市集聚了珠三角城市群内主要的风险资本。从中介中心性的测度结果可以看出，广深一直都是珠三角城市群内的枢纽城市，香港虽然在资本协同创新网络中也占据了重要位置，但是以对外投资为主，因而其“中介”效应不突出（表 6-6）。从城市间的资本联系强度来看，深圳与广州、香港与深圳、香港与佛山、珠海与广州、深圳与东莞的城市间资本联系强度最高，从联系矩阵上也可以看出一些与网络结构不同的地方，比如佛山与香港之间有非常高的资本联系强度，主要原因在于香港往佛山大量的基于制造业的风险投资，且主要发生在 2009 年前。此外，深圳与广州、香港的资本联系强度都超过了 0.7，可见广深港三个核心城市间的资本联系主导了珠三角城市群资本协同创新网络（表 6-7）。

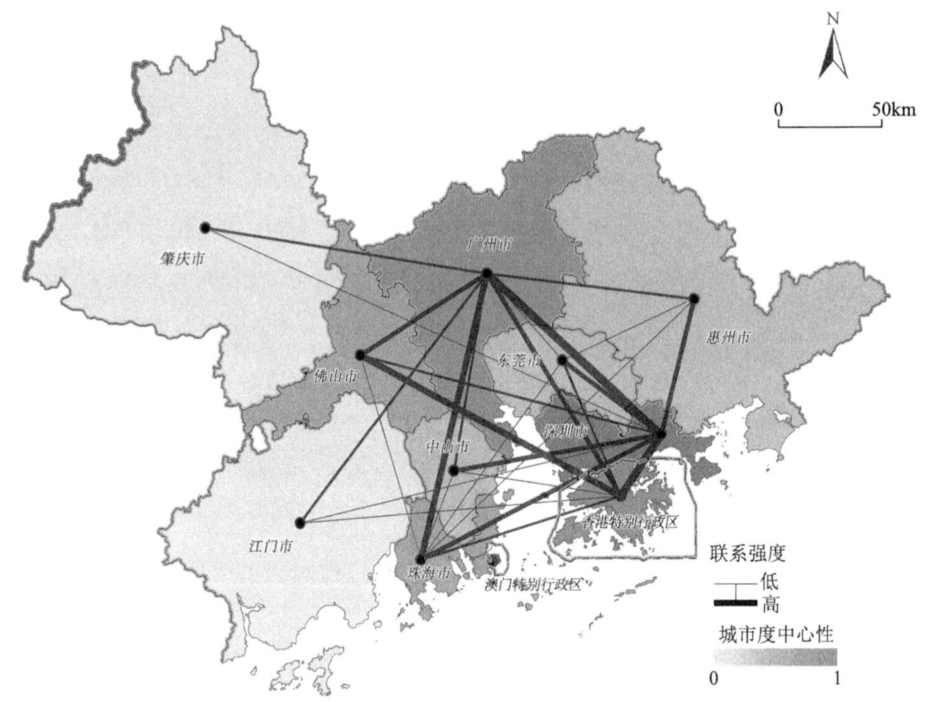

图 6-3　珠三角城市群风险投资网络结构（后附彩图）

表 6-6　创新资本流动维度下的珠三角城市群网络结构特征

城市	度中心性	中介中心性	接近中心性
深圳	1.0000	1.0000	0.1944
广州	0.6905	1.0000	0.1944
香港	0.5694	0.8182	0.0579
佛山	0.2197	0.6429	0.0000
珠海	0.1987	0.8182	0.0463
东莞	0.0986	0.6923	0.0069
惠州	0.0721	0.6429	0.0000
中山	0.0611	0.6429	0.0000
江门	0.0047	0.6000	0.0000
肇庆	0.0000	0.5625	0.0000

注：数据经标准化。

表 6-7　珠三角城市群风险投资矩阵

	东莞	佛山	广州	惠州	江门	深圳	香港	肇庆	中山	珠海
东莞		0.0000	0.0086	0.0000	0.0000	**0.2272**	0.0261	0.0000	0.0000	0.0018
佛山			0.1169	0.0000	0.0000	0.0523	**0.3732**	0.0000	0.0000	0.0158
广州				0.0474	0.0208	**1.0000**	0.1920	0.0210	0.0223	**0.2745**
惠州					0.0000	0.1478	0.0000	0.0000	0.0000	0.0041
江门						0.0059	0.0087	0.0000	0.0000	0.0000
深圳							**0.7354**	0.0028	0.1469	0.1381
香港								0.0000	0.0020	0.0717
肇庆									0.0000	0.0000
中山										0.0012
珠海										

注：数据经标准化；矩阵经无向化处理。

6.2.2　珠三角城市群协同创新的城市层级

对珠三角城市群 11 个城市共三个维度的创新流数据矩阵进行综合分析，将各城市各维度对外合作流数据累加后进行极值标准化处理，形成各城市在技术创新流、知识流、资金流三个维度下的对外联系强度图。进一步根据各城市在多维度创新流中的排名，划分了各城市的创新节点层级。

从多维度的创新流强度来看，珠三角城市群 11 个城市形成了明显的两极分化特点，具体表现为在三个维度的创新流强度上，深圳、香港、广州三个城市在创新流网络中占据了绝对的主导地位，与珠三角城市群其他城市拉开了明显差距，佛山、东莞、珠海为第二层级，中山、惠州、澳门、江门与肇庆为第三层级。深圳的资金流与技术创新流强度最大，大大超过了珠三角城市群内的其他城市。一方面，深圳在改革开放后迅速发展了其资本市场，1990 年成立了深圳证券交易所，2009 年设立了创业板，2019 年，中共中央、国务院提出支持深圳建设中国特色社会主义先行示范区，这些特殊的制度安排不断强化了深圳在资本市场中的地位。另一方面，作为全国改革开放的前沿阵地，深圳在其发展过程中也吸引了大量的新兴产业与外来技术移民。经过一系列特殊的制度安排与近几十年的发展，深圳的创新创业环境得到了极大改善。深圳在随后的发展中集聚了大量金融机构与科技创新企业，推动深圳成长成为全球重要的金融与创新创业中心。在珠三角城市群尺度，深圳也是当前珠三角城市群协同创新网络中最核心的城市之一。在知识流方面，广州与香港的地位最为突出，作为珠三角城市群的教育重镇，这两个城市集聚了珠三角城市群主要的高校与科研机构，在人才培养、基础研究和知识的原始创新方面有更深厚的积累，因此，这两个城市也在珠三角城市群协同创新网络中占据关键位置。深圳近些年通过大量的合作办学、异地办学与高强度的人才引进政策，也极大地推动了自身基础研究实力的快速提升。佛山、东莞、珠海主要是在资金流与技术创新流方面有较高的网络参与度，中山、惠州、澳门、江门与肇庆则相对处于协同创新网络的边缘（表 6-8，图 6-4，图 6-5）。

表 6-8　珠三角城市群各城市的多维度创新流和综合创新流强度

城市	技术创新流	知识流	资金流	综合流
深圳	1.0000	0.7570	1.0000	2.7570
香港	0.8232	0.9142	0.5694	2.3068
广州	0.1193	1.0000	0.6905	1.8098
佛山	0.0627	0.0832	0.2197	0.3656
东莞	0.1495	0.0851	0.0986	0.3332
珠海	0.0251	0.0800	0.1987	0.3038
中山	0.0383	0.0125	0.0611	0.1119
惠州	0.0170	0.0099	0.0721	0.0990
澳门	0.0010	0.0420	0.0000	0.0430
江门	0.0071	0.0118	0.0047	0.0236
肇庆	0.0000	0.0000	0.0000	0.0000

注：数据经标准化。

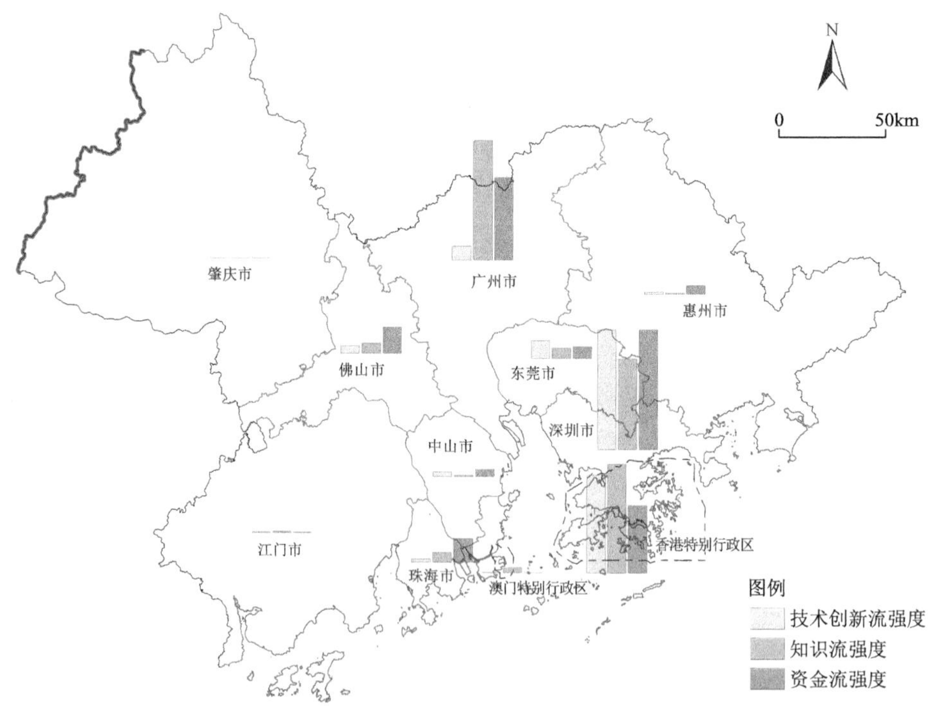

图 6-4　珠三角城市群各城市的多维度创新流强度（后附彩图）

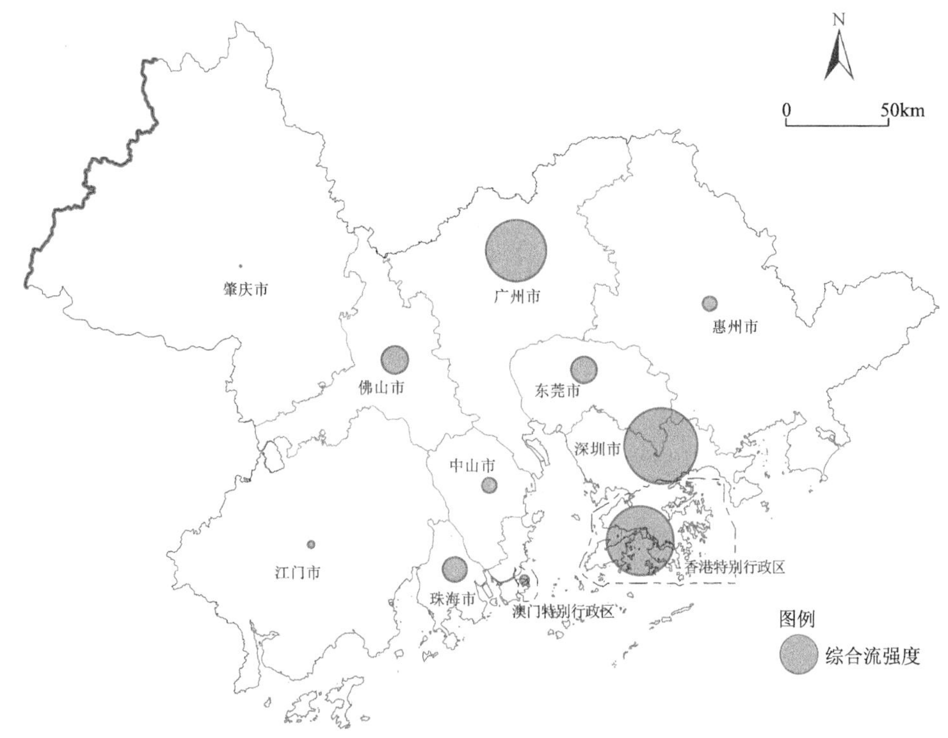

图 6-5　珠三角城市群各城市的综合创新流强度（后附彩图）

6.2.3　珠三角城市群协同创新的网络结构特征

在对多维度创新流要素进行网络分析的基础上，进一步综合三类创新流要素网络，对珠三角城市群的协同创新进行综合测度。将三类创新流要素矩阵的原始值进行极值标准化后叠加，得到珠三角城市群创新要素综合流联系矩阵，基于社会网络分析法得到协同创新的网络结构特征（表 6-9），图 6-6 进一步直观展示了珠三角城市群节点城市的度中心性与网络结构的整体特征。

从度中心性的测算结果可以看出，深圳与香港是珠三角城市群协同创新网络中的第一层级城市，其度中心性分别达到了 2.7570 和 2.3068；第二层级为广州，其度中心性达到了 1.8097，与第一层级存在着较大的差距；东莞、佛山与珠海为第三层级，其余城市为网络中的边缘城市，珠三角城市群形成了广深港三核心的协同创新网络结构。从接近中心性的测度结果来看，中山、澳门与肇庆在创新资源集聚程度上与其他城市拉开了较大的差距，处于珠三角城市群的边缘位置，其他区域城市的创新资源集聚能力的差距不大，中介中心性也呈现出了类似的结果。从综合网络的测度结果可以看出，在协同创新网络的城市间异质性上并未表现出多维度网络那种较高的城市异质性，反而呈现为非常明显的三层级城市分布。

表 6-9　多维度下的珠三角城市群网络结构特征

城市	度中心性	中介中心性	接近中心性
深圳	2.7570	1.0000	0.0056
香港	2.3068	1.0000	0.0056
广州	1.8097	1.0000	0.0056
佛山	0.3655	1.0000	0.0056
东莞	0.3332	1.0000	0.0056
珠海	0.3037	1.0000	0.0056
中山	0.1118	0.9091	0.0000
惠州	0.0991	1.0000	0.0056
澳门	0.0429	0.8333	0.0000
江门	0.0237	1.0000	0.0056
肇庆	0.0000	0.9091	0.0000

注：数据经标准化。

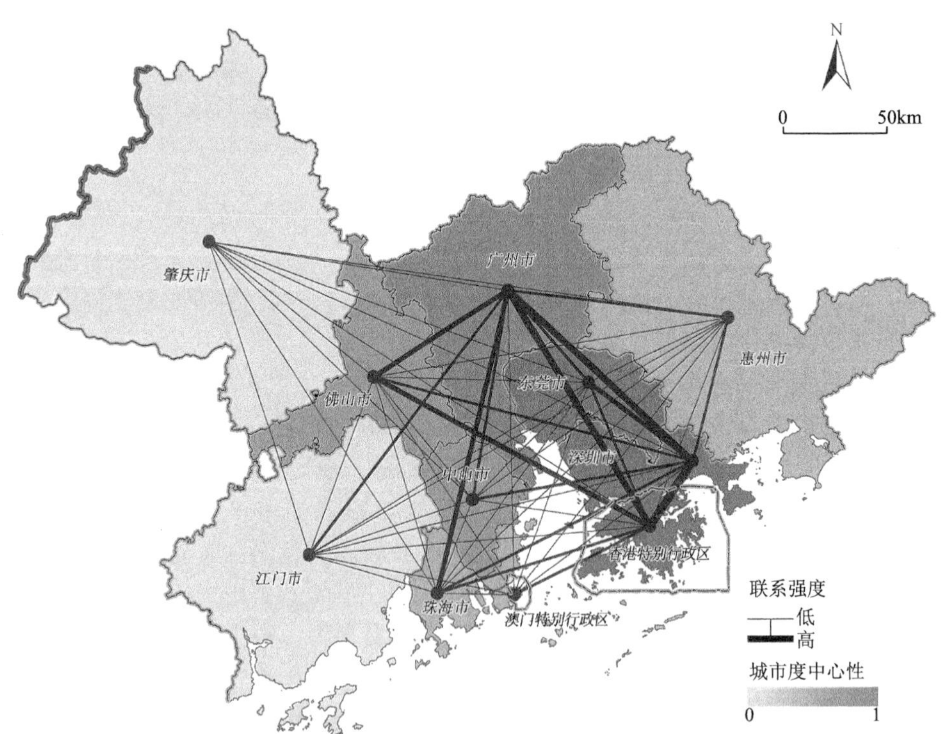

图 6-6　珠三角城市群协同创新网络结构（后附彩图）

6.3　领先企业全球价值链格局

20 世纪 70 年代以来，以全球价值链分工为特征的新国际劳动分工加速了跨国公司在全球范围内扩张重组，使其成为全球行业的领先企业及世界经济的主要行为主体（Friedmann and Wolff，1982；刘清等，2021；薛德升和邹小华，2018）。全球约 80%的贸易来源于全球领先企业及其主导的全球生产网络，世界银行认为全球价值链和全球生产网络是世界经济的“中枢神经系统”（杨伟聪和王长健，2017）。以欧美国家为主的全球领先企业通过不同垂直专业化方式将生产组织在地理空间上分解成碎片化的网络（陈蕊和刘逸，2021），并通过其全球范围内分支机构间的信息、技术、资金等交流，使企业所在城市构成日益紧密的联系网络（Beaverstock et al.，1999）。随着全球化和信息化交互推进，全球经济的“地点空间”正在被“流的空间”所代替，“流”、节点、链接和网络成为构筑区域经济体系的核心逻辑基础（陆大道，2017）。所在区域的领先企业总部、战略合作伙伴、供应商和其他参与者共同构建的城市关系也逐步成为城市网络研究的核心内容之一，不同类型企业及其企业内部、企业之间、企业之外的“流”被用来探讨城市间不同功能联系（黄晓东等，2021；马海涛，2020）。Taylor 及其领导的全球化与世界城市研究网络是世界城市网络（world city network，WCN）研究的主流之一，着眼于高级生产性服务业（金融、广告、法律、会计、管理咨询等）在全球的分布，运用高级生产性服务企业总部及其分支机构空间分布数据衡量城市在世界中的连通性及其功能（Taylor，2001；Taylor et al.，2002；Taylor，2005）。

中国自加入世界贸易组织后迅速融入国际化分工的大潮，成为全球价值链中不可或缺的重要组成部分。2010 年，中国的 GDP 总量超过日本成为世界第二大经济体；2013 年，中国的进出口贸易总额达到 4 万亿美元超过美国成为世界第一大贸易国。作为中国对外贸易的前沿阵地，一方面，珠三角城市群在全球价值链中的嵌入位置和参与程度均发生变化，从参与全球价值链到治理全球价值链的角色转变；另一方面，珠三角城市群依托广阔的国内市场，促进要素流动和产业转移（陆大道，2017），区域间联系的成本往往小于国家间联系，区域间相互依赖和相互作用逐渐增强（刘卫东和邹嘉玲，2014）。尤其是当前在深度参与全球价值链以及国内区域经济一体化进程加快背景下，次国家区域事实上面临着全球价值链与国内价值链（national value chains，NVCs）的双重嵌入（黎峰，2020）。珠三角城市群在部分领域已经出现一批杰出的领军企业，这些后发企业通过一系列的技术创新，实现其价值增值和市场拓展的过程（Lamin and Livanis，2013），并逐步成长为全球领先企业，如华为、中兴、比亚迪等（陈亚平和陈诗波，2020）。华为创立于 1987 年，是全球领先的信息与通信技术（information and communications technology，ICT）基础设施和智能终端提供商（殷雪梅，2021）。一批以华为为代表的珠三角城市群企业通过这种统筹国际和国内两个市场的“双循环”模式，实现了后发赶超的转型升级之路，成为全球领先企业。但是，珠三角城市群先进制造业发展仍然存在产业核心技术少、核心技术不够尖端的短板（叶玉瑶等，2020）。

当前中国经济正处于从高速度增长向高质量增长的转型期（陆大道，2015）。但是，世界经济进入下行周期、新冠疫情影响广泛、发达国家制造业回流、中美贸易摩擦、高新技术封锁等复杂因素，使得中国产业转型升级可持续发展面临诸多风险。近年来，广东省重点行业面临缺芯少核、原材料成本上涨、电力供应紧张等问题，产业链供应链安全受到影响。自中美贸易摩擦以来，美国通过禁止向以中兴和华为为代表的中国企业销售零部件、限制采购华为和中兴等企业生产设备、列入出口管制“实体清单”、多次延长禁令、禁止购买华为产品、禁止向华为供应芯片和设备等手段对发展中国家的后发领先企业进行攻击。本节以华为手机供应商为例开展研究，一是对基于全球价值链构建世界城市网络的理论进行补充，弥补当前仅关注全球价值链而忽视国内价值链的不足，完善世界城市网络研究的多尺度动态视角；二是开展华为手机断供前和断供后的城市网络对比分析，揭示华为手机如何应对国际国内市场与供应链变化，主动调整其生产组织，并如何在全球供应链中寻求替代方案。以期为广大后发企业积极应对百年未有之大变局、重塑竞争格局、谋求独立持续发展提供富有价值的案例参考。

6.3.1 华为手机供应商数据获取

本节以 2020 年 9 月 15 日即实体清单正式生效日期为时间节点，整理出断供前后两份供应商名单数据库。断供前名单数据库以华为官方公布的 2018 年核心供应商名单为基础，结合 2018 年华为手机核心供应商、2020 年华为金牌供应商、华为 P30 Pro 手机供应商名单整理，在原始数据库中剔除非手机业务领域的供应商，得到断供前华为手机供应商名单数据库。断供后名单数据库以华为 P50/P50 Pro 手机核心供应商名单为基础，结合鸿蒙概念企业名单和断供前名单补充整理得出。

数据处理包括以下步骤：①总部及其分支机构信息获取。在核实并确定总部供应商的基础上，由于缺乏最真实的分支机构供货数据，不能确定华为手机供应商的分支机构是否都为其供应零部件，通过企业官网查询其总部与分支的经营业务情况及相关报道，对分支机构是否供货进行进一步判别，通过企查查与企业官网查询供应商的总部及其分支机构的位置信息，并运用 Python 的坐标拾取模块得到对应的经纬度坐标。②华为手机零部件与供应商的分类。本节结合 Grimes 和 Sun（2016）、康江江等（2019）、刘清等（2021）等对苹果手机零部件的价值划分与分类，形成华为手机零部件与供应商的分类标准（表 6-10）。将华为手机零部件按照不同的价值估计，从高到低分别为核心零部件、专用与通用零部件、代工服务，并将对应的供应商划分为研发型、生产型、代工型 3 种类型。经过整理，供应商信息数据库包含企业总部及分支机构名称、所在国家、所在城市（若所在城市为县级市则归并为其代管地级市）、经纬度、供应零部件、供应商类型等信息。断供前名单数据库主要为 2018—2020 年华为在售手机供应商，涉及 132 家供应商、1050 家分支机构、298 个城市；断供后名单数据库为 2021 年发布的华为 P 系列手机供应商，涉及 56 家供应商、540 家分支机构、92 个城市。

表 6-10　华为手机供应商分类

价值环节	供应商类型	相关零部件
高端价值链	高端价值供应商	CPU、GPU、SoC 芯片、记忆芯片、射频芯片、陀螺仪芯片、音频功放芯片、多路调制器芯片、快充电源管理芯片、模拟芯片、指纹识别芯片、无线通信芯片、存储芯片、芯片封装测试、摄像头及模组、镜头、屏幕、功率半导体、软件系统、滤波器、玻璃盖板
中端价值链	中端价值供应商	声学零部件、电池、连接器、PCB 电路板、精密结构件、天线、无线充电、导热材料、散热组件
低端价值链	低端价值供应商	机壳、结构件、包装辅助材料、代工组装

6.3.2　华为手机供应商的空间分布特征

以华为手机供应商的区位反映其断供前后的空间分布特征（图 6-7 和图 6-8）。断供前，华为手机供应商有 100 家以上的规模，主要分布在东亚、北美、西欧和东南亚等地区，整体上空间集聚特征显著。断供后，分布于西欧和北美的供应商数量锐减，国内供应商机构比重增大。

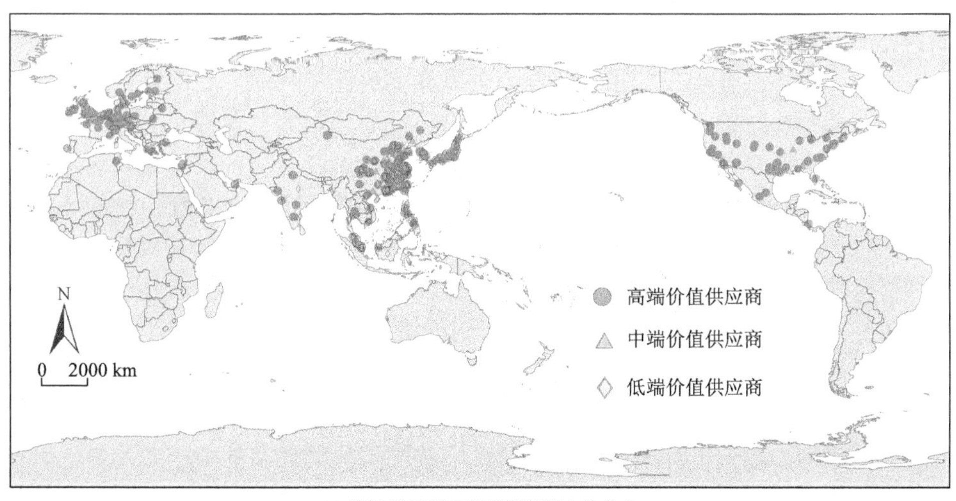

(a) 断供前供应商在世界范围内的分布

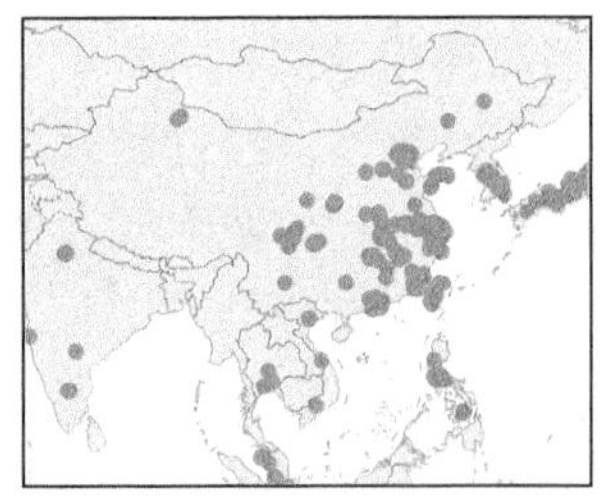

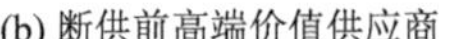

(b) 断供前高端价值供应商

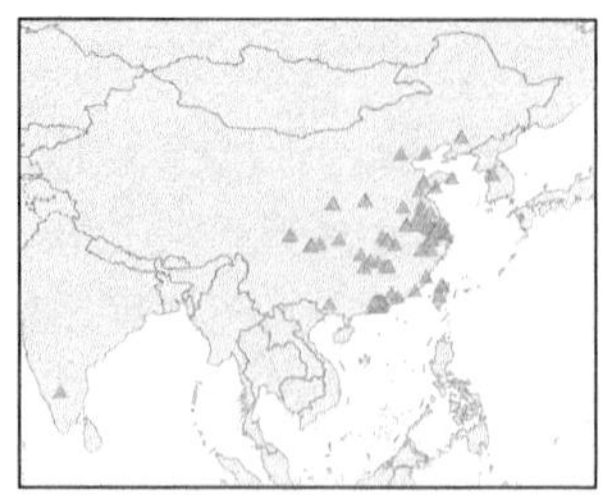

(c) 断供前中端价值供应商

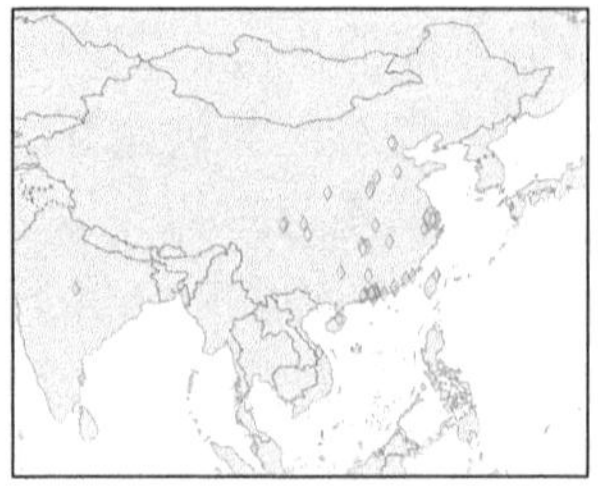

(d) 断供前低端价值供应商

断供前高端价值供应商	CPU（高通，圣迭戈；海思，深圳）、闪存（闪迪，帕罗奥多）、屏幕（三星，水原），触控显示（汇顶科技，深圳；新思，山景城）、模拟芯片（美信，圣何塞；Dialog，伦敦）、摄像头芯片（索尼，东京；韦尔豪威，上海）、摄像头模组（舜宇光学，宁波；欧菲光，深圳；丘钛科技，苏州）、存储芯片（美光科技，爱荷华州；海力士，利川）、电源管理芯片（Dialog，伦敦）、芯片制造（台积电，新竹）、芯片封测（日月光，高雄；矽品，台中；长电科技，无锡）、GPU（英伟达，圣克拉拉；ARM芯片，剑桥；海思，深圳），射频芯片（博通，尔湾）、玻璃盖板（蓝思科技，长沙；伯恩，香港）
断供前中端价值供应商	声学零部件（新飞通，圣何塞；歌尔股份，潍坊）、PCB电路板（迅达科技，圣塔安娜；新兴电子，桃园）、电池（欣旺达，深圳；塞德电池，深圳）、柔性电路板（东山精密，苏州）、连接器（长盈精密，深圳；立讯精密，东莞）、天线（信维通信，深圳；硕贝德，惠州）、精密结构件（安洁科技，苏州；星星科技，台州）、导热材料（飞荣达，深圳；中石科技，北京）
断供前低端价值供应商	组装代工（伟创力，新加坡；富士康，台北；比亚迪，深圳）、机壳（领益智造，江门；长盈精密，深圳；三环集团，潮州）、结构件代工（比亚迪，深圳）

图 6-7　华为手机供应商空间分布（断供前）（后附彩图）

（1）高端价值供应商

断供前主要分布在中国、日本及美国，部分位于韩国、英国、德国等国家的核心城市。大部分高端价值供应商集聚在国内区位优势明显、经济基础条件良好的东部沿海地区和长江经济带以及台湾地区。美国与欧洲主要集聚芯片类高端价值供应商。日本与韩国主要集聚摄像与屏幕高端价值供应商。台湾地区主要集聚芯片制造和芯片封测高端价值供应商。断供后，部分国外企业停止与华为合作，高端价值环节的零部件国产化替代趋势明显，这些供应商大多聚集在以深圳、上海、北京为核心供应城市的珠三角、长三角、京津冀城市群及长江上游的成渝城市群，也是国内新创通信设备制造企业的集聚地。断供后，华为 P 系列手机依然主打摄像功能，摄像头模组及镜头基本由国内企业供应，摄像头芯片主要由索尼和韦尔豪威供应，韦尔豪威是由总部位于上海的韦尔股份收购豪威半导体（总部上海，其母公司是总部位于美国加利福尼亚州森尼韦尔的豪威科技）所成立的新公司。断供后，华为 P 系列手机的存储芯片主要由海力士供应，美国供应商美光科技退出华为高端价值环节。除此之外，一些高端价值环节的关键芯片依然以国外供应为主，陀螺仪芯片由美国加利福尼亚州森尼韦尔的应美盛供应，闪存芯片由日本东京东芝公司供应，NFC 控制芯片和音频功放芯片由荷兰艾恩德霍芬恩智浦供应，多路调制器芯片由日本村田供应。断供后，芯片制造供应商由台积电变为韩国三星，芯片封测主要由国内企业完成。

（2）**中端价值供应商**

断供前大部分属于国内企业，美国企业新飞通和迅达科技主要参与华为手机中端价值环节。国内供应商将总部及分支机构设置在对外联系便利、对劳动力具有强吸引力的广东、江苏等沿海省份，如欣旺达、东山精密等。断供后华为 P 系列手机的中端价值供应商空间分布特征变化较小，仍以珠三角城市群、长三角城市群为核心生产基地。比亚迪是华为 P 系列手机充电器、中框及背板的主力供应商。深圳与苏州分别是两个城市群中供应商聚集规模最大的城市，依靠集聚效应与企业税收优惠政策吸引供应商，进而促进高素质技工人才流入。

（3）**低端价值供应商**

以深圳为核心的珠三角城市群，以及以苏州为代表的长三角城市群是华为手机低端价值供应商的聚集区域。断供前，伟创力和富士康均为华为手机的主要代工供应商（富士康和伟创力是全球最大的手机代工企业，富士康主要为苹果手机代工，伟创力主要为华为手机代工）。断供后，由于伟创力（地区总部上海）、富士康（地区总部深圳和郑州）停止为华为代工，是断供后国外供应机构数量明显减少导致分布密度下降的主要原因。比亚迪承接华为整机组装业务，成为华为手机低端价值环节核心供应商。

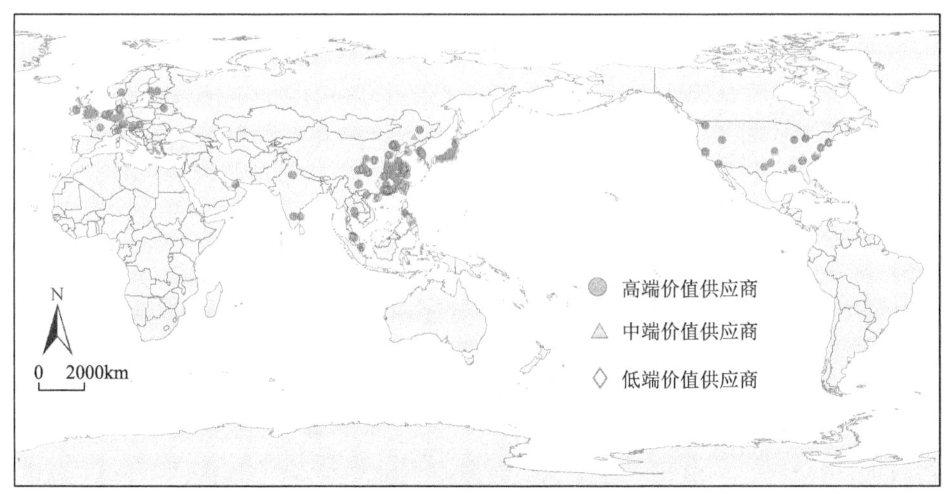

(a) 断供后供应商在世界范围内的分布

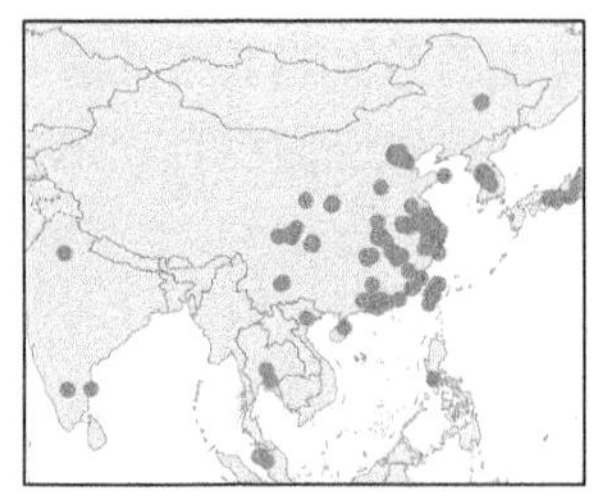

(b) 断供后高端价值供应商

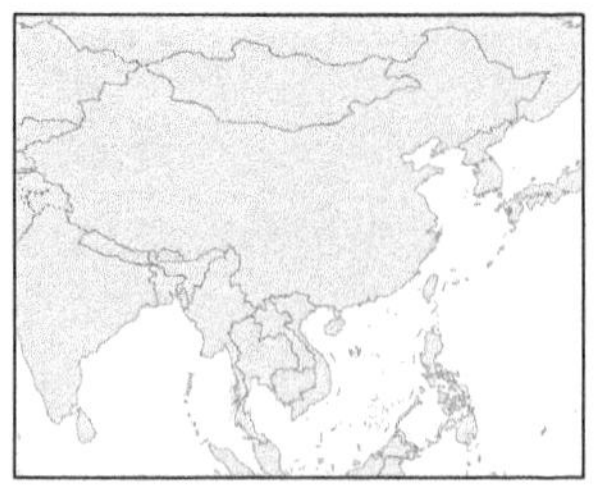

(c) 断供后中端价值供应商

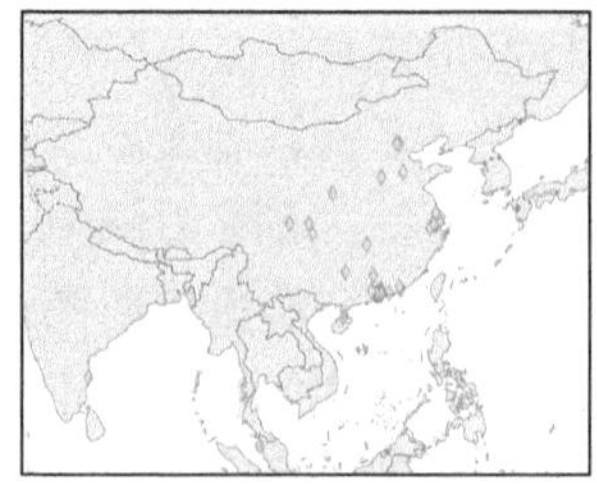

(d) 断供后低端价值供应商

断供后高端价值供应商	CPU（高通，圣迭戈；海思，深圳）、闪存（东芝，东京）、屏幕（京东方，北京）、触控显示与模拟芯片（韦尔股份，上海）、指纹识别芯片（汇顶科技，深圳）、摄像头芯片（索尼，东京；韦尔豪威，上海）、摄像头模组及镜头（舜宇光学，宁波；欧菲光，深圳；丘钛科技，苏州；立讯精密，深圳；联创电子，南昌）、存储芯片（海力士，利川）、电源管理芯片（圣邦股份，北京）、芯片制造（三星，水原）、芯片封测（长电科技，无锡；华天科技，天水）、GPU（海思，深圳）、射频芯片（卓胜微，无锡）、玻璃盖板（比亚迪，深圳；蓝思科技，浏阳）、陀螺仪芯片（应美盛，森尼韦尔）
断供后中端价值供应商	声学零部件（立讯精密，深圳；歌尔股份，潍坊；瑞声科技，香港地区）、电池（欣旺达，深圳；德塞电池，深圳；比亚迪，深圳）、PCB电路板（深南电连，深圳；兴森科技，深圳；沪士电子，苏州）、天线与无线充电（信维通信，深圳）、精密结构件（领益智造，江门；长盈精密，深圳；安洁科技，苏州；比亚迪，深圳）、导热材料（飞荣达，深圳；中石科技，北京）
断供后低端价值供应商	组装代工（比亚迪，深圳）、机壳（三环集团，潮州）、结构件代工（比亚迪，深圳）

图 6-8 华为手机供应商空间分布（断供后）（后附彩图）

6.3.3 华为手机供应商的价值链分布变化

从供应商总部来看，与断供前相比，断供后有 3 家总部位于欧洲的高端价值供应商没有出现在华为 P50 手机的供应名单上（表 6-11），涉及模拟器件、指纹识别芯片、GPU 等零部件供应。美国的高端、中端价值供应商分别有 11 家、2 家未向 P50 手机供应，其中应美盛为断供后美国唯一进入供应网络的企业。华为在亚洲的供应商除本国外主要包括日本、韩国、新加坡，前两者主要供应高端价值零部件，在断供后分别有 5 家、3 家企业不再向 P50 手机供应，涉及屏幕、摄像头马达、无线模组等零部件，新加坡仅有伟创力（新加坡，组装代工）一家企业，目前同华为处于终止合作状态。中国大陆（内地）高端价值供应商由断供前的 53 家变为断供后的 27 家，断供后进入供应网络的有风华高科（广东肇庆，元器件）、兴森科技（广东深圳，PCB）、诚迈科技（江苏南京）；香港地区在断供后进入 1 家高端价值供应商——中国软件国际（鸿蒙系统研发）；台湾地区的联发科（CPU 与基带芯片）等供应商受“美国禁令”影响而断供，仅有 2 家高端价值供应商向 P50 手机供应。另外，由于台湾地区及国外供应商的断供给存储芯片、CPU/SoC 设计及代工等高端价值环节带来巨大压力，一些未断供的国外供应商如三星（断供前供应屏幕等)、海力士（断供前供应部分存储芯片）等企业在断供后转变成主要负责这些零部件的供应。总之，断供后华为手机的供应商数量明显缩减，尤其国外核心零部件大量断供使得大陆企业同时承担多种零部件的供应，如原本还提供组装代工服务的比亚迪在断供后提供了玻璃盖板、电池等不同价值的零部件，这种深度合作有利于提高华为手机供应链的效率。

表 6-11　断供前后华为手机不同价值链级别的供应商总部数量

地区大类	国家/地区	高端价值供应商数量/家	中端价值供应商数量/家	低端价值供应商数量/家	供应商总部总数/家
欧洲	英国	2/0	0/0	0/0	4/1
	瑞典	1/0	0/0	0/0	
	荷兰	1/1	0/0	0/0	
美洲	美国	13/2	2/0	0/0	15/2
亚洲	中国大陆（内地）	53/27	25/16	8/4	113/55
	中国香港	1/1	0/0	1/0	
	中国台湾	8/2	2/0	1/0	
	日本	8/3	0/0	0/0	
	韩国	5/2	0/0	0/0	
	新加坡	0/0	0/0	1/0	

注：表中数据代表断供前后的供应商总部数量，如断供前后英国的高端价值供应商总部数量分别为 2、0。

表 6-12 反映了供应商分支的详细分布情况，除国内（不含港澳台）这个绝对核心外，在日本、美国、韩国等国家也有一定规模的供应商分支，大部分中端、低端价值供应商分支集中在国内，国外的供应商分支以高端价值供应为主。国内的供应商分支数量下降主要有两个原因：一是一些供应商在断供后未向华为 P 系列手机供应零部件，二是使用美国芯片技术的部分供应商为避免遭到美国的技术断供，出于自身企业安全考虑，被迫断供华为。

表 6-12　断供前后华为手机不同价值链级别的供应商分支数量

地区大类	国家/地区	高端价值供应商数量/家	中端价值供应商数量/家	低端价值供应商数量/家
西欧	英国	16/5	0/0	0/0
	爱尔兰	5/1	0/0	0/0
	荷兰	3/2	1/1	1/1
	法国	8/1	0/0	0/0
	比利时	2/1	0/0	0/0

续表

地区大类	国家/地区	高端价值供应商数量/家	中端价值供应商数量/家	低端价值供应商数量/家
北欧	挪威	1/1	0/0	0/0
	瑞典	4/1	0/0	0/0
	丹麦	1/0	0/0	0/0
	芬兰	3/2	0/0	0/0
中欧	德国	16/5	2/1	1/1
	捷克	2/0	0/0	0/0
	波兰	1/0	0/0	0/0
	瑞士	1/0	0/0	0/0
	匈牙利	0/1	0/0	1/1
	奥地利	2/1	0/0	0/0
南欧	意大利	1/1	0/0	0/0
	希腊	2/0	0/0	0/0
	葡萄牙	1/0	0/0	0/0
东欧	乌克兰	1/0	0/0	0/0
	白俄罗斯	1/1	0/0	0/0
美洲	美国	57/16	3/3	2/2
	墨西哥	3/0	0/0	0/0
	加拿大	1/0	1/0	0/0
东亚	中国大陆（内地）	434/257	184/136	78/38
	中国台湾	40/8	6/0	0/0
	中国香港	3/1	0/0	0/0
	日本	73/22	4/0	0/0
	韩国	20/8	1/0	0/0
东南亚	越南	5/1	0/0	1/0
	泰国	5/2	0/0	0/0
	马来西亚	9/4	0/1	2/1
	菲律宾	10/1	0/0	1/0
	新加坡	11/5	0/0	0/0
	印度尼西亚	0/0	0/0	1/0
南亚	印度	13/3	1/1	2/1
西亚	土耳其	1/0	0/0	0/0
	阿拉伯联合酋长国	1/1	0/0	0/0

注：表中数据代表断供前后的供应商分支数量，如断供前后英国的高端价值供应商分支数量分别为16、5。

6.3.4　华为手机全球价值链的网络结构特征

（1）个体网络特征

通过点度中心度（分为出度、入度、相对中心度）、接近中心度、中间中心度分析华为手机零部件断供前后的个体网络特征及其演变。由于涉及城市数量庞大，考虑到篇幅问题，本节仅针对连通值前 15 位的主要城市的网络中心度进行讨论（图 6-9）。

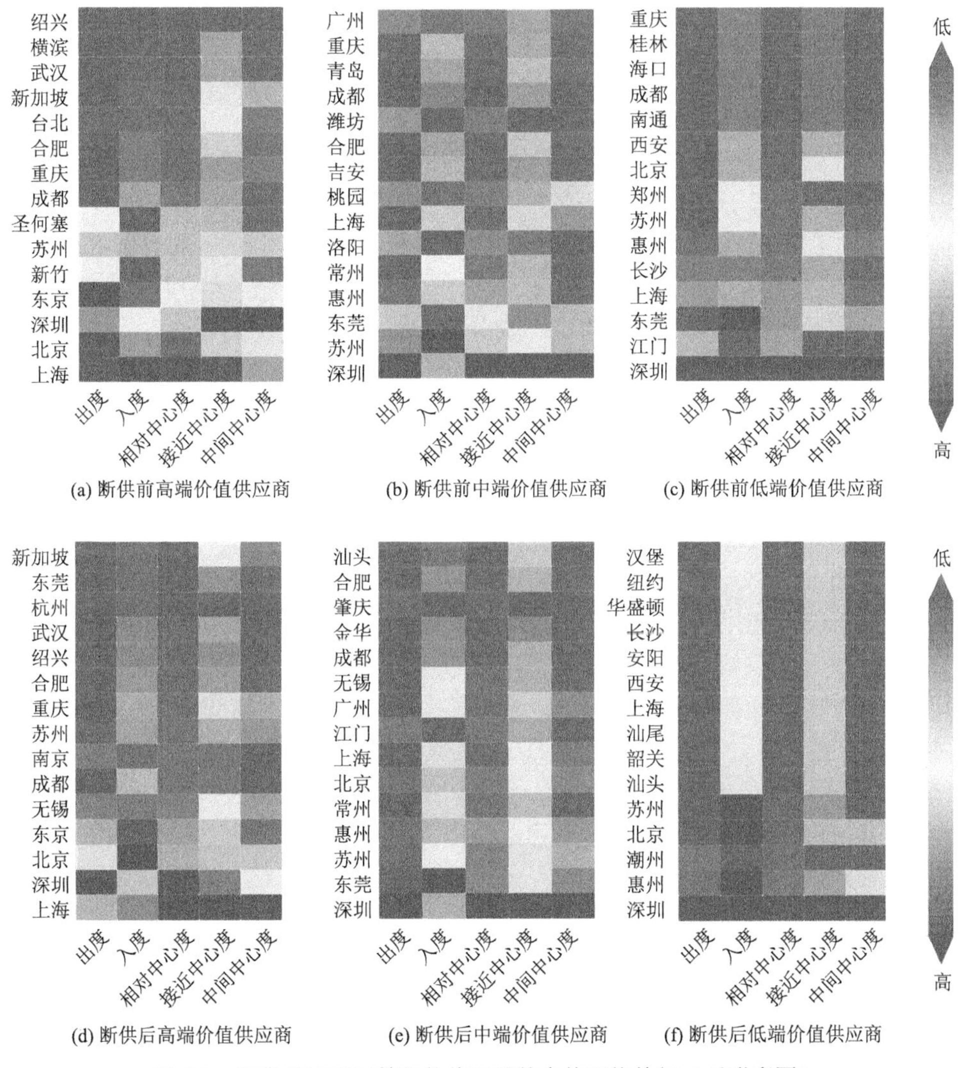

图 6-9　断供前后不同等级价值环节的个体网络特征（后附彩图）

点度中心度。①断供前，东京、北京、上海主要集聚高端价值供应商，出度（C_{out}）依次为 56、55、54，其中上海入度（C_{in}）为 54，同时成为该网络中供应商分支数量最多的城市。上海、北京为高端价值环节的“权力”中心，相对中心度（Q）依次为 0.206、0.191。断供后，东京、新加坡等外国城市的三种点度中心度均下降，而深圳代替断供前其他核心城市，成为华为高端价值供应商总部最密集的节点（$C_{out}=66$），其相对中心度也相应上升（$Q=0.348$）。东莞也进入该价值环节的连通值前 15 位城市的行列，这与华为鸿蒙系统研发主要集中在深莞两市有关。②从中端、低端价值供应来看，断供前，一方面，该等级价值供应商总部多布局在深圳，空间分布相比高端价值供应更加集中，另一方面，东莞、深圳则凭借华为终端总部、华为总部所在地的优势，成为两类供应商分支机构区位选择的高地（Q 分别为 0.484、0.444），整体上深圳成为该阶段中端、低端价值供应的核心城市。断供后，大多数中端、低端价值供应城市三种点度中心度（尤其是 C_{in}）有所减小，低端价值供应的反应更为剧烈，该价值环节除深圳、惠州等核心城市外的点度中心度差异不大。总体而言，由于代工企业由伟创力和富士康变更为比亚迪，代工型城市在断供后经历剧烈变化；研发型和生产型城市的变化主要发生在次一级节点（如研发型城市圣何塞、生产型城市重庆等的点度中心度下降），但是，有一定数量企业总部分布的核心城市较为稳定，说明这部分城市能较好地应对供应链封锁带来的危机。另外，断供后深圳在华为手机研发型、生产型和代工型城市中均占据核心地位，意味华为手机零部件国内供应链趋于完善，表明深圳对于华为手机全球价值链的治理水平提升。

接近中心度（CC）。①断供前，研发型城市中深圳、上海、北京、东京、新加坡接近中心度较高，依次为 0.427、0.425、0.402、0.399、0.398，这些城市凭借国际性城市的“名片效应”及当地的税收减免政策等条件，吸引高端价值供应商投资设置分支，通过一定规模分支联系从而缩短与其他城市网络距离。断供后，上海、深圳、北京依旧为高端价值供应接近中心度占优的城市，依次为 0.242、0.237、0.232，相比断供前有所降低，说明同其他城市网络距离变大，独立性减弱。②断供前，生产型城市中深圳、东莞、苏州的接近中心度较高，依次为 0.729、0.681、0.614，这些城市存在规模较大的工业园区，生产配套设施完善，加上园区的税收减免政策，存在地方比较优势，进而形成地方黏性，吸引了大量中端价值零部件生产商落户，这类城市在该价值环节受其他城市的控制较弱。断供后，大部分城市的接近中心度有所增加，即联系路径缩短，以北京、惠州、上海较为明显，依次为 0.705、0.705、0.694。③在低端价值供应环节，深圳、惠州、北京在断供前后一直处于重要地位，接近中心度分别由 0.937、0.726、0.714 上升至 1.000、0.906、0.879，这些城市通过比亚迪、深科技的 OEM 服务在该等级价值环节中获得较短的网络距离。总之，断供后研发型城市网络节点的接近中心度普遍降低，这与原本该网络中很大一部分为国外企业有关，这些企业在国内的分支主要设置在大城市，在核心技术被卡断后许多原本起联系作用的城市退出供应网络，使其他城市间的联系距离普遍加大。生产型和代工型城市之所以没有出现上述情况，一是因为中低端价值供应环节的国产化水平高，外国供应商的断供使大多数节点的平均距离缩短；二是断供后比亚迪开始供应精密结构件、电池等中端价值零部件，导致其分支所在城市间的联系距离缩小。

中间中心度（BC）。①断供前，研发型城市中间中心度排名靠前的有深圳、上海、东京及北京，依次为6497.21、5246.32、3453.85、2897.92，而断供后各城市中间中心度下降剧烈，其中上海（BC = 1547.42）超过深圳（BC = 908.72）成为中介性最强的城市，主要原因为断供后上海相比深圳仍保留有一定规模的国外供应商，供应联系涉及城市相对较广，导致其出现在高端价值供应的最短路径上的频率较高；②断供前，生产型城市以深圳和东莞的中间中心度较高，分别为734.80、560.18，断供后绝大部分城市也表现为降低状态，深圳成为中端价值环节绝对的中间中心（BC = 359.29）；③在低端价值环节，深圳无论断供前（BC = 456.37）还是断供后（BC = 132.00），都承担着该价值环节的桥梁作用，深圳是华为手机中低端价值环节衔接与整合的关键节点。

（2）整体网络特征

对断供前后研发型、生产型和代工型城市网络的网络密度、聚类系数、平均最短路径、位序–规模分布等整体网络结构指数进行测度（表 6-13），具体特征如下。

表 6-13　断供前后城市网络的整体网络结构指数

整体网络结构指数	研发型城市网络		生产型城市网络		代工型城市网络	
	断供前	断供后	断供前	断供后	断供前	断供后
网络密度	0.096	0.181	0.119	0.266	0.272	0.460
聚类系数	0.871	0.874	0.850	0.888	0.918	0.952
平均最短路径	2.064	1.893	2.180	1.792	1.745	1.524
位序–规模分布	$y = 4.441$ $-1.0174x$[①] $R^2 = 0.932$	$y = 4.4211$ $-1.2883x$ $R^2 = 0.834$	$y = 3.2278$ $-1.029x$ $R^2 = 0.973$	$y = 3.1984$ $-1.0438x$ $R^2 = 0.936$	$y = 2.3077$ $-0.7942x$ $R^2 = 0.900$	$y = 1.7959$ $-0.5323x$ $R^2 = 0.739$

注①：公式中 x 为城市位序，y 为城市连通值。

断供前代工型城市网络的网络密度值最大（0.272），生产型城市网络次之（0.119），研发型城市网络最小（0.096），在断供后都有所提高，联系趋于紧密。承接低端价值环节的城市联系较为紧密与深圳在代工型城市网络中的桥梁作用有关。高端价值供应商数量庞大，且大部分国外供应商分支所在的异地城市点度中心度普遍不高，造成研发型城市网络的联系相对松散。

从集聚性来看，断供前聚类系数大小依次为代工型城市网络（0.918）＞研发型城市网络（0.871）＞生产型城市网络（0.850），断供后不同类型城市网络的系数有不同程度的提升，说明各价值环节的集聚效应增强，其中生产型城市网络（0.888）超过研发型城市网络（0.874），是由于比亚迪进入中端价值环节，增强了生产型城市网络各节点间的合作。从通达性来看，断供前后不同类型城市网络的平均最短路径在 2.2 以内，大部分城市通过 1—2 个城市节点即可产生关联，说明华为供应网络的传输效率较高。不同类型城市网络的平均最短路径特征及变化趋势与聚类系数相一致，都是代工型城市网络的路径最短，节点间的联系较为便捷，且断供后生产型城市网络的平均最短路径（1.792）小于研发型城市网络（1.893），即整体通达性较优。

从位序-规模分布来看，断供前规模分布的集中程度（|q|）大小依次为生产型城市网络（1.029）＞研发型城市网络（1.0174）＞代工型城市网络（0.7942），即生产型、研发型城市网络的连通值规模分布相对集中，代工型城市网络则表现得相对分散。断供后研发型、生产型城市网络的|q|值增大，分别为 1.2883、1.0438，集中程度更高，而代工型城市网络的|q|值则下降至 0.5323。由于部分企业断供，使得生产型、研发型城市网络的城市连通度下降，但是深圳等城市依旧凭借总部集聚的优势保持控制中心地位，从而使连通值规模分布趋向集中；对于代工型城市网络，因断供后仅剩比亚迪、深科技、三环集团、光弘科技等国内供应商，网络趋向简单化，各城市间的连通值差异不大，从而表现出分散倾向。

6.3.5　基于华为手机全球价值链的城市网络社群结构

基于相对中心度与连通值测算模块化指数，形成华为手机全球价值链的网络社群（图 6-10），断供前后不同类型城市网络的社群变化具体如下。

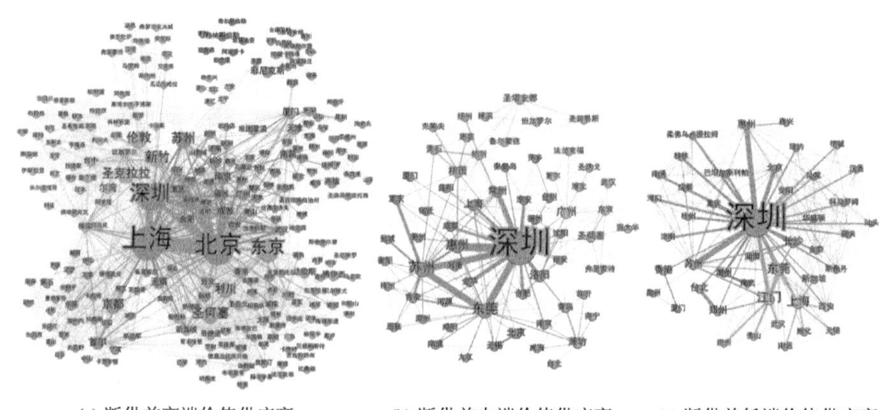

(a) 断供前高端价值供应商　　(b) 断供前中端价值供应商　　(c) 断供前低端价值供应商

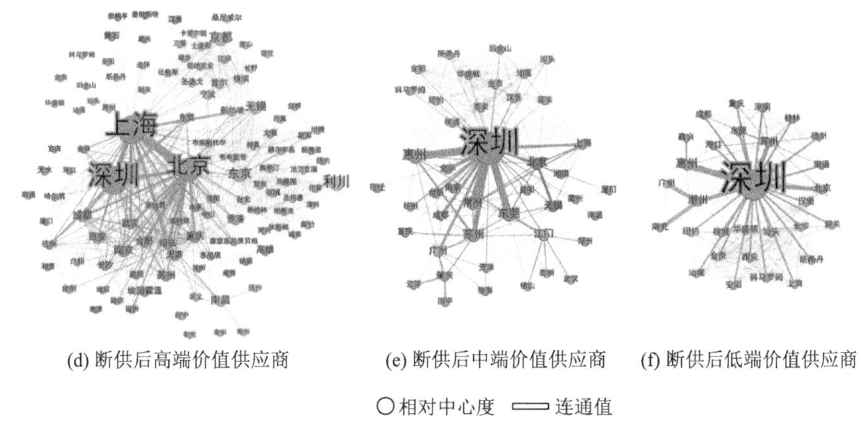

(d) 断供后高端价值供应商　(e) 断供后中端价值供应商　(f) 断供后低端价值供应商

○相对中心度　▭连通值

图 6-10　断供前后城市网络社群结构（后附彩图）

注：相同颜色代表一个社区；点的大小反映相对中心度大小；线的粗细反映连通值大小，即城市关联强度

断供前后，研发型城市社群变化最大。断供前的高端价值供应商社区，由在售手机的供应商组成，数量较多，形成多个以各国科技创新中心城市为核心的城市社区，社区间等级差异显著。其中，以深圳-北京-上海为核心的社区内部网络密度最高，内部城市联系最紧密，且与其余社区也有良好的联系，而其余社区内部联系较稀疏；断供后的高端价值供应商社区网络中的外国社区数量大量减少，且社区规模缩小，不少外国城市（尔湾、伦敦、圣克拉拉等）退出高端价值供应商社区，国内以深圳-北京-上海为核心的社区内部产业化集群特征更为明显。以新竹为核心的城市社群代表企业有台积电，台积电是华为手机芯片的重要代工企业，断供后台积电虽然已停止为华为供应芯片，但是部分华为 P50 Pro 手机使用的是华为在断供前大量采购的麒麟芯片，大多是由台积电提供的存货。

生产型城市社群规模适中，社区之间有明显的等级差异，以深圳为核心的社区在网络中占据的规模最大，其余社区规模较小。断供前后中端价值供应商社区的变化较小，在断供前中端价值零部件几乎都由国内供应商提供，中美贸易摩擦对这些供应商几乎无影响，它们仍与华为保持良好合作。其中，以深圳为核心的社区内部联系最为紧密，其余社区内联系较稀疏，涉及声学零部件、锂电池、PCB 电路板、无线充电、精密结构件等中端价值环节零部件的供应，均来自总部位于深圳的企业。深圳与东莞、苏州、惠州发育出成熟的中端价值零部件生产集群，涉及的代表企业有精密结构件供应商安洁科技、连接器供应商长盈精密。

代工型城市社群规模最小，社区内联系稀疏，以深圳为核心的社区处于核心地位。以深圳为核心的社区主要由代工企业组成，形成零部件代工组装产业集群，代表企业有零部件代工组装商比亚迪，供应链重构后比亚迪已成为华为最大代工企业。潮州、南充，以及东莞、江门、上海分别基于三环集团和领益智造形成良好的手机机壳生产合作关系。断供前台北与郑州之间基于代工企业富士康有较为紧密的联系，断供后富士康停止与华为合作，台北与郑州退出低端价值供应商社区。

参考文献

陈蕊，刘逸，2021. 全球生产网络（GPN）的理论问题和中国实践启示[J]. 地理研究，40（12）：3259-3271.

陈亚平，陈诗波，2020. 中国建设全球科创中心的基础、短板与战略思考：基于城市群视角[J]. 科技管理研究，40（15）：95-103.

黄晓东，马海涛，苗长虹，2021. 基于创新企业的中国城市网络联系特征[J]. 地理学报，76（4）：835-852.

康江江，张凡，宁越敏，2019. 苹果手机零部件全球价值链的价值分配与中国角色演变[J]. 地理科学进展，38（3）：395-406.

黎峰，2020. 双重价值链嵌入下的中国省级区域角色：一个综合理论分析框架[J]. 中国工业经济（1）：136-154.

刘清，杨永春，蒋小荣，等，2021. 基于全球价值链的全球化城市网络分析：以苹果手机供应商为例[J]. 地理学报，76（4）：870-887.

刘卫东，邹嘉龄，2014. 区域发展研究方向探讨[J]. 地域研究与开发，33（1）：1-5，16.

刘毅，王云，杨宇，等，2019. 粤港澳大湾区区域一体化及其互动关系[J]. 地理学报，74（12）：2455-2466.

陆大道，2015. 中速增长：中国经济的可持续发展[J]. 地理科学，35（10）：1207-1219.

陆大道，2017. 关于珠江三角洲大城市群与泛珠三角经济合作区的发展问题[J]. 经济地理，37（4）：1-4.

马海涛，2020. 知识流动空间的城市关系建构与创新网络模拟[J]. 地理学报，75（4）：708-721.

薛德升，邹小华，2018. 基于中资商业银行全球空间扩展的世界城市网络及其影响因素[J]. 地理学报，73（6）：989-1001.

杨伟聪，王长建，2017. 全球生产网络、价值捕捉轨迹与区域发展[J]. 热带地理，37（5）：628.

叶玉瑶，王景诗，吴康敏，等，2020. 粤港澳大湾区建设国际科技创新中心的战略思考[J]. 热带地理，40（1）：27-39.

殷雪梅，2021. 产品创新价值链的解构和协同：以华为手机为例[J]. 吉林工商学院学报，37（6）：66-73.

Beaverstock J V，Smith R G，Taylor P J，1999. A roster of world cities[J]. Cities，16（6）：445-458.

Friedmann J，Wolff G，1982. World city formation：an agenda for research and action[J]. International Journal of Urban Regional Research，6（3）：309-344.

Grimes S，Sun Y，2016. China’s evolving role in Apple’s global value chain[J]. Area Development and Policy，1（1）：94-112.

Lamin A，Livanis G，2013. Agglomeration，catch-up and the liability of foreignness in emerging economies[J]. Journal of International Business Studies，44（6）：579-606.

Taylor P J，2001. Specification of the world city network[J]. Geographical Analysis，33（2）：181-194.

Taylor P J，2005. Leading world cities：empirical evaluations of urban nodes in multiple networks[J]. Urban Studies，42（9）：1593-1608.

Taylor P J，Catalano G，Walker D R F，2002. Measurement of the world city network[J]. Urban Studies，39（13）：2367-2376.

Wu K，Wang Y，Zhang H，et al.，2021. Impact of the built environment on the spatial heterogeneity of regional innovation productivity：evidence from the Pearl River Delta，China[J]. Chinese Geographical Science，31（3）：413-428.

Zhong Y，Su X，2019. Spatial selectivity and intercity cooperation between Guangdong and Hong Kong[J]. Urban Studies，56（14）：3011-3029.

第 7 章　珠三角城市群的创新探索

本章主要基于特殊创新空间，研究珠三角城市群协同创新的城市区域实践与制度创新。重点选择深港科技创新合作区、横琴粤澳深度合作区、南沙粤港澳创新特别合作区作为案例，深入分析特殊创新空间的发展历史、发展状况与特征，对珠三角城市群协同创新的区域治理情况与制度创新进行了深入研究。

7.1　深港科技创新合作区

7.1.1　以深港创新合作为主题的特色平台

2008 年 11 月，深港两地政府签署《落马洲河套地区综合研究合作协议书》，将河套地区拓展为三个片区，其中河套 A 区、B 区在香港，深圳河以北的河套 C 区在深圳。2017 年 1 月，深港两地政府签署《关于港深推进落马洲河套地区共同发展的合作备忘录》，明确双方在河套 A 区共同发展“港深创新及科技园”，同时香港也支持深圳将深圳河北侧毗邻河套地区的约 3.02 千米 ^{2} 区域规划打造成为“深方科创园区”，共同构建“深港科技创新合作区”。2018 年，按照深圳市委、市政府及深圳市人民政府国有资产监督管理委员会的决策部署，深圳深港科技创新合作区发展有限公司组建成立，作为深方园区规划设计、开发建设、资源导入和运营管理的实施主体。①

深港科技创新合作区总面积 3.89 千米 ^{2}，包括香港园区 0.87 千米 ^{2}，深圳园区 3.02 千米 ^{2}。深港科技创新合作区是深港两地地理几何中心，坐拥皇岗、福田两个口岸，其中福田保税区一号通道跨境直联互通，拥有“一河两岸”“一区两园”的特殊优势以及独特条件。合作区规划建设约 4.5 千米 ^{2} 先进科技产业空间。②作为继前海深港现代服务业合作区之后的又一个深港合作重大平台，深港科技创新合作区将全力打造立足珠三角城市群和面向国际的科技创新合作综合性平台、开放协同创新的战略枢纽、政策制度创新的试验区。

河套深港科技创新合作区以科技创新为主轴，以制度创新为核心，以国际合作为特色，以深港协同为抓手，全力支持建设成为深港科技创新跨境合作先行示

---

① 相关信息来自深圳政府在线（http://www.sz.gov.cn/）及深圳市国资委的相关信息公示。

② 相关信息来自新华社 2020 年《从这里眺望世界：深港科技创新合作区发展见闻》。

范区、国际先进创新规则的试验区、综合性国家科学中心开放创新先导区、珠三角城市群高质量中试转化集聚区。合作区作为珠三角城市群以科技创新为主题的特色平台、“双区”战略下的国家级重大科技创新合作平台和重要载体，目前已吸引了逾百个科研项目落地河套深圳园区，其中由俞大鹏院士任院长的国家重大研究机构深圳国际量子研究院、沈向洋院士为创始人及理事长的粤港澳大湾区数字经济研究院等一批高端科研项目及平台已相继建成运营。凭借其自身独特优势，合作区同时吸引了粤港澳青年创新创业工场（以下简称“双创工场”）、香港科技大学蓝海湾孵化港等机构入驻，为粤港澳青年创新创业提供了广阔舞台，为创业团队提供孵化扶持服务。

对于深港来说，合作区带来的还有两地之间人才、技术等多要素的紧密互动。位于合作区北侧的双创工场就是一个典型代表。自 2018 年 8 月成立至今，双创工场已培育 23 家团队，其中港澳背景团队 21 家，比例高达 91%，涉及领域包含人工智能、物联网、医疗科技、新材料等。培育团队共产生知识产权 199 项，5 个团队产值从零迈入千万元级，企业获得融资共 2.32 亿元，双创工场还获得了国家众创空间认定。①

7.1.2　科技研发、高端智能制造与科技服务园区

2020 年 8 月，《深圳市人民政府关于支持深港科技创新合作区深圳园区建设国际开放创新中心的若干意见》（以下简称《若干意见》）指出合作区深圳园区将全力服务香港高校和科研机构，提供优惠、充足的科研、科技成果转化空间，以及公共科研装置、公共技术服务平台、中试基地等设施，向香港高校和科研机构全面开放，把香港高校和科研机构较雄厚的基础研究能力与深圳高新技术产业体系较发达的优势紧密联结起来。《若干意见》明确建设综合性国家科学中心开放创新先导区，合作区深圳园区将聚焦信息、生命、材料科学与技术领域，合作引进一批港澳及国际化的科研项目与平台，并且围绕集成电路、5G 通信、大数据及人工智能、生物医药、新材料等深港优势产业领域，合作开展核心技术攻关与中试支持计划，共建国际一流的科技创新服务体系，并且支持在移动支付、基因科技、人工智能等领域积极参与或牵头开展国际标准的制定。原深圳市规划和国土资源委员会牵头编制了合作区的空间规划，提出了“一心两翼”的总体空间布局，其中“一心”为在福田口岸建设综合服务枢纽，“两翼”分为“东翼”，即国际协同创新区和国际人才社区（皇岗口岸货检区及其东北侧生活区），以及“西翼”福田

① 相关信息来自科学技术部火炬高技术产业开发中心公布的国家备案众创空间资料、广东省人民政府港澳事务办公室的政务新闻。

保税区。深圳市交通运输委员会会同深圳市人民政府口岸办公室编制了口岸区的交通规划，在皇岗口岸引入三条城际轨道和两条地铁线路，以及开展皇岗口岸改造和广深改造等重点工程。2019 年初以来，在深港两地的共同努力下，河套深港科技创新合作区在园区发展规划、土地空间整备、科创资源聚集、生态环境改善等方面取得了一系列重大突破。

（1）基于科学研究的先进制造与信息产业

一批具有前沿性与前瞻性的顶尖科研团队的重大科研与创业项目已入驻运营。深圳园区实质推进和落地科研项目 138 个，其中生命科学项目 56 个，信息科学项目 48 个，材料科学项目 9 个，其他协同项目 25 个。如香港科技大学创新创业项目等香港高校科研项目，以及未来网络试验设施国家重大科技基础设施、金砖国家未来网络研究院中国分院、粤港澳大湾区数字经济研究院、深圳国际量子研究院等。

几年间，深港合作渐入佳境，尤其在科技创新合作方面，沿着初具规模的广深港澳科技创新走廊，资本、技术、人才、信息等关键要素加速流转，融合创新展现出勃勃生机。截至 2021 年 4 月，香港青年创业就业一站式服务处已免费服务香港青年 76 批次[①]，双创工场总人员已从初期的 69 人增至 358 人，与此同时，数以万计的科研人员正向此地聚集，打造更高水平的市场化、法治化、国际化营商环境，护航科技创新合作发展正是紧要之需。

福田区启动的首批“四新”重大项目中，未来网络试验设施已于 2020 年 10 月落户于合作区，这也是首个落户于深圳的国家重大科技基础设施项目。未来将逐步建成先进、开放、可持续发展的大规模通用未来网络试验设施，构建世界首个以链路层虚拟化为基础的深度虚拟网络。据介绍，该项目是《国家重大科技基础设施建设中长期规划（2012—2030 年）》中明确建设的 16 个大科学工程之一，也是信息通信领域中唯一一个重大科技基础设施项目。

专栏 1　创新合作项目案例

地点：双创工场

楼高 303.8 米的长富金茂大厦，是深港科技创新合作区的最高楼。由福田区青年联合会、区科技创新局联合深圳市深港科技合作促进会共同建设的双创工场，就位于该大厦的 19 楼和 21 楼。

企业一：舒糖讯息科技（深圳）有限公司

① 参考广东省人力资源和社会保障厅公开信息。

此创新创业项目的主要产品是可以实现无创检测的血糖测试仪。产品形似智能手表，通过最新的光谱技术及心电图技术，将血糖指数通过蓝牙快速传输到手机上，实现无创监测，如今已经投放市场。舒糖团队于 2015 年 10 月在深圳注册企业，2018 年迁入合作区深圳园区，截至 2020 年 8 月团队约 60 人，选择合作区深圳园区，一方面是因为园区的配套较齐全，有希望将前期研究的成果尽快商业化，另一方面则是考虑到合作区深圳园区靠近香港，香港工作人员当天往返通勤便利。

企业二：深圳博力来德环保科技有限公司

该公司自主研发出可取代塑料的无毒、耐高温、100%可降解的新型聚乳酸材料，用于一次性日用消耗品、日用品的制造。研发目标是推广无塑化产品，发展环保事业。同时，该公司也在从事婴童用品、餐具等家庭日用品的技术开发、技术服务、技术咨询、技术转让及销售等工作。

企业三：深圳显扬科技有限公司

该公司成立于 2018 年 8 月 9 日，一般经营项目是：三维机器视觉设备的研发与销售；人工智能与机器人系统开发与销售；机器视觉系统开发与销售；机器人与人工智能实训平台的研发与销售；3D 打印业务；工业机器人；集成电路设计、研发；冶金工程技术研究；电子、通信与自动控制技术研究；科技信息咨询；电子设备工程上门安装；电子自动化工程上门安装；监控系统安装；智能化系统安装。公司核心技术已实现升级迭代，精度和速度都有了很大提升。该公司在稳步巩固国内市场的同时，也在逐步拓展国际市场业务，目前正与来自加拿大、德国等国家的企业洽谈合作。

注：综合《深圳特区报》2021 年 10 月 14 日特 A4 版、广东省科技厅及相关企业官网公布信息。

致力于发展高新科技和现代物流的福田保税区，近年来加快转型升级，成为深港科技创新合作区的重要组成部分。2019 年 8 月，旨在推动金砖成员国在 ICT 领域深度合作的金砖国家未来网络研究院中国分院正式进驻深港科技创新合作区。该分院力图打造深圳首个国际组织平台，建成全球科技创新产业重要策源地。

（2）日臻完善的科技配套服务

截至 2021 年 2 月，河套 C 区皇岗口岸重建实现“三开”，临时旅检场地已具备开通条件；口岸区内老旧的联检楼、车港城已拆除完成；以湾区基石、国之重器为理念的新口岸已开工建设，计划采用“一地两检”通关模式，打造超级口岸、超级交通枢纽以及超级创新综合体。通过“租、购、改、建”四大措施不断加大空间整备力度，深圳园区从原来无地可用，变成现在“地等项目”，先期 0.37 千米 ^{2} 优质科研空间已投用，建成 4 个创新载体。①包括已筹集的长富金茂大厦、深港国际科技园（广田国际中心）、国际生物医药产业园、国际量子研究院等产业空间。②早在 2017 年，深港两地政府签署《关于港深推进落马洲河套地区共同发展的合作备忘录》时起，深圳市投资控股公司便积极介入合作区深方片区的前期规划研究工作。

深港科技创新合作区深圳园区首批项目，总投资约 30 亿元，2019 年 11 月开工，预计 2023 年一季度竣工、二季度交付使用。其中包括打造集科技研发、实验室和配套服务于一体的深港开放创新中心。这一服务于创新产业的项目位于福田保税区东北侧，包含两宗国有储备用地，用地性质已由发展备用地调整为新型产业用地。两宗地块位置紧邻，总占地面积约 2.6 万米 ^{2}，规划总建筑面积约 0.2 千米 ^{2}。未来将服务于医疗科技、大数据及人工智能、机器人、新材料、微电子和金融科技 6 大领域的研发项目和机构。建筑高度上限为 120 米，将形成错落有致、高低有序的城市天际线。③另外，深港科创综合服务中心规划总建筑面积约 0.1 千米 ^{2}，是深圳园区首个城市更新项目，是合作区西翼标志性建筑和门户节点。总投资约 22 亿元，2019 年 10 月底已进场拆除，预计 2023 年三季度重建完工。两个中心将为深圳园区新增约 0.3 千米 ^{2} 高品质科研空间，与先期建成的深港协同创新中心、深港国际科技园、国际生物医药产业园、国际量子研究院四大科研载体一并构成合作区深圳园区核心启动区。④

以上两个中心是深圳园区“租、购、改、建”四策并举快速筹集科研空间的又一新突破，它们将与周边 14 个城市更新项目再现联动之势，为合作区发挥辐射带动作用拓展空间。

此外，2021 年 4 月 24 日，粤港澳大湾区国际仲裁中心交流合作平台暨中国（深圳）知识产权仲裁中心签约挂牌仪式在河套深港科技创新合作区举行。这一仲裁中心的建立，是深圳落实综合改革试点方案的又一重大举措，对健全珠三角城市群国际法律服务和纠纷解决机制，深化珠三角城市群在国际仲裁和知识产权保护领域的交流与合作具有重要意义。依托大湾区国际仲裁中心交流合作平台同步建立中国（深圳）知识产权仲裁中心，进一步健全知识产权多元化纠纷解决机制

---

① 信息来自深圳市福田区发展和改革局资讯轮播，参见 http://www.szft.gov.cn/bmxx/qfzhggj/wqft/zczxlbt/content/post_8568868.html。

② 信息来自中央人民政府驻香港特别行政区联络办公室的信息发布，参见 http://www.locpg.gov.cn/jsdt/2020-08/18/c_1210757974.htm。

③ 综合自深圳市福田区发展和改革局《深圳福田：科技金融助力中央创新区产业腾飞》公开信息（索引号：11440304799222228K/2021-00173）、中国共产主义青年团深圳市委员会相关信息发布。

④ 信息来自国家发展和改革委员会地区经济重大战略发布（https://www.ndrc.gov.cn/fggz/dqjj/zdzl/201912/t20191213_1213467.html）、广州日报相关报道。

建设，通过知识产权仲裁、知识产权调解与仲裁的有机衔接，帮助已入驻合作区的港澳、国际科技企业及人才和谐、高效、低成本地化解纠纷，为科研机构及高新科技企业提供含咨询、调解及仲裁的“一站式”知识产权保护服务，更系统更有力地保护珍贵的科研成果。该中心也是深圳国际仲裁院在深圳设立的高度专业的知识产权仲裁分支机构。

（3）互联网金融、跨境电商等“保税 + ”新业态

福田保税区于 1991 年 5 月 28 日经国务院批准设立，1993 年 2 月正式封关运作。20 多年来，依托毗邻香港的区位优势和先行先试的体制机制优势，福田保税区充分发挥了作为国家对外开放窗口的示范作用，是国内发展成就比较突出和极具竞争力的保税区域之一。福田区以福田保税区作为平台，梳理长富金茂大厦、深九科技创业园等约 0.5 千米^{2}的产业空间，率先在实体经济及科技创新领域与香港开展深度合作。在紧邻河套 C 区的 2.6 万米^{2}储备用地的功能定位和产业规划基础上，谋划打造保税经济发展新起点、新引擎。①

深九科技创业园整合大数据、移动互联网、云计算等，打造 0.23 千米^{2}智能化社区；腾邦产业运营中心融入绿色生态，创新多元，实现仓储物流园区向高端产业总部基地升级；迪辰仓储大厦、富林物流、盈丰佳等城市更新项目陆续启动，持续提供高质量产业空间。福田区精心配置跨境创新资源，连接国际合作通道，推动互联网金融、保税展示、跨境电商等“保税 + ”新兴业态蓬勃发展。建成腾邦跨境购物展示中心、富裕仓深港电器直销配送平台、苹果零配件全球分拨中心、“保税 e 购孵化园”，引进中物功能材料研究院、深圳文化产权交易所、朗美通通讯技术（深圳）有限公司研发中心、深圳国家高技术产业创新中心福田分中心、深圳市银信网银科技有限公司等创新资源。进一步加强与市区文化产业部门合作，加快建设文化创意保税园，通过引进道融家莆、杰尔斯、木九十等具有实力的保税文化企业，强化了深港文化创意和文化服务合作。

7.1.3　科创发展的制度创新与政策保障

除了科研空间基础设施建设、产业 + 服务业的“硬件”之外，“1 + N”规划体系“软件”也正在积极制订并推进落实。目前深圳市委市政府已成立了高规格的合作区领导小组及四个专责领导小组，领导小组办公室设在福田区。市发展和改革委员会牵头编制了合作区总体规划和先行先试的政策，基本完成了合作区深方区域

① 相关信息参考自原深圳市规划和国土资源委员会、经济贸易和信息化委员会、福田区政府对政协深圳市委员会《关于加快福田保税区转型升级，促进深港经济深度合作的提案》的回复（http://www1.szzx.gov.cn/content/2017-12/25/content_ 18096787.htm），以及深圳特区报题为《福田区抢抓深港创新合作新机遇　深港创新合作区建设再提速》的报道。

“1＋N”规划体系的衔接。其中“1”是由国家层面所制定的合作区总体规划，“N”是由深圳和香港共同研究形成，包括空间规划、科技创新规划、交通规划以及生态规划、环境规划等，这些规划将共同形成支撑合作区未来发展的总体框架。

依据2020年出台的《若干意见》的相关政策，合作区将探索深港协同开发模式、创新科技管理机制。《若干意见》明确坚持制度创新和科技创新双轮驱动发展，合作区深圳园区将对标香港及国际上最有利于科技创新的体制机制，全方位探索构建有利于科技创新的政策环境，重点工作是探索促进人员、物资等创新要素高效便利流动，打造国际化营商环境，对接国际科研规则，建设5G通信、生物医药等新型产业标准规则示范区。

（1）与国际接轨的科研创新立项与管理制度

深圳市政府针对合作区制度创新的需要，专门出台了一个支持科研发展的政策包。这个政策包经过广泛征求意见，形成了具有鲜明特色而且与国际创新制度接轨的制度体系。这一制度体系主要面向科研立项、实施和管理，分为选题征集制、团队揭榜制、项目经理制、评估淘汰制、政企联投制这五个维度。①目前，这些创新制度得到了社会广泛认可，而且也将为未来合作区深圳园区营造一个良好的制度环境。

在科研立项方面，通常先进行选题征集。园区每年都向一些产业前沿的企业征集需要在原始创新、核心技术创新，特别是基础研究方面投资的一些课题，在基础研究上，由政府牵头来实施。此外，对征集来的重大科学问题将会向全社会乃至向全球发布征集公告，让有能力、有意愿的团队竞聘揭榜。对于项目的融资投资，借鉴国际上先进经验，对于企业希望投资建设或者开发的一些源头创新，特别是基础研究的项目，政府可以根据企业投入跟投，减少传统项目评审所耗费的大量时间。

在创新项目实施与管理方面，园区借鉴国际上先进科研经验，把最大的自主权交给科研团队，实行权责利相一致，让项目经理统筹整个科研项目进度以及经费拨付使用，同时也对整个项目的实施负总责。在项目实施过程中，按照一个时间节点定期对项目实施进行评估，实施顺利则持续拨款，如项目团队出现问题或评估出现问题，则及时终止，避免团队继续在项目上耗费时间，从而可以解散团队、结算项目、进行审计，投入其他工作。这也是国际上目前比较理想的成本最小、效益最高的科研管理体制。

（2）服务于科技创新的政策保障

《若干意见》明确指出了要对标香港及国际上最有利于科技创新的体制机制，

---

① 参考自深圳市福田区河套深港科技创新合作区建设发展事务署对《河套深港科技创新合作区深圳园区科研及创新创业若干支持措施若干实施细则》的政策解读（http://www.sz.gov.cn/szzt2010/wgkzl/jcgk/jchgk/content/post_9560532.html）。

全方位探索构建有利于科技创新的政策环境。主要包括灵活高效的财税支持政策、规划建设功能分区上的服务协同、便利科创企业与人才的电子政务这三个方面。

目前，合作区深圳园区以福田保税区为平台，梳理产业空间，设置专项资金，与香港及海外科研团队开展深度合作，注重市场化运作，撬动更多的社会资本参与深圳园区的开发建设和科研合作，对港澳和国际科研项目的支持力度持续加大。充分发挥深圳深港科技创新合作区发展有限公司对深圳园区的统筹执行主体作用，目前合作区已拥有“深港协同创新中心”“中国-以色列国际创新中心”等多个创新中心，园区产业升级已呈现细微变化，如“保税展示＋跨境电商”“保税＋检测维修”“保税＋研发设计”“保税＋金融”等保税功能被充分挖掘。目前的税收制度包括：从境外运入保税区或从保税区运往境外的货物，免关税和进口环节增值税，除实行出口被动配额管理的外，不实施进出口配额和许可证管理；海关对保税区内企业所进口的生产性基础设施项目所需机器、设备和其他基建物资，免进口关税和进口环节增值税；海关对保税区内企业所进口的自用的生产、管理设备和自用合理数量的办公用品及其所需的维修零配件，生产用燃料，建设生产厂房、仓储设备所需的物资、设备，免进口关税和进口环节增值税；国内货物（含三资企业产成品）进入保税区视同出口，但货物实际离境方可办理退税。

近年来福田区制定的城市更新及土地整备专项政策，释放更多的科研空间；政府支持福田保税区转型为国际一流的高科技园区，深圳园区全力服务香港高校和科研机构，提供优惠、充足的科研、科技成果转化空间。皇岗口岸的重建，与福田保税区一号通道的改造工程，为科研人员往来深港提供更多的便利；全面推进交通等基础设施跨境互联互通，强化与珠三角城市群其他城市的有效对接。园区公共科研装置、公共技术服务平台、中试基地等设施向香港高校和科研机构全面开放，把香港高校和科研机构较雄厚的基础研究能力与深圳高新技术产业体系较发达的优势紧密联结起来，有力支撑建设国际创新科技中心。

此外，在福田区河套深港科技创新合作区建设发展指挥部、福田区大湾区建设发展促进中心、深圳深港科技创新合作区发展有限公司和中国工商银行深圳福田支行的大力支持下，河套深港科技创新合作区“e站通”综合服务中心创新推行，为河套深港科技创新合作区的重点企业和科研人才提供行政审批代办服务，打造服务企业“升级版”，实现服务企业“零距离”。针对合作区引进的重点企业、科研机构和人才的高频办事需求，福田区政务服务数据管理局目前已梳理推出70项“5G视频上门办”政务服务事项，事项清单涵盖科技创新、人才服务、创业支持等多个方面内容。现在，合作区的群众和企业办理业务只要通过预约热线提交上门办事申请，福田区行政服务大厅河套分厅窗口工作人员可通过5G视频设备为办事群众和企业提供远程答疑、材料预审服务，之后由企业服务专员在约定时间内上门对材料进行审核和揽收。河套深港科技创新合作区“e站通”集综合服务、展示交流、商务洽谈和休闲资讯四大主题功能于一体，涵盖政务、海关、公安、交警、金融、法律、会计、税务八大服务内容，可“一站式”办理 360 项政务服务，是深圳目前唯一能够在海关特殊区域“一站式”办理海关和地方政务服务事项的大厅，是深圳唯一能够实现深港跨境一件事一次办的大厅，也是深圳率先试点政务服务信用审批改革的服务大厅。

7.1.4　河套深港合作模式——高端制造与服务 + 创新立项政策包

深港科技创新合作区成立以来，就一直坚持科技创新和制度创新的双轮驱动。一方面是从深圳市层面集合资源，强化市级部门协同工作机制，务实推进合作区深圳园区建设；另一方面是加强与香港特别行政区政府的工作协同，优先保障科研创新所需的土地、空间和基础设施。在这一过程中，深港合作的资源逐渐汇集，资本、技术、人才、信息等关键要素快速流入园区。

直接驱动这一过程的是创新创业的制度创新，即对接香港和国际标准的创新创业的具体制度：选题征集制、团队揭榜制、项目经理制、评估淘汰制、政企联投制。这种制度体系最大程度地使得最富学科前沿性、拥有最大可行性实现较大经济效益的科研与创业项目落地园区。

与此同时，吸引企业和服务企业的各种新颖、灵活的政策也在落实。更多的社会资本在灵活的财政体系之下被撬动。依托新电子政务平台，商事服务变得更为方便。一切配套服务都优先服务于科研创新业务。坚持服务香港经济多元发展、香港高校跃升发展能级、香港青年创新创业，将合作区打造成为新时期深港科技创新合作的典范平台，进一步提升“一河两园、协同开发、大干快上”的良好态势。

7.2　横琴粤澳深度合作区

7.2.1　横琴——毗邻澳门的粤澳深度合作区

横琴地处珠海，毗邻澳门，随着港珠澳大桥的建立，横琴成为唯一陆桥连接港澳两地的区域，其区位优势更为凸显。2021 年横琴粤澳深度合作区成立，横琴重点发展科技创新、特色金融、医疗健康、跨境商贸、文旅会展、专业服务等产业。横琴粤澳合作中医药科技产业园及周边适宜开发区域已开展财税政策、中医医疗职业人员资格准入、中医药价格形成机制、中医药标准和国际化等创新试点，并将加强合作建设集养老、居住、教育、医疗等功能于一体的综合民生项目，联手打造中拉经贸合作平台，搭建中国与“一带一路”沿线国家和地区的国际贸易通道，推动跨境交付、境外消费、自然人移动、商业存在等服务贸易模式创新。目前，合作区在与高校合作共建创新平台、办税便利化以及落实人才计划等方面，都已取得进展。

7.2.2 休闲旅游、特色金融等协同发展的产业高地

在《粤港澳大湾区发展规划纲要》当中，明确了要推进珠海横琴粤澳深度合作示范，珠海横琴新区的定位是特色金融、休闲旅游、高端装备制造、生物医药、文化创意协同发展的珠三角城市群增长极。

专栏 2 重点产业相互融合协同发展的创新示范区

1. 国际休闲旅游岛

横琴加快构建以休闲旅游业为核心的现代产业体系，充分发挥澳门和横琴旅游资源综合优势，主动协同澳门高水平建设珠海横琴国际休闲旅游岛。打造“硬件＋软件”的基础设施配套，以国际标准促进全域旅游发展。在交通方面，横琴新口岸预留了连接澳门轻轨的站台，未来将实现广珠城际铁路与澳门轻轨的无缝接驳。在游客服务方面，随着全域智慧旅游平台上线，横琴与澳门旅游资源要素互通互融，实现“一程多站”玩转琴澳两地。促进旅游人才在横琴便利执业，分批分期开展培训认证，分发横琴新区专用导游证。

2. 跨境金融保险服务

符合条件的澳门银行、保险机构已经在珠海横琴设立经营机构。合格境外有限合伙人（qualified foreign limited partner，QFLP）业务正有序开展，合格境内有限合伙人（qualified domestic limited partner，QDLP）也正在扩大试点。合作区正依托全省金融资产交易市场，构建服务粤澳资源要素市场化配置和流转的金融基础设施平台。跨境电子支票联合结算、跨境电子账单直接缴费、支付工具跨境使用等金融服务创新正逐步推进。粤澳反洗钱、反恐怖融资、反逃税监管合作和信息交流机制，以及系统性风险预警、防范和化解体系日臻完善。目前粤澳保险机构在符合法律法规及监管要求的前提下，正合作探索开发创新型跨境机动车保险和跨境医疗保险产品。

3. 中医药科技产业

粤澳合作中医药科技产业园发展路径和模式已成为行业标杆，产业园已经发展为具有自主知识产权和特色的中医药创新研发与转化平台。探索加强与国家中医药现代化科技产业创新联盟的合作，在符合相关法律法规的前提下，为园区内的企业新药研发、审批等提供指导。争取国家支持横琴在医疗健康领域

先行先试，在国际诊疗合作、前沿医疗技术研究运用、境外药品和医疗器械注册审批等方面实施更加开放的创新政策，探索符合条件的澳门和外籍医务人员直接在横琴执业。

4. 先进制造与信息产业

横琴科学城的建设，旨在支持横琴与澳门共同发展特色芯片设计、测试和检测，建设高新技术产业园。目前横琴澳门青年创业谷和粤澳合作产业园等重大合作项目建设正加快推进，研究建设粤澳信息港。横琴与澳门正携手建设和运营大数据交换中心、离岸数据中心，打造下一代互联网产业集群。

注：参考《横琴粤澳深度合作区建设总体方案》、珠海市金融工作局公布的金融咨询信息（http://gdjr.gd.gov.cn/gdjr/jrzx/dfjr/content/post_2965318.html）、广东自贸区政务公开信息（http://ftz.gd.gov. cn/rdgz215/content/post_2517849.html#zhuyao）。

7.2.3 从自由贸易服务到全方位社会民生合作的三次制度创新

（1）制度创新 1.0 阶段：以稳定公平透明营商制度为核心

2015 年，广东自贸区珠海横琴新区片区建设起步，重点对标世界银行 10 项营商环境评价指标，以市场主体需求为导向，持续营造以高效便利为重点的政务服务环境、以要素便捷流动为重点的贸易服务环境、以公开透明为重点的市场监管环境、以公平正义为重点的法治保障环境、以开放包容为重点的人才发展环境。具体制度创新主要体现在商事制度的改革、创业与人才配套政务服务便捷化以及粤澳司法仲裁制度对接。

横琴创新推出全国首批集企业营业执照、登记、许可、备案、资质认证等信息于一体的“商事主体电子证照卡”，率先建立上线商事登记标准化暨网上审批系统。开展企业专属网页建设，推出企业专属网页 PC 端、“琴易办”APP 移动端、省统一平台“三位一体”信息互联互通服务。目前基本涵盖了商事登记主要业务类型，如内外资有限责任公司、内资合伙企业、个体工商户的设立、变更、注销登记和备案业务，实行“网上提交材料、网上身份认证、网上审查审核、网上亮照公示”，并通过“双向快递”实现商事登记“零跑动”。同时结合商事登记境外导办服务，实现港澳企业申请登记“境外一次申请、境内一次领照、两步办结”的便捷模式。不动产登记“互联网 + ”服务大幅度压缩了抵押登记业务的办理时限，平均办理时限为 2.5 小时。横琴率先发布市场违法经营行为提示清单、轻微违法经营行为免罚清单、失信联合惩戒清单，构建一体化的企业信用画像，让失信企业“一处违法、处处受限”。企业智能服务平台已汇集工商、税务、质检、海关、检验检疫等各部门企业信用信息，打破了“信息孤岛”。对于工程投资与管理模式，通过“备案制 + 承诺制 + 诚信监管制”一体化，企业办理施工许可证与政府对接部门由20多个缩减至1个，施工许可办理手续从35个缩减为16个，政府审批时间由30天缩短至13天。

目前为方便自贸区企业及高层次人才，自贸区用户仅需一份身证证明材料、一个在相应地址有权用电的证明即可完成供用电快速报装，10个工作日内获得电力；人流物流和快速通关，横琴口岸实现24小时通关，澳门单牌车入出横琴手续不断简化，供澳建材可“一次申报、分批出境”，单批次货物通关时间从20分钟缩短至3—5分钟，企业成本降低75%。[①]横琴新区启用慧眼英才系统，建设高层次人才服务中心，出台了一系列精准有力的人才政策，全力推进粤港澳人才合作示范区和全国人才管理改革试验区建设。

司法体制改革与粤澳制度对接在同步推进。横琴法院推行立案登记制并在全国法院全面推广，率先在全国推行法官评鉴制度；横琴检察院率先实施主任检察官办案责任制，设立检察官惩戒（监督）委员会制度，经验成果在全国复制推广。在全国推出首个“知识产权易保护”模式，成立横琴国际知识产权保护联盟平台。率先成立珠港澳商事调解合作中心，建设商事争议解决平台，发布全国首部临时仲裁规则，研发全国首个专业互联网金融仲裁系统，实现与国际先进仲裁规则接轨。引入澳门籍陪审员，试行参考类似案例辩论制度。

（2）制度创新2.0阶段：破除珠三角城市群体制壁垒、实现服务跨境共享

2018年以来，横琴更加注重于破除制约珠三角城市群深度合作的机制体制壁垒，在重点领域推动与港澳规则衔接，更加注重凸显“跨境创新”元素，初步形成了以跨境福利延伸促民生合作、以跨境孵化促青年创新创业、以跨境办公促产业空间拓展等六大创新举措，为珠三角城市群发展提供新动能。

教育、医疗、社区服务等民生服务正在跨境延伸。“澳门新街坊”综合民生项目加速推进；常住横琴的澳门居民参加珠海基本医疗保险试点，近400名澳门居民参保，在横琴就医的澳门居民超过1万人次。率先实现与澳门社会服务规则衔接，成立澳门街坊会联合总会广东办事处横琴综合服务中心，首批4名澳门社工在横琴备案注册。教育资源共享，横琴中小学与澳门学校建立友好学校、缔结姐妹学校，优先统筹安排110名港澳籍学生入读横琴新区公办学校。澳门居民不动产登记绿色通道已设立，在横琴置业的澳门居民办理抵押登记、变更登记的办理时限压缩至2个工作日。澳门大西洋银行横琴分行等14家符合条件的澳门金融企业入驻横琴。[②]

澳门青年创业服务中心已经设立，与珠海澳大科技研究院共建粤澳高端科研

① 相关信息来自人民网2014年至2020年关于珠海横琴的新闻报道。

② 信息参考自珠海市医疗保障局《关于常住横琴的澳门居民参加珠海市基本医疗保险试点有关问题的通知》、横琴新区管理委员会2019年的公布信息。

技术成果转化基地。全国首创“跨境办公试点楼宇”，跨境通勤巴士开通，已有 40 多家澳门企业入驻横琴跨境办公。首创横琴口岸澳方口岸区及相关延伸区“一次性授权、分阶段适用澳门法律管辖”，在旅检、小客车和货车通道全面采用“合作查验、一次放行”新型通关模式。横琴澳门青年创业谷累计孵化澳门创业项目 229 个，已成为澳门青年内地创业首选地。横琴还率先设立全国首家内地与港澳合伙联营律师事务所、全国首家内地与港澳三地联营设计顾问机构、三地联营建筑工程咨询公司，为珠三角城市群的商事主体提供专业服务。此外还率先实行“港人港税、澳人澳税”，累计补贴金额超过 1.5 亿元。依托 V-Tax 远程可视自助办税平台实现全国直办“零跑动”，推出首批 7 大类 326 项办税事项“一次不用跑”清单，将跨境纳税服务延伸至港澳千家万户。①

（3）制度创新 3.0 阶段：全方位的制度延伸对接

2020 年以来，站在新起点上，横琴继续“大胆闯、大胆试、自主改”，充分发挥自贸区作为国家制度创新“试验田”的优势，以跨境要素高效便捷流动为核心，进一步深化对澳合作。

商事、办税等服务正迈向深度便利化，推进多证合一。目前横琴企业开办时间由商事制度改革初期的 4 天缩短至 3 小时，最快 10 分钟即可完成；探索搭建澳门企业深度服务中心，提供全生命周期服务；探索澳门投资者主体资格公证认证制度创新；创新构建港澳智慧办税服务体系，设立“港澳智慧办税微厅”，增扩“一次不用跑”办税业务范围；推进横琴“珠澳跨境仲裁合作平台”建设，探索建立立案侦查涉澳企业案件向检察机关通报工作机制等；探索推动卫生、教育、规划、会计、社工、专利代理等领域职业资格单向认可。②

本阶段进一步破解珠澳合作的体制性、机制性深层次问题，将澳门自由港经济制度规则延伸到横琴。参照国际贸易自由港标准，全面对接国际高标准市场规则体系，打造高度国际化、法治化、便利化的创新创业高地和与澳门趋同的营商环境，争取实施高度开放的投融资体系，破除珠澳合作的体制障碍和政策壁垒，促进资源要素自由有序流动及优化配置。采用“澳门资源 + 先进技术 + 高端人才 + 横琴载体 + 政策支撑 + 成果共享”的多元合作模式，实施更加开放的产业政策，引进落地一批重大新兴产业项目。配合澳门建设跨境人民币结算中心，探索降低澳门银行、保险等金融机构准入门槛。

跨境基础设施互联互通，综合民生项目建设持续推进，珠澳正共建宜业宜居宜游优质生活圈。扩大澳门单牌机动车便利入出横琴政策覆盖面，推动澳门旅游

① 综合广东省税务局官网公布信息、珠海特区报相关报道。

② 信息来自于珠海市政府信息公开（http://www.zhuhai.gov.cn/gkmlpt/content/2/2574/post_2574398.html#1638）、澳门湾区科技报相关报道。

大巴及政府公务车辆便利入出横琴；探索推动澳门医疗体系及社会保险延伸到横琴；加快完善综合服务区、文化创意区、国际居住区配套设施，推进珠海哈罗礼德学校等国际化学校建设，加快建成横琴新区文化综合服务中心、广州医科大学附属第一医院横琴医院等，为港澳居民和高层次人才提供优质环境；高水平建设横琴国际休闲旅游岛，配合澳门建设世界休闲旅游中心；联合澳门开发“一程多站”旅游产品，打造“一河两岸”休闲旅游区，推进澳门世界休闲旅游中心建设；引入具有国际影响力的品牌文化活动，培育扶持横琴及澳门文化创意品牌。

7.2.4 由服务贸易到社会民生全面融合的横琴模式

2009 年，横琴新区挂牌成立，拉开了琴澳合作的时代序幕，这就是横琴模式的开端。琴澳合作，也是被写进纲要的顶层设计，享受一系列国家战略倾斜。随着横琴迈入兑现期，一个个具象化成果出现，琴澳由此进入全面化、系统化的合作新时代。横琴坚守促进澳门经济适度多元发展的初心，畅通规则制度衔接，强化产业协同联动，促进民生融合发展，助力具有澳门特色的“一国两制”新实践。同时，从最初仅以服务贸易为主的发展，到现在社会民生粤澳合作多点开花。横琴在商事登记改革、司法改革、金融创新等领域开创多项全国率先；与澳合作在协调机制、产业项目、政策对接、基础设施和营商环境等方面实现多项突破。经过 13 年开发建设，目前，横琴已经从“蕉林绿野，农庄寥落”的边陲小岛，发展成为一座日新月异的现代化新城，今日横琴生态环境优越、基础设施完善、文化生活多元，为来自海内外的投资者提供了优良的投资环境。

7.3 南沙粤港澳创新特别合作区

7.3.1 依托国际航运与自由贸易的对外开放门户

广州“十四五”规划明确南沙要聚焦国家级新区、自贸区，打造粤港澳全面合作示范区，做强南沙高水平对外开放门户枢纽，加快建设珠三角城市群国际航运、金融和科技创新功能承载区，建设成为落实新发展理念的引领区和示范区。

南沙地处珠三角城市群地理几何中心，方圆 100 千米范围内汇集了珠三角城市群全部 11 座城市以及五大国际机场，是连接珠江口两岸城市群和港澳地区的重要枢纽性节点。南沙路网建设总的目标是：通过构建高铁、城际、地铁、高快速路相互衔接的路网体系，用三年时间初步建成“半小时交通圈”，用五到六年时间建成更加完善的“半小时交通圈”。港口方面，海港是南沙最强大的优势、最宝贵的资源、最重要的基础设施之一，由此引发的港口、航运、物流及创新贸易业态蓬勃发展。2018 年，南沙港区集装箱吞吐量已达 1406 万标箱，广州港进入了全球 2000 万标箱俱乐部，与深圳、香港形成三足鼎立之势。[①]南沙港口发展迅速，近几年连续呈两位数增长，有后来居上之势。南沙作为国家级新区和自贸区，近年来与港澳全面合作加强，成为高水平对外开放门户。

在一系列国家战略部署下，南沙区委区政府高度重视科技创新。目前，南沙科学城已纳入大湾区综合性国家科学中心主要承载区。创新要素加速集聚，持续优化创新创业人才引入，产业体系日趋完善，已形成以海洋经济、航空航天、智能网联汽车、人工智能、第三代半导体、生物医药等为代表的战略新兴产业体系。持续推进核心技术攻关和科技成果转化，截至 2021 年 4 月，华南技术转移中心线上平台已进驻 774 家科技服务机构。[②]几大三甲医院的投入使用将使南沙成为珠三角城市群的医疗卫生服务高地。

7.3.2　“营智环境”——科创产业生态体系

2020 年南沙提出率先探索打造一流“营智环境”。与“营商环境”相比，“营智环境”不仅聚焦于人才的发展，更注重人才智力的产出和市场化的运作。

香港科技大学的研究生院、产业化基地等一系列创新资源平台加快集聚，已落户在南沙庆盛地区。南沙科学城已纳入大湾区综合性国家科学中心主要承载区，明珠科学园一期项目、香港科技大学（广州）加快建设，明珠科学园已集聚 10 多家中科院系科研机构及创新平台。目前，已建成广州中国科学院工业技术研究院、香港科技大学霍英东研究院等 14 家省级新型研发机构，汇集企业、科研院所、国内高等院校、国际科技合作等创新平台三百余个[③]，形成科技创新与人才发展互促互融的优质生态循环。依托冷泉生态系统、高超声速风洞、极端海洋科考设施、大洋钻探船等重大科学装置建设，南沙将建设一批前沿交叉研究平台，形成设施先进、学科交叉的世界级重大科技基础设施集群，创造更多“从 0 到 1 到 100”的创新经济生态。这将吸引更多的国内外科创企业蜂拥前来。由于基础研究具有长期性，很难直接体现经济效益，南沙应借助国家科学中心的高端引领作用，以确定的重点产业为主体，建设新型产学研协同创新平台，聚焦“三重一创”大力发展产业工程创新中心，促进科技人才资源集聚，实现高端人才和企业更有效的对接。香港在人才、资金、技术等方面具有优势，通过推进南沙粤港合作区建设，双方可以在医疗科技、大数据及人工智能、机器人技术、新材料技术、微电子技

---

① 信息来自 2018 年广州市南沙区政府工作报告。

② 参考广东科技报相关报道。

③ 信息来自广州市南沙区政府信息公开（http://www.gzns.gov.cn/zwgk/rdzt/yhyshj/ysdt/content/post_5682784.html）。

术和金融科技等方向进行深入的合作。

南沙对高端人才的引聚力显著增强，支撑引领作用凸显。人才总量和质量全面提高，全区集聚高层次人才和骨干人才 7500 余人，相较 2016 年，总量增长 5.5 倍。2019 年发放奖励金约 4.15 亿元，共奖励 10 653 人，奖励金额及人数同比增长 126.7%、115.9%。[①]人才创新成果不断涌现，科技效益逐步溢出，2019 年专利授权量增长率全市第一。国际化人才环境不断优化，先后推动设立粤港澳院士专家创新创业联盟，成立粤港澳大湾区博士后科技创新（南沙）公共研究中心，建立完善的人才住房保障体系，落实“广州人才绿卡”制度，实施“南沙人才卡”服务保障等，融通港澳、接轨国际的营智环境打造初具成效。2019 年 12 月，暨南大学港澳青年学业就业创业基地揭牌。这一基地是港澳青年来南沙学习交流、实习就业、创新创业的常态化平台。南沙区相关负责人表示，希望通过常态化、制度化的运营规则对接平台，构建起与港澳相互衔接的社会管理和公共服务环境，加快实现港澳与内地“联通”“贯通”“融通”，打造合作发展的“南沙样本”。

南沙正响应珠三角城市群规划和广东规划对于蓝色经济的阐述，从单纯的港贸航运迈向全方位的海洋经济。南沙继续利用优势科研资源丰富海洋产业链，在可以形成产值的高价值环节取得突破；巩固提升南沙港贸航运地位，发展船舶管理及租赁、船舶融资、邮轮、海事保险、海事法律及争议解决等高端航运服务业；增强国际航运综合服务功能，提升数字化等新型基础设施服务能力，与深圳、香港形成优势互补、互惠共赢的港口、航运、物流和配套服务体系，增强南沙港国际竞争力；加快发展海洋运输、船舶工业、海洋渔业，打造海洋工程装备产业集群；培育壮大海洋电子信息、海洋生物医药、海洋新能源等海洋新兴产业，布局建设深海油气矿产资源开发、海上风电、海洋牧场工程等产业集聚区，发展滨海旅游、海洋信息服务、海洋金融等海洋服务业，构建现代化海洋产业体系。

依托于新能源、新材料的绿色产业正逐渐使南沙发挥出领先优势。广州期货交易所在南沙落地，对南沙低碳经济而言，意义重大。作为一个全国性金融交易平台，南沙正以此为依托，吸引全球范围内绿色经济资金、产业、人才，形成一个高质量绿色产业集群。碳中和政策刚性将在十年内催生百万亿元的超巨量市场，并根本改变中国的能源结构及生产生活方式，南沙应在新能源汽车产业基础上，抓住能源基础设施、工业生产方式、生活习惯、技术迭代升级、出口这五个方面的碳中和重大机会，采取产业链招商模式，吸纳龙头企业来南沙。《粤港澳大湾区发展规划纲要》确定要推动形成绿色低碳的生产生活方式和城市建设运营模式。南沙未来型城市的新基建必然会为新能源、新能源汽车与芯片、能源装备与管理、再生材料、海上风电、天然气水合物、绿色建筑等绿色产业集群隆起提供城市级巨大机会。

---

① 相关信息来自 2020 年 9 月举办的粤港澳大湾区创新合作交流会——“加快打造一流营智环境交流会”。

科技服务与产业链金融正为南沙经济提供双轮驱动。人工智能与数字经济是南沙未来十年经济发展的引擎之一，南沙人工智能高成长企业数量已经进入广州前三名，以“IAB”（新一代信息技术、人工智能、生物医药）为代表的人工智能和数字经济，将激发南沙实体经济新动能，促进现代服务业、战略新兴产业集群成型成势。[①]南沙依托高校与科研院所，正大力发展科技服务业和商业服务业，为提供珠三角地区的高端制造业提供技术支持和会计、咨询等商务服务。5G 和移动互联网、人工智能、区块链、大数据、物联网等新兴领域方面的研究与运用加快，为绿色经济、战略新兴产业及传统制造赋能，为南沙产业经济提供全面的数字化、信息化支持。南沙正成为珠三角城市群专业服务集聚区。数字乡村、智慧航运、数字贸易基础设施建设、数字贸易枢纽港、自动驾驶与智慧交通示范区等一批龙头项目建设，将为南沙虹吸国内外头部企业落户，为南沙创新发展带来新机遇。推动互联网、大数据、人工智能等赋能各产业，有助于形成产业链上下游和跨行业融合的数字化科创产业生态体系。

目前南沙正借助高起点的广州期货交易所、粤港澳大湾区国际商业银行、国际金融论坛（international finance forum，IFF）、国际风险投资中心等重点项目，充分发挥其影响力打造更利于科技创新的金融生态，实现科技与资本更充分、更紧密的结合。具体来看，通过制定优惠的税收政策，带动更多风投机构、私募投资机构在南沙集聚，发挥深圳、香港的金融中心优势，引进更多的国际创投资本，以培育南沙更多“科技独角兽”企业崛起。南沙在充分考虑自身定位的基础上，可以考虑建设区域性私募股权交易市场，大力发展产权交易和大宗商品区域交易中心，建设科技创新金融支持平台，实现技术与资本的有效对接；出台政策鼓励科技信贷机构与风投机构间形成投贷联动模式，共同对科技型创业企业提供融资支持；同时发展跨境金融、绿色金融、融资租赁等保税区特色产业金融。IAB 和新基建为海洋经济、绿色发展、科创服务提供城市级应用，从创新源头到海洋经济、绿色发展、科创产业、金融驱动，南沙形成产城科融合互动的良性局面。截至 2022 年 3 月，南沙开展 FT 账户（也称“自由贸易账户”）、跨境双向人民币融资、跨境结算、外汇管理改革试点，累计跨境人民币结算量超 5139 亿元，企业开立 FT 账户 4999 户。[②]同时，开展熊猫债、银信供应链资产支持票据（asset-backed medium-term notes，ABN）等多项跨境创新业务，与德意志交易所集团、新加坡证券交易所等 20 家境外知名交易所建立合作关系，推动跨境投融资和结算的便利化。跨境投融资的创新发展正吸引着越来越多的国际金融服务平台落地南沙。2020 年 9 月，国际金融论坛永久会址在南沙举行奠基仪式，坐落于中国首个国际

① 参考广州市工业和信息化委员会发布的第一批人工智能企业入库名单，以及广州日报相关报道。

② 参考广东自贸区相关信息发布、羊城晚报对广东自贸区的报道。

金融岛——南沙国际金融岛。预计 2023 年建成后，IFF 全球年会将稳定在南沙举办，并发挥金融外交平台和战略智库作用，吸引国际资本和高端金融人才在南沙集聚。除此之外，南沙还稳步推进国际风险投资中心、汇丰全球培训中心等金融服务重要平台建设。其中，汇丰全球培训中心建成后预计每年为约 14 000 名汇丰亚太区员工及全球高级管理层提供培训，支持金融人才储备，深度参与珠三角城市群乃至中国金融市场的开放。

依托暨南大学在港澳领域的学术研究资源优势和港澳高素质人才培养基地，南沙建立了常态化粤港澳规则对接平台，是珠三角城市群首个，也是全国首个。南沙建立起与港澳各界常态化联系及调研走访机制，促进珠三角城市群内各政府、业界、智库的常态化、全方位深入交流。以整合资源、引才引智为重要抓手，进一步加强与港澳合作，深入研究探讨规则衔接的政策诉求和解决路径，推动南沙在与港澳规则衔接方面率先取得突破，拓展与港澳合作发展空间。

7.3.3　围绕“营智环境”的制度创新

截至 2022 年 4 月，南沙自贸区累计形成 789 项制度创新成果。相比过去一年，新增 73 项创新成果，其中 7 项、16 项分别在全省、全市复制推广。南沙希望推动制度创新与科技创新、产业创新互融互促，加强设施“硬联通”和机制“软联通”，携手港澳打造高水平对外开放门户，实现珠三角城市群“心联通”，从根本上推动港澳与内地共建共享。

（1）人才制度改革

南沙在人才改革创新取得实效，促进港澳人才融入国家发展大局。围绕“中央要求、湾区所向、港澳所需、广州所能”，南沙先后推动设立粤港澳院士专家创新创业联盟，成立粤港澳大湾区博士后科技创新（南沙）公共研究中心等人才创新平台。2019 年，南沙区“引导粤港澳三地人才共绘发展同心圆”项目获评全国人才工作十佳创新案例。①2020 年，南沙“大湾区国际人才一站式服务窗口”服务模式入选广东自贸区第六批改革创新经验，在全省复制推广。南沙利用自身的区域优势，与港澳形成紧密的合作机制，支持建设国际人才飞地。在强化珠三角城市群核心功能上，以南沙为辐射中心，加强与港澳人员在往来便利、人才认定、金融管理、资质互认、教育衔接等方面的制度对接与合作，推进珠三角城市群人才区域内自由流动。

目前南沙已建立完善的“共有产权房 + 人才公寓 + 住房补贴”人才住房保障体系。广州“南沙人才卡”服务范围逐步扩大，持卡人可享受本人及配偶双方

① 参考广州市南沙区融媒体中心发布的信息。

父母每年一次体检，可享受通关快捷、消费优惠、金融服务、商务服务、居家便利和文化休闲娱乐服务等 13 类 30 项个性化公共服务和市场化服务。[①]免费举办外籍人才中文培训交流活动，向海外人才提供优质便捷的政务服务和社会融入服务。

港澳青年人才在南沙生活日益便利。2019 年 6 月，全国首个“大湾区国际人才一站式服务窗口”在广州南沙政务服务中心揭牌成立。服务窗口成立后，有利于南沙企业吸引高层次人才，提升企业核心竞争力。以往办理相关的人才安居、子女教育、人才政策申请等事项时，需跑多个部门咨询办理，如今高端领军人才认定、高层次人才子女入学等 93 项人才服务事项，都可以在此服务窗口一次性办理。

（2）政府运营能力的制度创新：城市投行 + 产业链招商

在直到 2035 年这个中长周期，南沙向国际一流湾区科技新城发起冲击，科技产业化和城市投资能力以及高质量服务供给将是南沙城市运营能力创新区域。2021 年，国家发展和改革委员会发布的《粤港澳大湾区建设，长江三角洲区域一体化发展　中央预算内投资专项管理办法》明确，专项资金通过直接安排到项目的方式予以支持粤港澳大湾区建设。这对南沙是个重大利好，同时又对南沙投资质量和能力提出新的要求。合作区通过深入实施粤港、粤澳联合创新资助计划，通过多边或双边合作，联合开展基础与应用基础研究、产业关键共性技术研究、创新平台共建、协同推进成果转化和产业应用，有力推动珠三角城市群产学研深度融合。

2021 年，根据国家、省、市最新部署，结合三年行动计划任务，南沙找准短板补齐弱项，有针对性提升营商环境，全面推动营商环境改革取得新突破，打造营商环境改革的“南沙样本”。主要通过三个方面进行改革，一是先行先试与港澳规则衔接，加速差异化改革探索，在要素市场化配置改革、商事制度改革、职业资格互认、特色金融探索等领域推出一批富有南沙特色的改革任务；二是对标对表全面改革攻坚，优化企业全生命周期服务；三是着力推进智慧政务改革，提升市场主体满意度。以政务数据中心及智慧城市数据中心为核心，融合线上线下办理模式，优化南沙信息化建设运营水平，提高政务服务能力。

对南沙而言，未来需要站在国家战略的角度，以城市投行思维争取中央专项资金和产业投资，推动新阶段开发建设。以“重大基建、重大产业项目、产业链招商”为牵引，坚定走“9 + 2”城市协同建设的道路，把整个城市囊括进粤港澳全面合作示范区，从根本上拉升南沙城市能级，成为珠三角城市群人才高地和兴业高地。

（3）从“对标”国际规则到“制定”国际规则

南沙正从国际规则的对标者、跟随者向国际规则的制定者、引领者积极转变，

① 参考《广州南沙新区（自贸片区）集聚人才创新发展若干措施的实施细则》。

正着力打造国际贸易规则新高地。

一方面，南沙全面对接港澳，在全国率先建立起聘任港澳仲裁员政策体系。2019 年 10 月，港澳籍仲裁员首次参审内地劳动争议案。[①]由于香港与内地在法制、文化等方面存在差异，新时代劳动争议仲裁领域逐步呈现出新形态和新问题，成为劳动人事争议仲裁工作的重点和难点，港澳籍仲裁员到内地参与劳动争议案件审理，助推港澳融入国家发展大局。为进一步规范自由裁量权，统一法律适用，南沙法院在坚持我国民事诉讼基本制度的基础上，借鉴英美法系司法理念，进一步落实我国案例指导制度要求，出台《关于类似案例辩论程序的诉讼指引》。该指引推进与判例法国家普遍适用的遵循先例规则的对接互鉴，有利于消除港澳人士对内地司法的陌生感，增强对内地司法制度的信心，助推南沙打造珠三角城市群国际化法律服务高地。近期的几项创新举措展示了南沙在溯源标准规则引领、打造港澳青年大湾区创新创业首选地和珠三角城市群国际化法律服务高地方面做出的努力和成绩。

此外，南沙还有许多全国首创和突破性的举措。例如，全国首推港澳同胞远程授权办事，率先实现政务全球通办，为港澳投资者、海外华侨提供商事登记、建设工程、经营管理等 856 项政务服务事项的全球通办体验；率先对接香港诉讼规则，探索内地审前程序证据开示。在坚持我国民事诉讼基本制度的基础上，制定珠三角城市群首个《审前程序证据开示指引》，提高庭审效率。[②]南沙目前还在推进港澳执业医师资格认可工作，即允许符合条件的具有港澳专科医师资格证书的港澳居民，向南沙区直接申请办理内地医师资格认定，通过后可在南沙区内从业执业。

另一方面，“全球溯源体系”被誉为自贸制度向国际规则转变的典范，从微观监管转变为宏观与微观并重的大质量监管，从单一部门监管体系转变为多元共建的社会性体系。全球溯源体系涵盖了一般贸易、跨境电商、市场采购出口等全贸易方式，截至 2019 年，共赋码 9000.23 万个，溯源商品货值达 588.53 亿美元，形成“好货走南沙”和“放心消费”的新格局，该体系已被纳入亚太经济合作组织（APEC）成员复制推广项目。[③]

2019 年 12 月，由南沙开发区管委会与暨南大学合作共建的国际产能合作与研修培训基地揭牌，该基地服务于推动南沙与“一带一路”沿线国家及地区开展产能和技术合作。2020 年 11 月 5 日，南沙开发区管委会与联合国国际贸易中心在中国国际进口博览会上签订谅解备忘录，双方将共同推广全球报关服务系统在国际上应用。

---

① 参考广东政法网公开信息。

② 参考 2020 年度粤港澳大湾区创新合作交流会发布的信息。

③ 参考广东自贸区政务公开（http://ftz.gd.gov.cn/rdgz215/content/post_917622.html# zhuyao），以及南方日报“打造全国首个常态化粤港澳规则对接平台”专题报道。

2020 年 12 月，首批全球商品溯源标准等一系列粤港澳交流合作创新成果对外发布。南沙区以全球溯源体系运行规则和全球溯源中心基本定位为准则，编制了《全球溯源体系共建方通则》《全球溯源体系服务通则》《全球溯源中心建设指南》三项标准，明确各共建方参与溯源的权责、服务质量及全球溯源中心建设内涵，为共建方提供规范化和标准化的指导依据，以统一技术要求、服务要求和管理要求等标准化手段，推动全球溯源体系在各地快速复制推广、跨行业跨领域延伸，彰显南沙自贸片区制度创新的规则引领，实现全球溯源体系制度创新向国际规则标准转变，发挥数字经济社会治理“南沙经验”。南沙区市场监督管理局以标准化为创新手段，凝聚中国标准化研究院、广州市标准化研究院技术力量，打造粤港澳科技创新团体标准服务平台。粤港澳科技创新团体标准服务平台的启动，有利于破除珠三角城市群市场主体在互动交流中各类要素流通受阻的情况。

（4）进一步促进贸易自由化的制度创新

便利南沙自由贸易的制度在不断创新。主要创新有以下三方面：一是全国首创线上通关模式。企业通过互联网随时随地便捷自助办理报关等各项通关业务，足不出户即可办结通关手续。二是全国首创“智检口岸”。南沙出入境检验检疫局有关负责人介绍，运用“互联网 + ”概念，南沙自贸区在全国首创“智检口岸”，构建事前备案、事中采信、事后追溯的工作模式，大幅降低查验比例，企业可享受“零纸张、零距离、零障碍、零门槛、零费用、零时限”的“六零申报”，高效通关。三是设立全国首个市场采购出口商品口岸检管区，建立市场采购“南沙模式”并作为自贸经验在全省推广，目前绝大多数货柜可在 1 分钟内办结所有手续，验放周期由平均 2—3 天缩短为 16 分钟，检疫查验进入“读秒时代”。[①]

跨境物流的便利背后是南沙在珠三角城市群市场规则互认上的探索。包括首创粤港跨境货栈，实现香港机场与南沙保税港区物流园区间一站式“空陆联运”，将穗港间物流运输时间压缩一半以上；开通澳门至南沙跨境电商专线，实现澳门跨境电商货物在南沙一体清关以及检验检疫的通检互认等。为实现货物流通风险可识可控，南沙还借鉴香港自由港理念，依托全球溯源中心、全球优品分拨中心和全球报关服务系统等重大项目，开展仓储货物按状态分类监管、分送集报、先入区后报关等创新措施。2020 年 9 月，南沙保税港区优化升级为综合保税区。增值税一般纳税人资格试点、整车保税存储、境内外保税维修、承接境内区外委托加工、促进内销便利等 10 项利好政策可推动物流业在南沙进一步集聚，促进转口贸易发展。南沙充分发挥国际枢纽大港优势和贸易便利化改革领先优势，以项目为抓手推动贸易规则创新、监管模式创新和贸易工具创新，构建与高水平对外开放相适应的国际贸易制度规则体系。

① 参见广东省政府要闻动态（http://www.gd.gov.cn/gdywdt/tzdt/content/post_68779.html）。

（5）重仓基础设施和教育医疗配套

在开发建设层面，南沙采用 EPC（engineering procurement construction，设计-采购-施工模式）+ PPP（public private partnership，公共私营合作制）模式取得骄人成就，财政收入位居广州市前列，且负债率控制在合理区间；教育和医疗配套，得益于上轮城市规划，南沙在这方面的公共服务投资不遗余力；中科院几个院所、香港科技大学、华南师范大学附属小学、广州大学附属中学、广州外国语学校南沙校区陆续投入使用，未来几年内南沙还有 5 所名校投入使用，集中了广州最优质的学校。①

目前，中山大学附属第一医院、广东省中医院、广州市妇女儿童医疗中心、广州市第一人民医院已与南沙合作新建高标准院区，这批医院成为南沙医疗卫生服务的四大支柱。至 2020 年，南沙规划综合医院 11 个，中医医院 1 个，专科医院 3 个。②2019 年 3 月，广州市政府发布《关于印发广州市医疗卫生设施布局规划的通知》，建设南沙医疗卫生服务副中心、珠三角城市群医疗高地。建设医疗卫生服务副中心是将南沙建设为广州城市副中心的重要举措，接下来可能还会有更多的“优质资源副中心”给到南沙。此外，光华口腔医学院、国际心血管医院、肿瘤医院等一批高端专科医院也落户南沙。住房制度改革方面，南沙在共有产权、租购同权方面，推出了大力度的改革创新措施。

综上所述，将南沙在粤港澳规则对接方面的主要制度创新成果总结如下（表 7-1）。

表 7-1　南沙近年与港澳对接的制度创新体现

粤港澳规则对接成果		
两个基地揭牌	“国际产能合作与研修培训基地”揭牌	基地服务于推动南沙与“一带一路”沿线国家开展产能和技术合作的研修与培训
	“暨南大学港澳青年学业就业创业基地”揭牌	基地打造港澳青年来南沙学习交流、实习就业、创新创业的常态化平台
四个合作协议签订	南沙与暨南大学签订全面战略合作框架协议	双方加强在科技成果转化、青年创新创业、产业落地和共建珠三角城市群优质生活圈等方面的合作
	南沙与暨南大学签订共同促进粤港澳联合实验室建设合作协议	共同打造科学研究、技术创新和人才培养平台，推进科技成果转化和产业落地
	南沙与广东省粤港澳合作促进会签订战略合作框架协议	共同推动在港澳资源对接、宣传推介、招商引智、专业服务等领域开展合作
	签署《金桥百信司徒维新邝玉球（南沙）联营律师事务所合作协议》	成为全国第三家特殊普通合伙形式的粤港澳联营律师事务所

① 参考广州市南沙开发区产业园区开发办公室、南沙区委宣传部相关信息发布。

② 参考《广州市人民政府办公厅关于印发广州市医疗卫生设施布局规划的通知》、广州市规划和自然资源局公布的广东省中医院南沙医院建设工程设计批后方案。

续表

粤港澳规则对接成果		
五项制度创新成果发布	出台港澳专业人才资格认可十条措施	优化港澳专业人才职称评定和执业资格认可环境，扩大专业资格认可实施范围
	发布“港澳青创 30 条”	打造港澳青年大湾区创新创业的首选地和全面融入国家的中转站
	南沙政务全球通办	全国首推港澳同胞远程授权办事，率先实现政务全球通办
	探索内地审前程序证据开示	率先对接香港诉讼规则，进一步提升内地与港澳诉讼规则的互鉴对接
	粤港澳仲裁规则对接持续深化	新版《中国南沙国际仲裁中心仲裁通则》进一步明确仲裁程序操作指引

资料来源：广东自贸区政务公开。

7.3.4　立足国际航运和自由贸易的科融驱动模式

珠三角城市群经济一般呈现出“港口经济-工业经济-服务经济-创新经济”的四阶段演进过程。南沙正沿着产城科融生态融合发展的路径，进行四个阶段的同步跨越。充分发挥国家级新区和自贸区优势，加快建设珠三角城市群国际航运、金融和科技创新功能承载区，高标准推进广州南沙城市规划建设，携手港澳建成高水平对外开放门户。广州南沙粤港澳全面合作示范区集聚了粤港澳现代航运服务资源，发展航运服务业和邮轮游艇产业。强化国际贸易功能集成，推进保税物流、出口集拼、大宗商品交易等平台建设。除此以外，依托珠三角城市群特色优势，建设多元旅游平台，构建休闲度假、养生保健、邮轮游艇等多元旅游产品体系，开发高铁“一程多站”旅游产品，建设珠三角城市群世界级旅游目的地。联合港澳共建深圳太子湾、广州南沙湾、香港启德港邮轮母港集群。

南沙以发展人工智能产业为重点，加快南沙庆盛科技创新产业基地建设，打造珠三角城市群人工智能产业引领示范区。依托华南技术转移中心、香港科技大学霍英东研究院等重大平台，为香港纳米技术及先进材料、资讯及通信技术、物流及供应链管理应用技术等研发中心提供更大发展空间，建成一批港澳科技成果对接转化平台。

同时，南沙正着力发展航运金融、科技金融、融资租赁等服务实体经济的特色金融，加快推动设立珠三角城市群国际商业银行。除了传统的制造业和服务贸易，“科融驱动、海洋经济、绿色发展”正打造新型产业链群，将成为南沙新经济的四梁八柱。

在区域运营层面，城市投行 + 产业链招商，“营智环境”被积极营造，对标港澳、国际标准并制定国际标准。区域科研的产业化能力大幅提升。基础设施和教育和医疗配套为科创发展提供支撑。

7.4 城市区域治理与制度创新

7.4.1 城市区域治理研究的理论基础

现有关于城市区域治理的研究主要是基于两方面的理论：空间选择性（spatial selectivity）与政府尺度重构（state rescaling）（Jones，1997；Brenner，2004）。

“空间选择性”有助于理解为何某些城市区域会被战略性地选择为国家级的空间。建设国家级的空间项目往往是为了强化城市区域本地的社会经济资产。基于增长优先的逻辑，国家倾向于选择经济已领先的，并且具有新经济增长机会的城市区域，会支持战略性项目优先在这些区域发展。Moisio 和 Paasi（2013）指出了国家空间选择性的作用机理：通过将不同类型的城市与国家战略相连接，国家不断地重塑其空间性，由此也让城市区域形成国际竞争力。空间选择性机制有助于理解中国政府是如何用城市区域主义（city-regionalism）作为一种发展政策来重构国家经济空间的。以往由于城市间竞争而被低估的区域，近年来逐渐成为中国城市经济协同发展的新引擎。

为了强化一国之内发展领先的城市区域，国家的各级制度差异增加，在空间选择的过程中发生了“尺度重构”。尺度重构通常是指国家级、次国家级、超国家级政府之间规制关系的重构；经过尺度重构，国家利益可以在多个空间尺度实现（Lim，2019）。政府的尺度重构，向下可达区域与城市，向上可至欧盟、世界贸易组织、国际货币基金组织等，并面向国内与跨国资本（Swyngedouw，2000）。尺度重构与各地政府所管理的项目相关，其目的在于让项目在空间上落地（Peck，2003）。尺度重构可以协调各级政府内部或政府之间的规章制度、管理实践、财政关系以及公共服务供给。

7.4.2 中国的城市区域治理实践

（1）中国经济发展过程中城市间的竞争关系

现有的许多研究探讨了中国分权化改革以来区域城市间的竞争关系。例如，学者们普遍指出城市间的竞争性利益妨碍了中央政府所制定的长三角区域规划的实施（Wu and Zhang，2007；Li and Wu，2018；Wang and Shen，2016）；又如，珠三角地区、潮汕揭地区城市化进程中曾经造成城市间紧张关系的市民权利与经济合作问题（Li et al.，2014；Smart and Lin，2007；Li et al.，2015；Sun and Chan，2017；Yang and Li，2013）。这一类关注城市区域治理的研究中，其所搭建的概念框架往往是基于两种现象：一是城市间对外资竞争的差异；二是上级政府对于不同城市的差别待遇（Pan et al.，2017；Wu and Zhang，2010；Xu and Yeh，2009）。在竞争体制下，中央政府是一个监管者，而各级地方政府则参与到经济增长的竞赛当中。吴缚龙指出，近年中国政府所策划的尺度重构的驱动因素包括：地方经济分权化、城市间的恶性竞争、未经协调的城市发展（Wu，2017）。这在一定程度上概述了中国城市区域治理近年发生转变的驱动机制。

尽管现有研究已经对中国城市区域治理转型中发生的一些现象和问题做了探讨，但其主要关注于城市间的竞争关系，而城市区域治理演化过程中的更多其他现象则讨论不足。这也说明尺度重构这一理论工具尚未被充分地应用。Li 与 Wu（2012）认为早期的尺度重构分析框架并不是一个有效的工具，因为其既没有检验国家地位变化的因果逻辑也没有深入探究整个动态过程。Li 等（2014）认为相关研究对国家空间一概而论，缺乏对地方具体实践的深度案例研究，关键的政治过程与关系仍有待深入探索。Sun 和 Chan（2017）则认为国家级的新城市区域还需细致的探究。中国城市区域治理发生了自上而下的方式转变已成共识。但就现有研究而言，仍有两方面的薄弱之处：一是城市在从竞争转向协同的过程中政府在不同空间尺度上的角色调整；二是政府为实现城市间合作所建立的新制度框架（Zhong and Su，2019）。

20 世纪 90 年代学者们就已经认识到中国经济发展进程中的恶性竞争是不能长久的，因此呼吁中央政府能够建立一个严格而有力的政府间协同关系以便维持经济的正常运作（Qian and Xu，1993）。中国的经济组织是多层次、多区域的形式。在这一组织形式中，不同尺度的每一片区域（如省、市、县、镇）都可以作为提升地方企业、建立地方化市场等实践的可操作区域单元。吴缚龙阐述了近几十年来中国城市区域治理对应空间尺度所发生的转变：中国的空间规划经历了从国家级的空间到地方的城市空间，再到最近几年城市区域的过程（Wu，2017）。这一演变趋势一方面体现了城市治理尺度在纵向的调整，另一方面也体现了城市（或者至少在特定的被选择区域）间关系在这种调整下由竞争转向更为协同。

（2）珠三角城市群：治理尺度的纵向上升与资本的横向连接

近年来，新的制度转变如何提升中国城市区域治理引发了诸多学者的兴趣。Lim（2017）通过探究规制（在目标城市区域进行试验的政策工具）如何变化及其如何与既有的制度（国家层级保留下的制度）路径互动，较为详尽地描绘了中国这一新兴经济体的政府尺度重构。近年来，在有关珠三角城市群的研究中，周期性的制度体系重构不再被单纯地描绘为政府的尺度上升或下降，而是被理解为制度的延续性塑造以及不同尺度政治化的演变过程（Chung and Xu，2016；Xu and Chen，2014）。这一过程中可能同时出现冲突与合作关系（Xu，2017）。

珠三角城市群这一概念从学界的讨论到地方政策的考量，再到国家战略的提出，历时二十余年，其城市区域治理以及尺度重构现象引发了诸多讨论。例如早期主要是针对珠三角城市群协同规划中防止城市蔓延的议题。近年来，一些学者对《内地与香港关于建立更紧密经贸关系的安排》（CEPA）签订以来的城市区域治理的变化做了较为详细的探讨。一部分研究探讨了 CEPA 制度供给的内容，或是其对香港经贸发展的影响（Ching et al.，2012）。Zhong 和 Su（2019）更进一步地针对 CEPA 签订以来的变化做了探究，认为不同尺度的政府在设计和实践国家级的空间项目时扮演了不同的角色。不同于早前城市政府间更多是冲突与竞争的关系，各级政府所参与的行政尺度分工实际是一种在城市区域设计与实践国家发展战略的制度基础设施。CEPA 的顺利实施实际有着两方面的基础：一是中国内地各级政府之间、中央政府与香港特别行政区政府之间的纵向连接，二是三个自贸片区（前海、南沙、横琴）之间、港资企业之间的横向连接。在 CEPA 的履行过程中，中央政府扮演掌舵与决策的角色，广东省政府则是协调与促进，而深圳、广州、珠海市政府则负责具体实施。在前人的研究中，政府间协同已经被视作在政策制定与实施过程中为减少冗余和矛盾、促进任务协同的制度安排（Bouckaert et al.，2010）。而近年珠三角城市群所体现的城市区域治理现象则呼应了这一理论观点。

一部分研究则关注了珠三角城市群内与三个自贸区相关的城市治理议题。例如，Lim（2019）认为深圳前海、广州南沙、珠海横琴这三个城市内的区域实际上反映了政府治理的尺度上升，这一过程也体现出广东省经济的重要性。Lim 认为这三个区域出现的根本逻辑与广东省进行产业转移或是国家淘汰冗余产业一样，都是政府促进产业融入新的跨国资本循环在空间上的体现。早前 Brenner（2004）曾提醒国家的空间项目需依托具体的地点以重构“资本积累与社会经济活动”。上述三个被国家选择的自贸区在某种程度上也印证了 Brenner（2004）的观点，即为了容纳香港的资本与企业，三个自贸区形成了“国家管理因地制宜的具体形式，以及特定而有目的的制度安排”。

由本章的分析可知，除了自由贸易这一功能之外，粤港、粤澳的合作近年来已经上升到了一个新阶段。对于深港合作而言，位于福田区河套地区的合作区主要以便利科技企业的创新项目落地为导向，吸引港澳创新资本与技术。合作区的制度设计围绕着使园区的科研机构、创新企业、人才能够享受与内地同等或与国际对标的服务展开。而珠海横琴新区的制度创新过程所体现出的城市区域治理演变主要是在服务的跨境共享方面，这是在一定范围内实现一体化的过程。南沙粤港澳创新特别合作区也有公共服务与市场服务共享的相应政策。并且三个合作区都设置了跨境仲裁的相关机制。在创新特别合作区内，这种促进不同地方的制度融合或制度对标，体现了城市区域治理过程中来自顶层设计的把控以及各地政府间的横向协同。

参考文献

Bouckaert G，Peters B G，Verhoest K，2010. The coordination of public sector organizations：shifting patterns of public management[M]. London：Palgrave Macmillan.

Brenner N，2004. New state spaces：urban governance and the rescaling of statehood[M]. Oxford：Oxford University Press.

Ching S，Hsiao C，Wan S K，2012. Impact of CEPA on the labor market of Hong Kong[J]. China Economic Review，23：975-981.

Chung C K L，Xu J，2016. Scale as both material and discursive：a view through China's rescaling of urban planning system for environmental governance[J]. Environment and Planning C：Government and Policy，34（8）：1404-1424.

Jones M R，1997. Spatial selectivity of the state? The regulationist enigma and local struggles over economic governance[J]. Environment and Planning A：Economy and Space，29（5）：831-864.

Li Y，Wu F，2012. The transformation of regional governance in China：the rescaling of statehood[J]. Progress in Planning，78（2）：55-99.

Li Y，Wu F，2018. Understanding city-regionalism in China：regional cooperation in the Yangtze River Delta[J]. Regional Studies，52（3）：313-324.

Li Y，Wu F，Hay I，2015. City-region integration policies and their incongruous outcomes：the case of Shantou-Chaozhou-Jieyang city-region in east Guangdong Province，China[J]. Habitat International，46：214-222.

Li Z，Xu J，Yeh A G O，2014. State rescaling and the making of city-regions in the Pearl River Delta，China[J]. Environment and Planning C：Government and Policy，32（1）：129-143.

Lim K F，2017. State rescaling，policy experimentation and path-dependency in post-Mao China：a dynamic analytical framework[J]. Regional Studies，51（10）：1580-1593.

Lim K F，2019. On shifting foundations：state rescaling，policy experimentation and economic restructuring in post-1949 China[M]. Hoboken，NJ：John Wiley & Sons.

Moisio S，Paasi A，2013. Beyond state-centricity：Geopolitics of changing state spaces[J]. Geopolitics，18（2）：255-266.

Pan F，Zhang F，Zhu S，et al.，2017. Developing by borrowing？Inter-jurisdictional competition，land finance and local debt accumulation in China[J]. Urban Studies，54（4）：897-916.

Peck J，2003. Geography and public policy：mapping the penal state[J]. Progress in Human Geography，27（2）：222-232.

Qian Y，Xu C，1993. The M-form hierarchy and China's economic reform[J]. European Economic Review，37（2/3）：541-548.

Smart A，Lin G C S，2007. Local capitalisms，local citizenship and translocality：rescaling from below in the Pearl River Delta region，China[J]. International Journal of Urban and Regional Research，31（2）：280-302.

Sun Y，Chan R C K，2017. Planning discourses，local state commitment，and the making of a new state space（NSS）for China：evidence from regional strategic development plans in the Pearl River Delta[J]. Urban Studies，54（14）：3281-3298.

Swyngedouw E，2000. Authoritarian governance，power，and the politics of rescaling[J]. Environment and Planning D：Society and Space，18（1）：63-76.

Wang L，Shen J，2016. Spatial planning and its implementation in provincial China：a case study of the Jiangsu region along the Yangtze River plan[J]. Journal of Contemporary China，25：669-685.

Wu F，2017. China's emergent city-region governance：a new form of state spatial selectivity through state-orchestrated rescaling[J]. International Journal of Urban and Regional Research，40（6）：1134-1151.

Wu F，Zhang F，2010. China's emerging city region governance：towards a research framework[J]. Progress in Planning，73（1）：60-63.

Xu J，2016. Contentious space and scale politics：planning for intercity railway in China's mega-city regions[J]. Asia Pacific Viewpoint，58（1）：57-73.

Xu J，Chen Y，2014. Planning intercity railways in China's mega-city regions：insights from the Pearl River Delta[J]. The China Review，14（1）：11-36.

Xu J，Yeh A，2009. Decoding urban land governance：state reconstruction in contemporary Chinese cities[J]. Urban Studies，46（3）：559-581.

Yang C，Li S，2013. Transformation of cross-boundary governance in the Greater Pearl River Delta，China：contested geopolitics and emerging conflicts[J]. Habitat International，40：25-34.

Zhong Y，Su X，2019. Spatial selectivity and intercity cooperation between Guangdong and Hong Kong[J]. Urban Studies，56（14）：3011-3029.

彩　图

图 1-1　珠三角城市群行政范围图

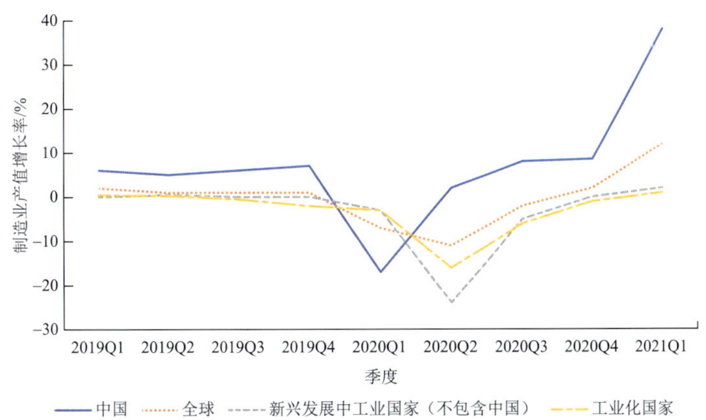

图 2-17　世界制造业产值季度同比增长率（2019—2021 年）

资料来源：https://www.unido.org/news/world-manufacturing-one-year-covid-19

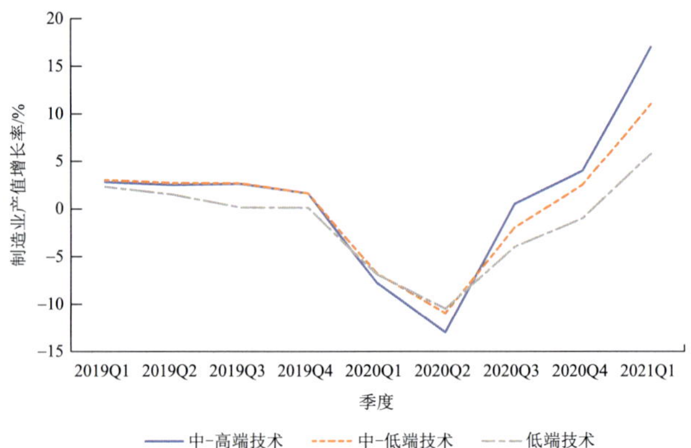

图 2-18　技术密度分类下世界制造业季度同比增长率（2019—2021 年）

资料来源：https://www.unido.org/news/world-manufacturing-one-year-covid-19

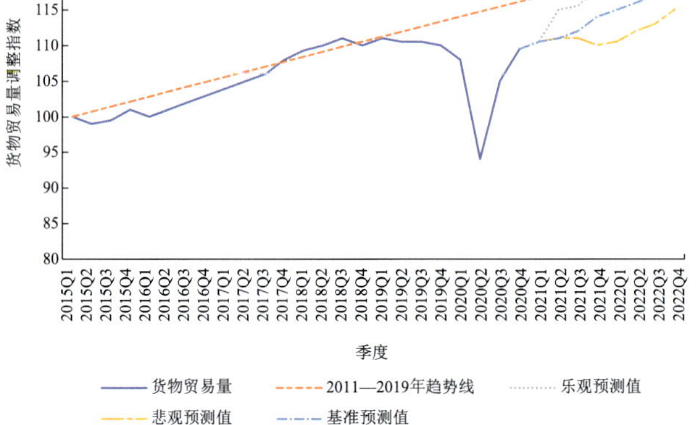

图 2-20　世界商品贸易总量（2015—2022 年）

资料来源：（WTO，2021）

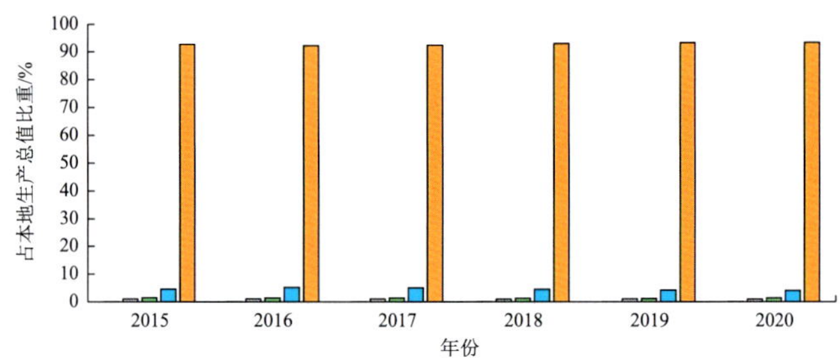

图 5-2　香港特别行政区各产业占以基本价格计算的本地生产总值百分比

数据来源：香港特别行政区政府统计处，https://www.censtatd.gov.hk/sc/web_table.html？id = 36#

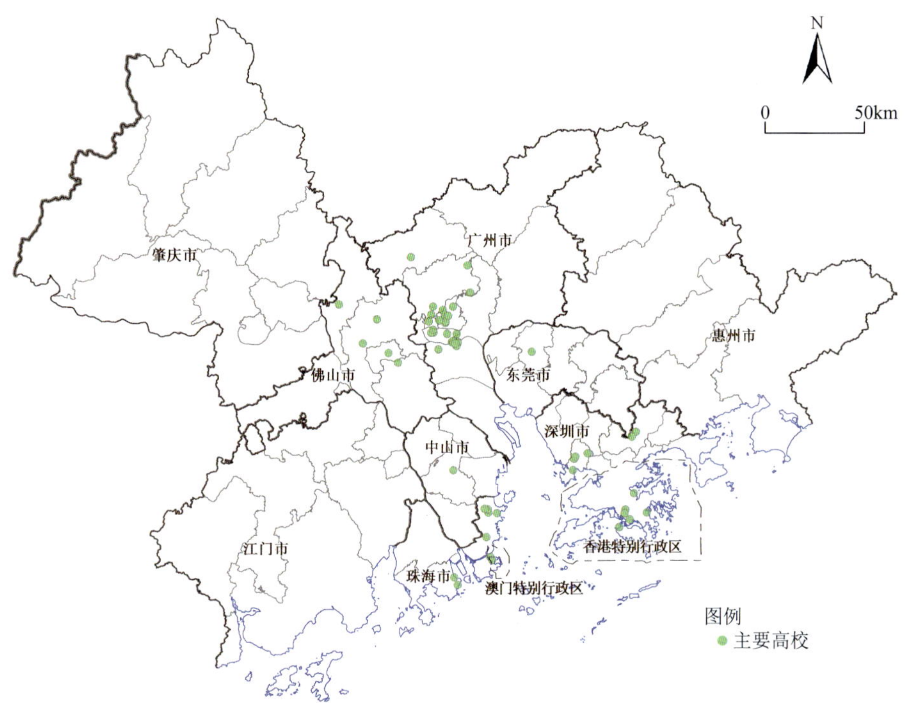

图 5-3　珠三角城市群主要高等院校的分布图

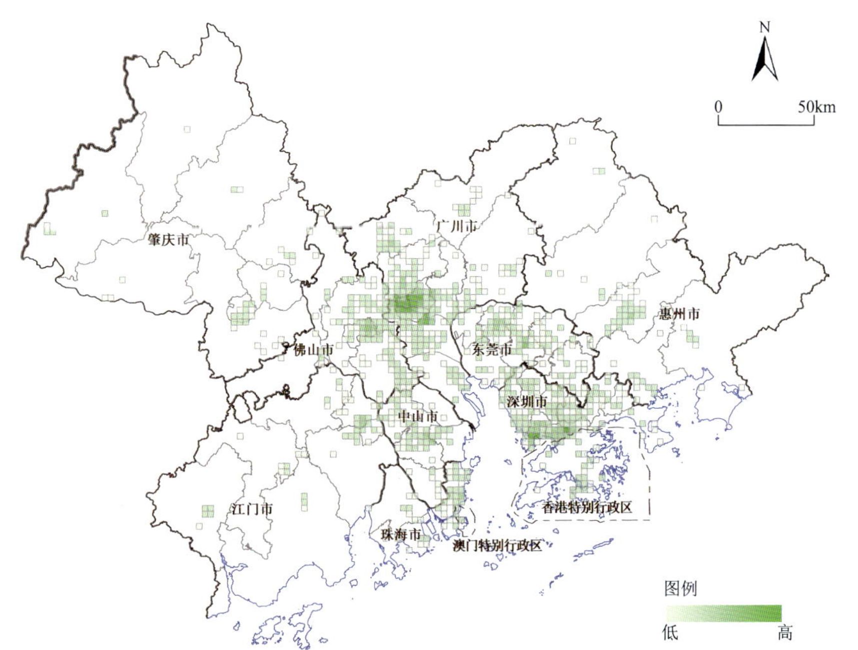

图 5-4　珠三角城市群科研院所分布图

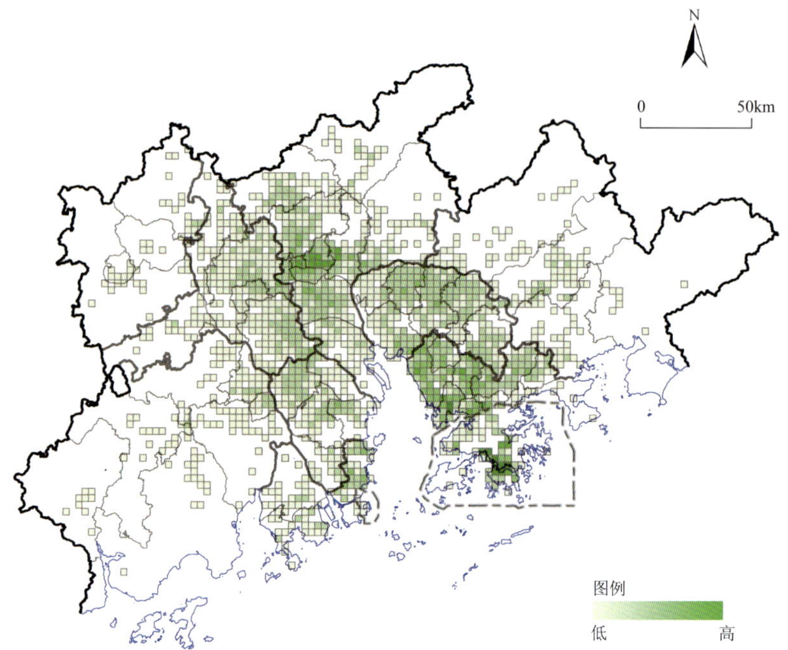

图 5-5　珠三角城市群高新技术企业分布图

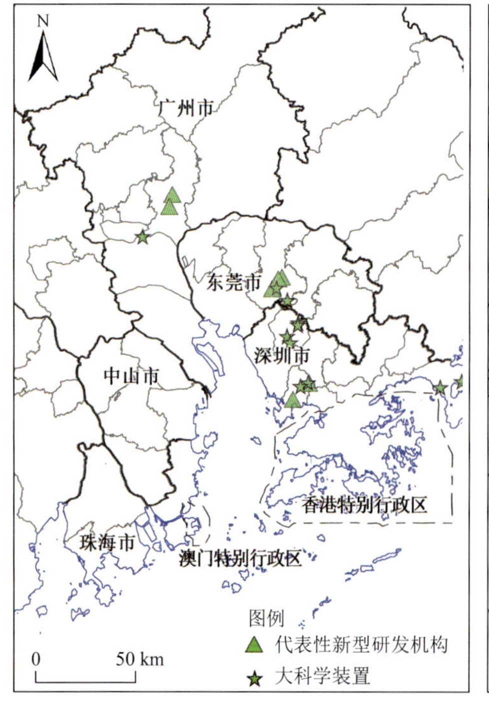

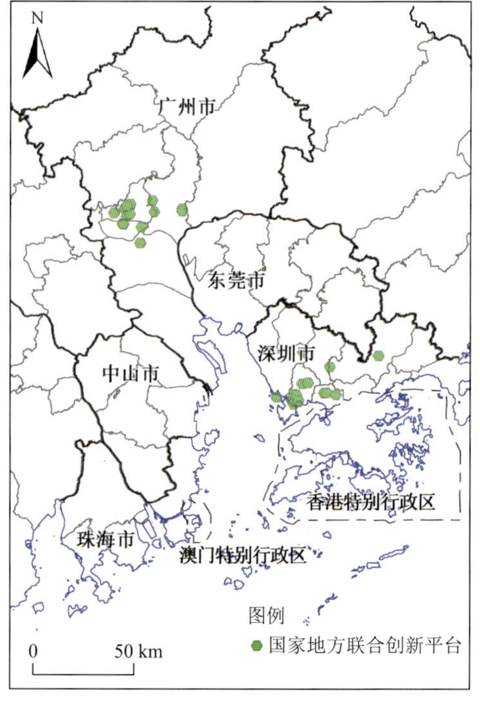

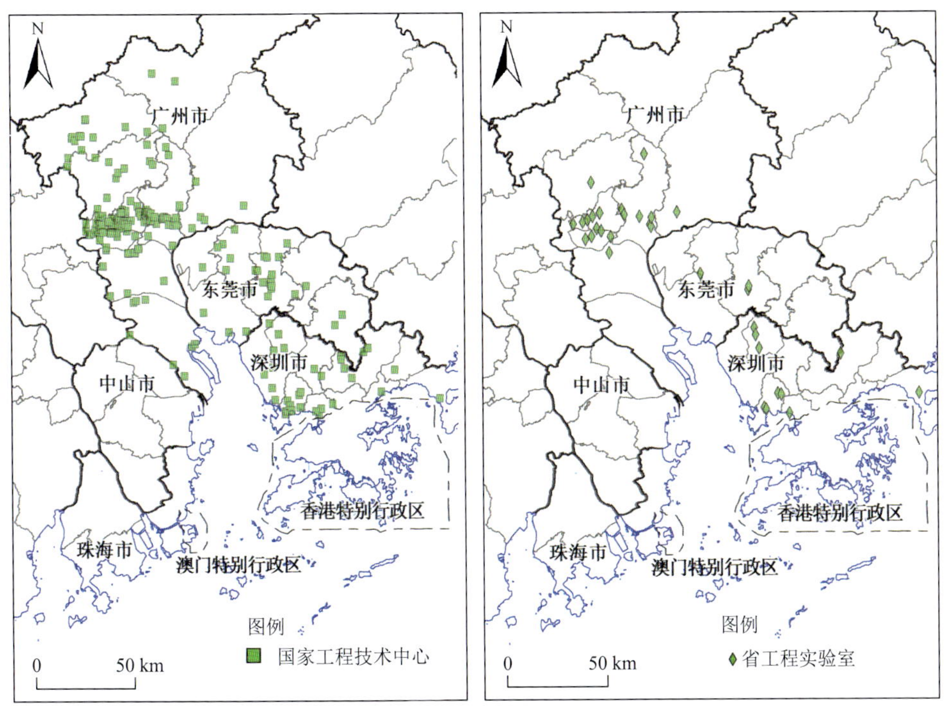

图 5-6　珠三角地区主要创新平台空间分布

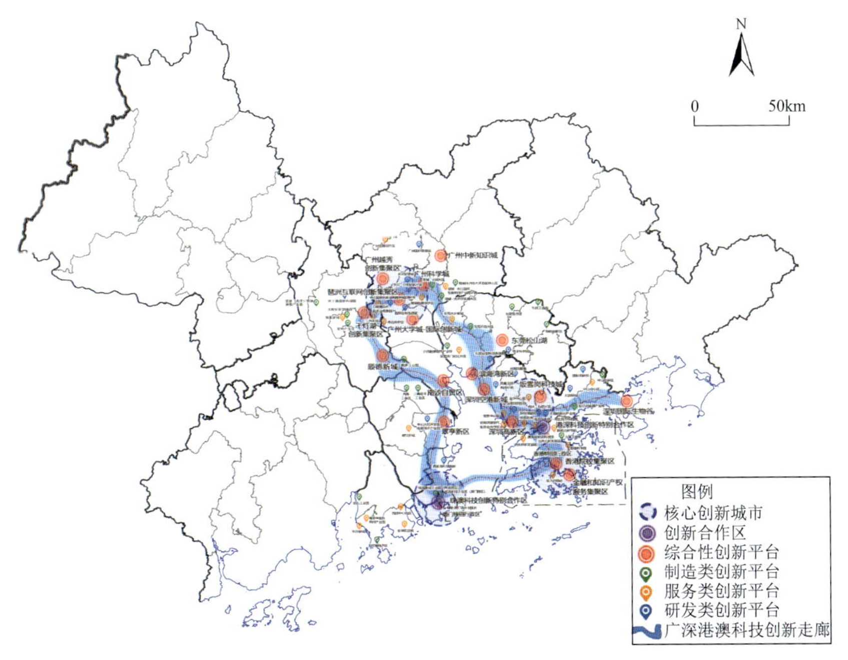

图 5-7　广深港澳科技创新走廊规划设想

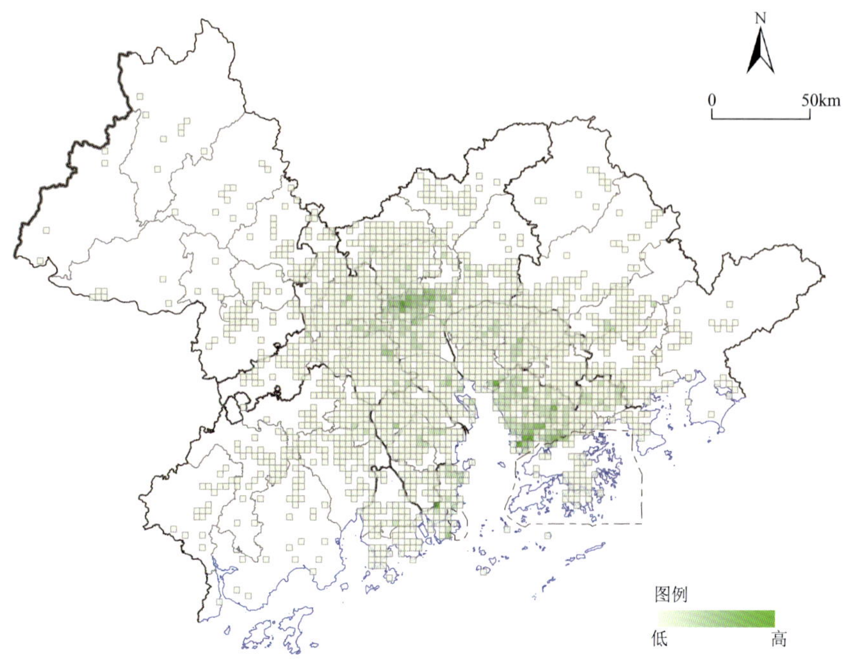

图 5-12　珠三角城市群发明专利的空间分布

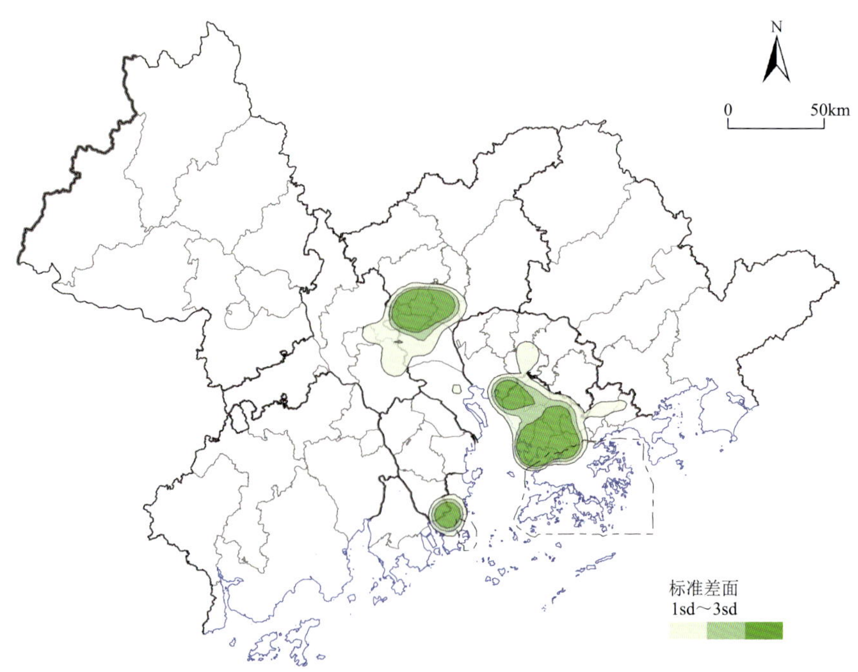

图 5-13　珠三角城市群发明专利的空间集聚特征

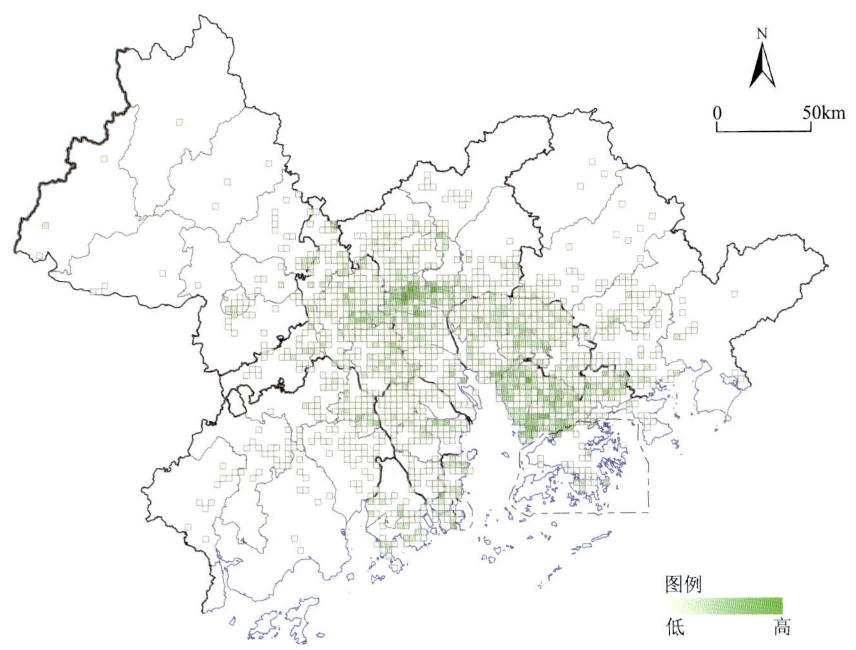

图 5-15　珠三角城市群先进材料产业技术创新的空间分布

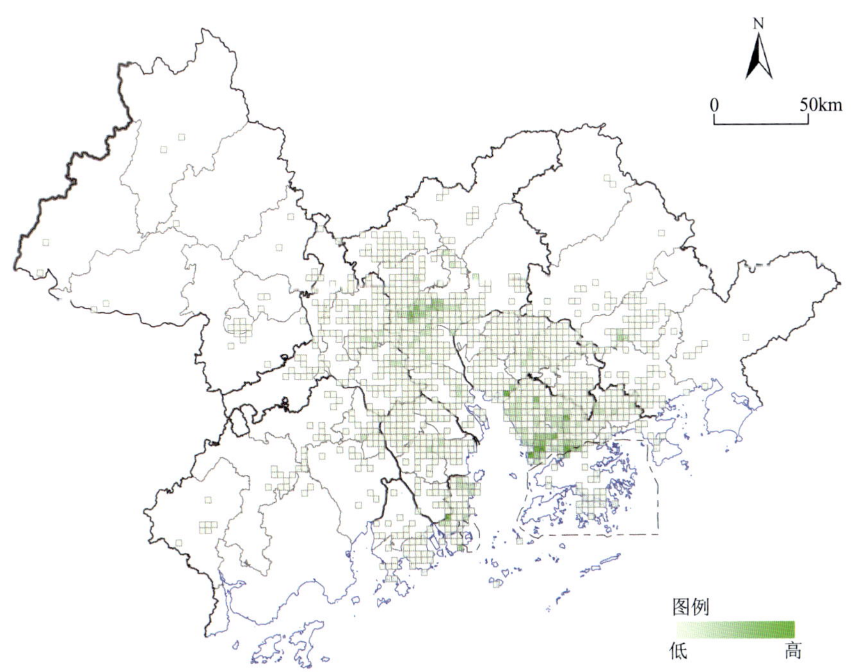

图 5-16　珠三角城市群新一代电子信息产业技术创新的空间分布

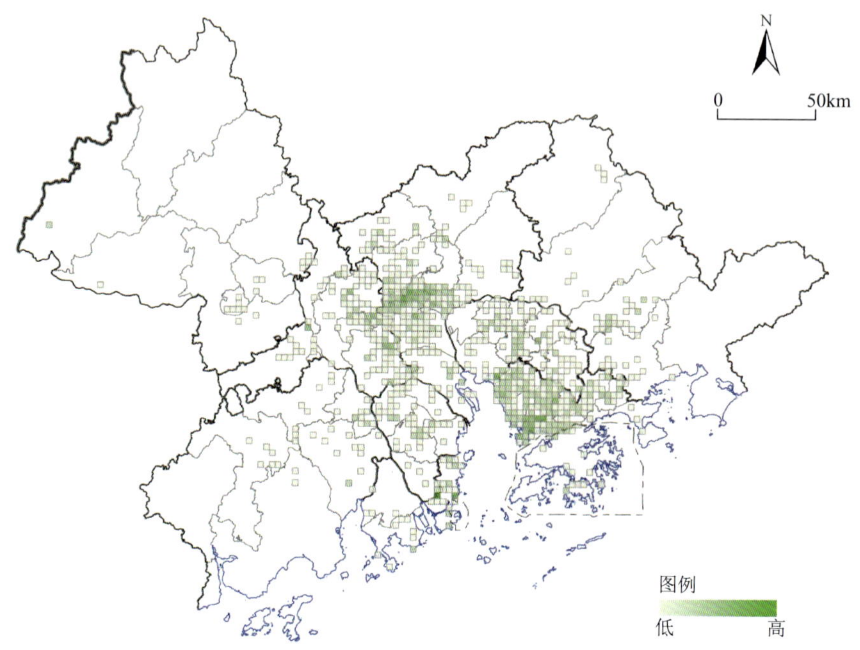

图 5-17 珠三角城市群智能机器人产业技术创新的空间分布

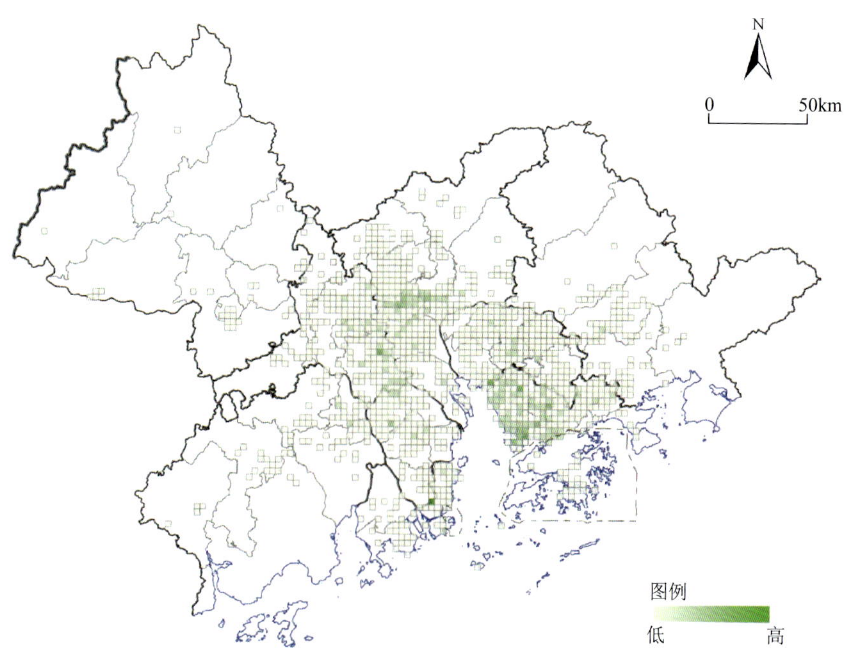

图 5-18 珠三角城市群智能家电产业技术创新的空间分布

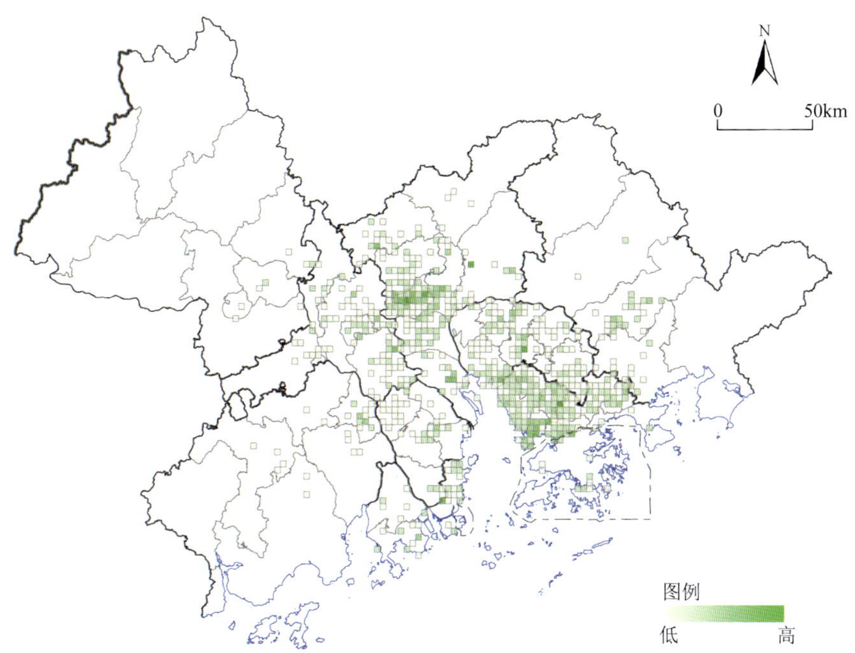

图 5-19　珠三角城市群汽车产业技术创新的空间分布

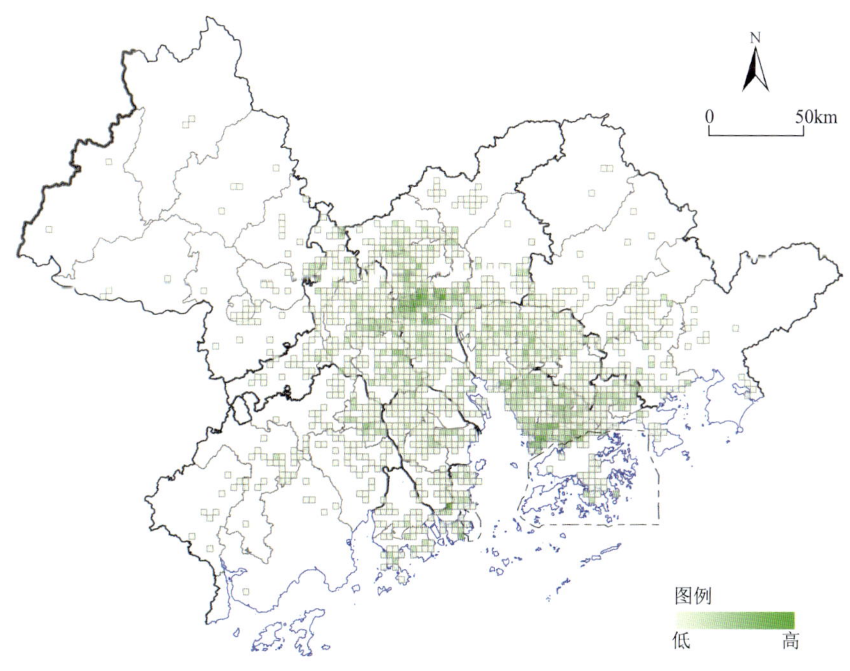

图 5-20　珠三角城市群绿色石化产业技术创新的空间分布

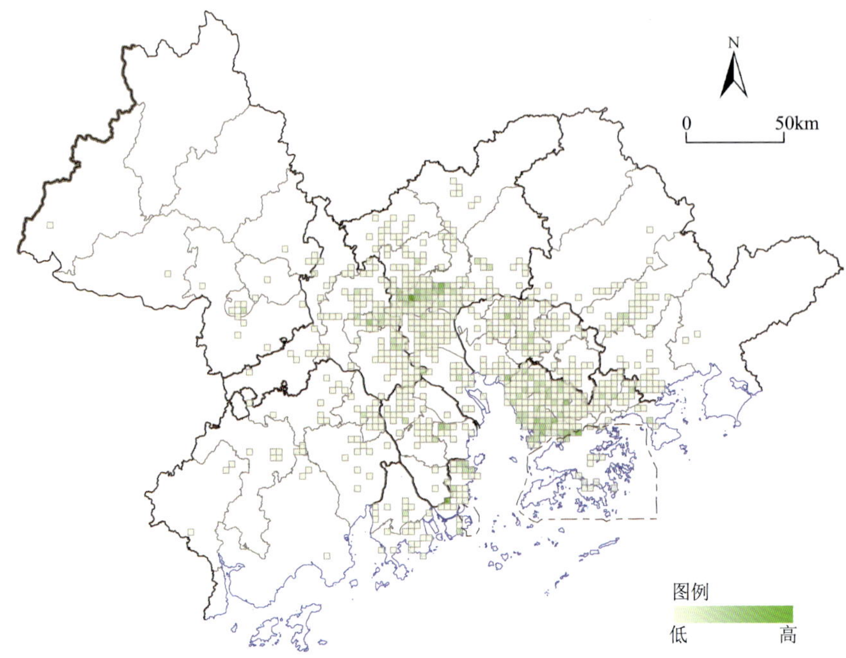

图 5-21　珠三角城市群新能源产业技术创新的空间分布

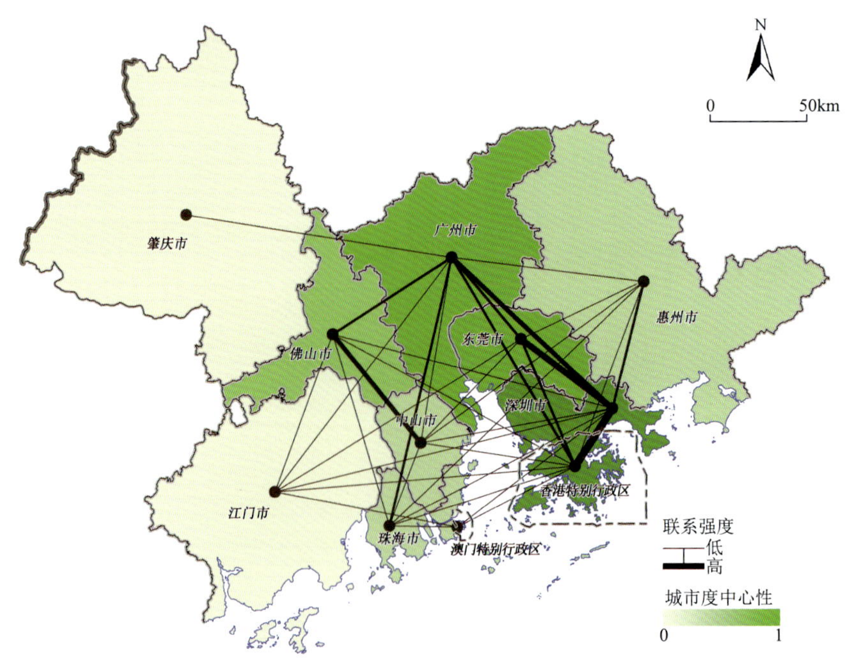

图 6-1　珠三角城市群国际专利合作申请网络结构

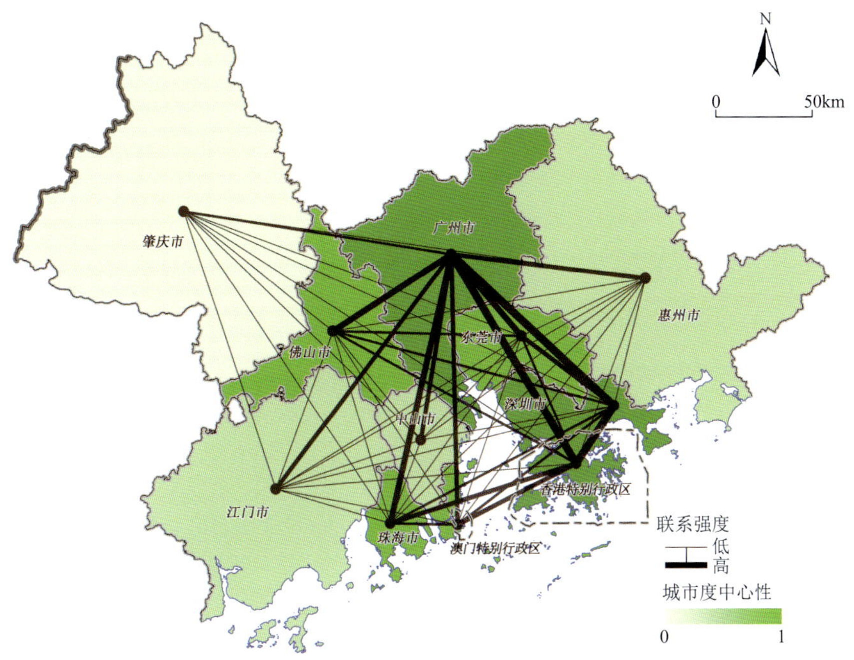

图 6-2 珠三角城市群论文合作发表网络结构

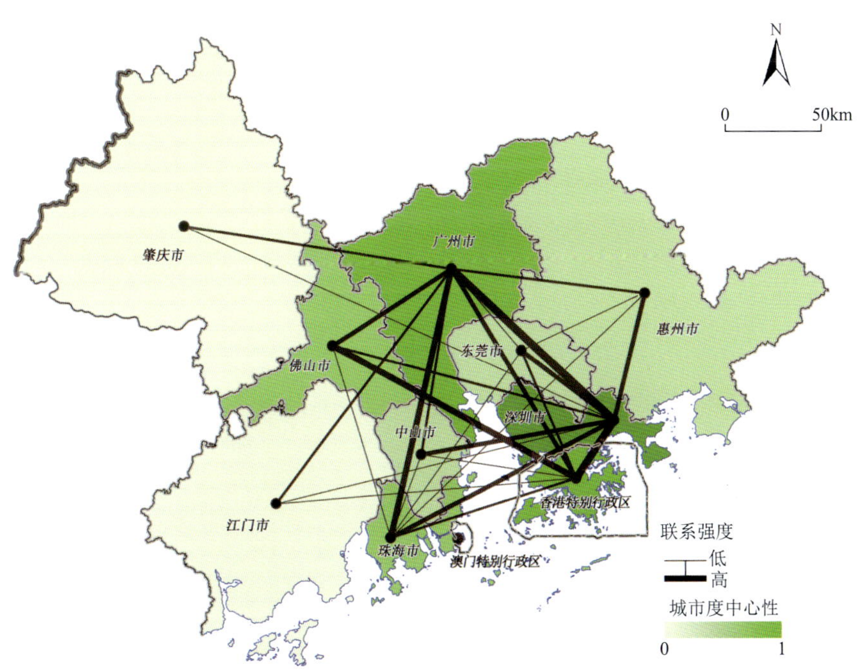

图 6-3 珠三角城市群风险投资网络结构

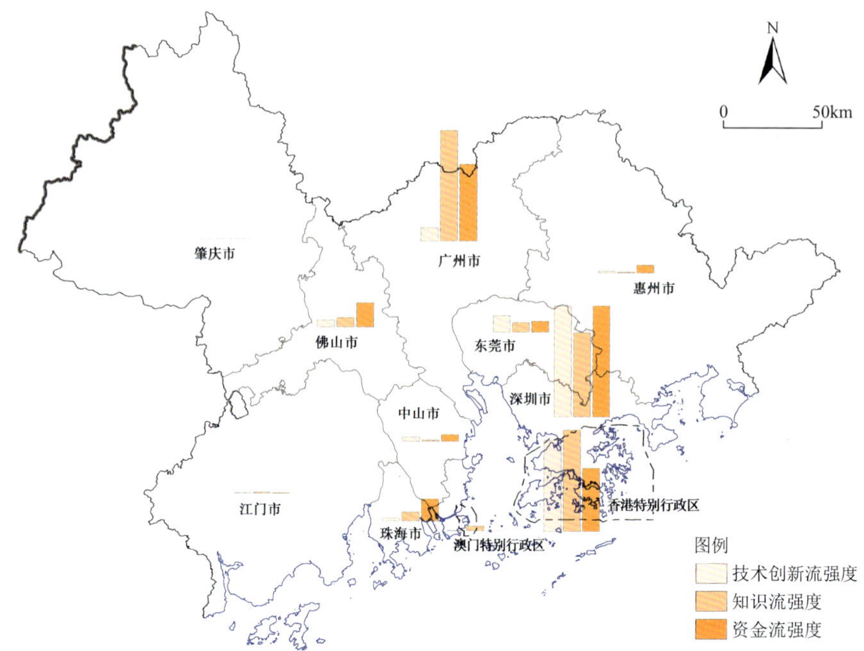

图 6-4　珠三角城市群各城市的多维度创新流强度

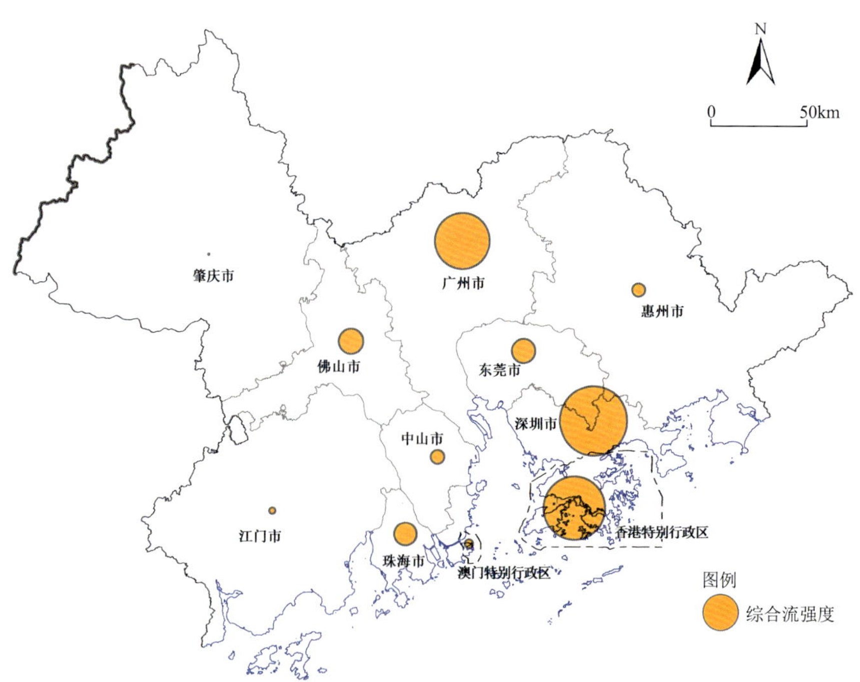

图 6-5　珠三角城市群各城市的综合创新流强度

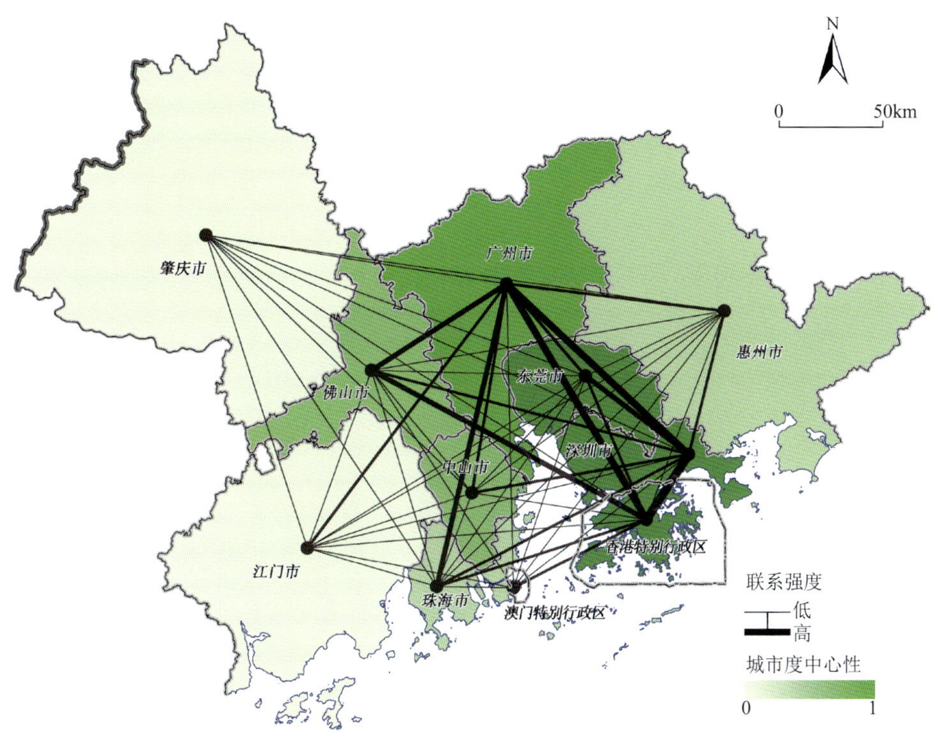

图 6-6　珠三角城市群协同创新网络结构

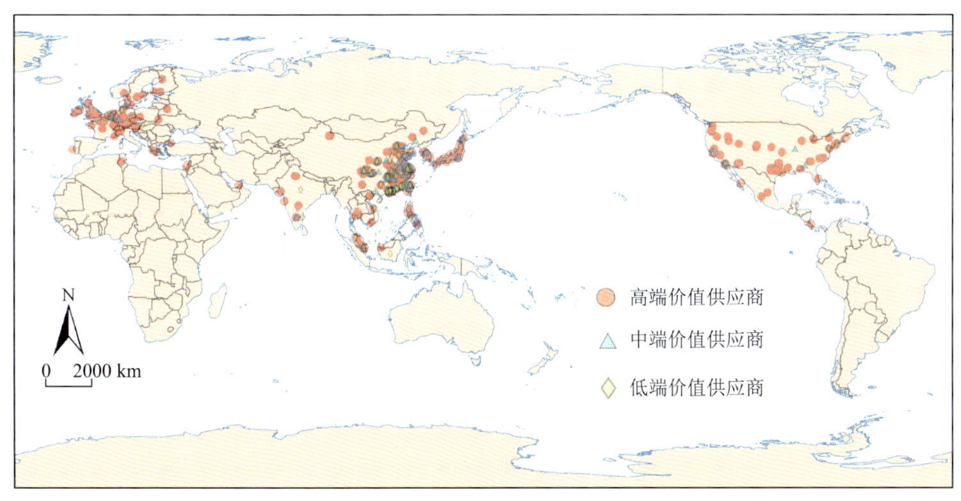

(a) 断供前供应商在世界范围内的分布

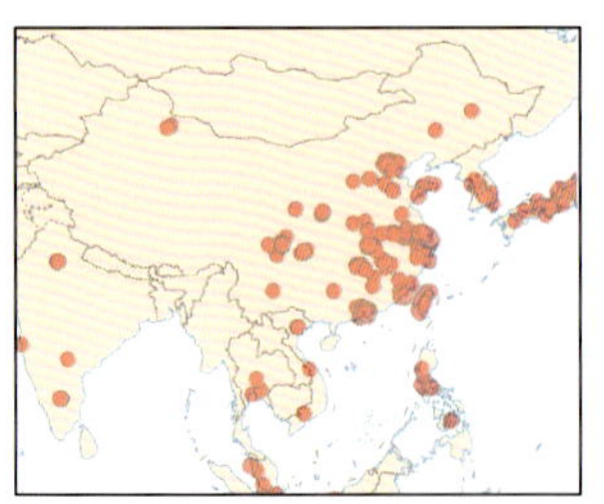

(b) 断供前高端价值供应商

(c) 断供前中端价值供应商

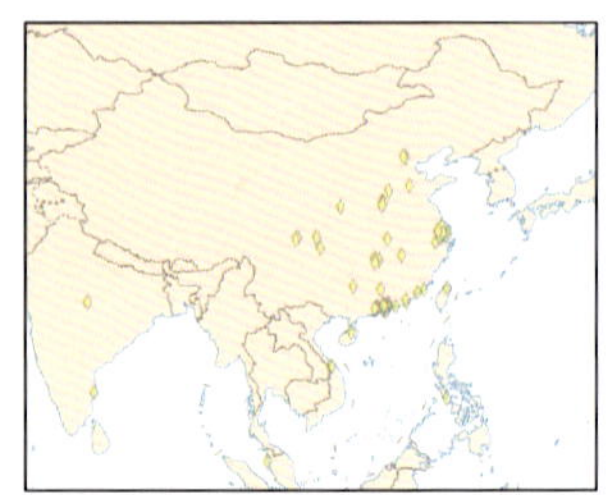

(d) 断供前低端价值供应商

断供前高端价值供应商	CPU（高通，圣迭戈；海思，深圳）、闪存（闪迪，帕罗奥多）、屏幕（三星，水原），触控显示（汇顶科技，深圳；新思，山景城）、模拟芯片（美信，圣何塞；Dialog，伦敦）、摄像头芯片（索尼，东京；韦尔豪威，上海）、摄像头模组（舜宇光学，宁波；欧菲光，深圳；丘钛科技，苏州）、存储芯片（美光科技，爱荷华州；海力士，利川）、电源管理芯片（Dialog，伦敦）、芯片制造（台积电，新竹）、芯片封测（日月光，高雄；矽品，台中；长电科技，无锡）、GPU（英伟达，圣克拉拉；ARM芯片，剑桥；海思，深圳），射频芯片（博通，尔湾）、玻璃盖板（蓝思科技，长沙；伯恩，香港）
断供前中端价值供应商	声学零部件（新飞通，圣何塞；歌尔股份，潍坊）、PCB电路板（迅达科技，圣塔安娜；新兴电子，桃园）、电池（欣旺达，深圳；塞德电池，深圳）、柔性电路板（东山精密，苏州）、连接器（长盈精密，深圳；立讯精密，东莞）、天线（信维通信，深圳；硕贝德，惠州）、精密结构件（安洁科技，苏州；星星科技，台州）、导热材料（飞荣达，深圳；中石科技，北京）
断供前低端价值供应商	组装代工（伟创力，新加坡；富士康，台北；比亚迪，深圳）、机壳（领益智造，江门；长盈精密，深圳；三环集团，潮州）、结构件代工（比亚迪，深圳）

图 6-7　华为手机供应商空间分布（断供前）

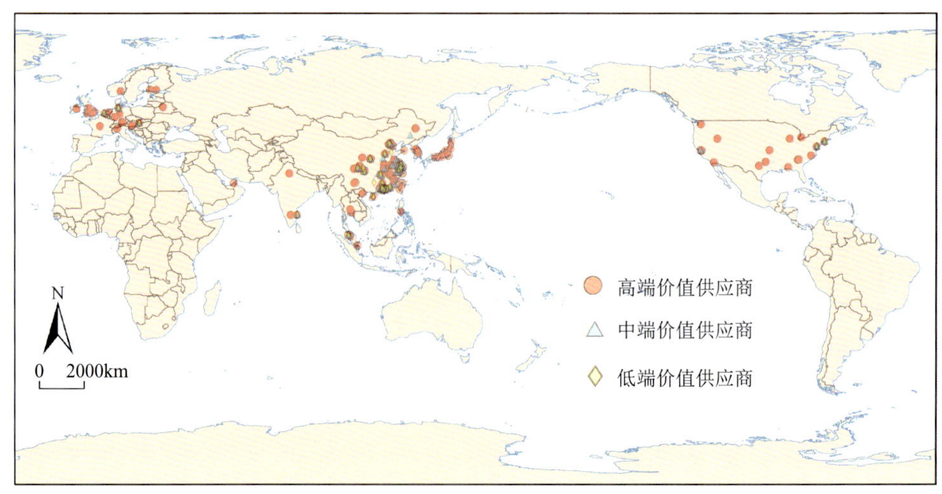

(a) 断供后供应商在世界范围内的分布

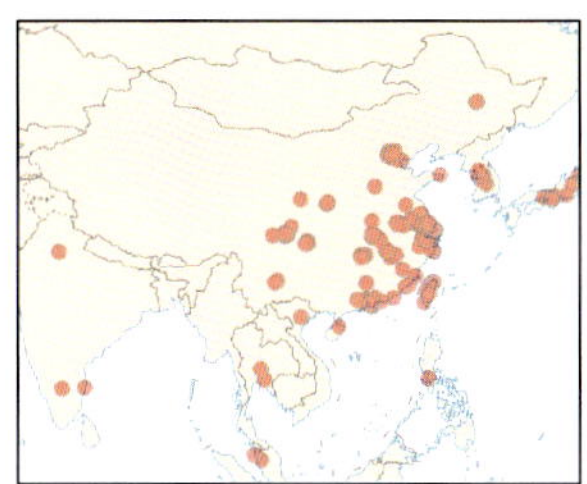

(b) 断供后高端价值供应商

(c) 断供后中端价值供应商

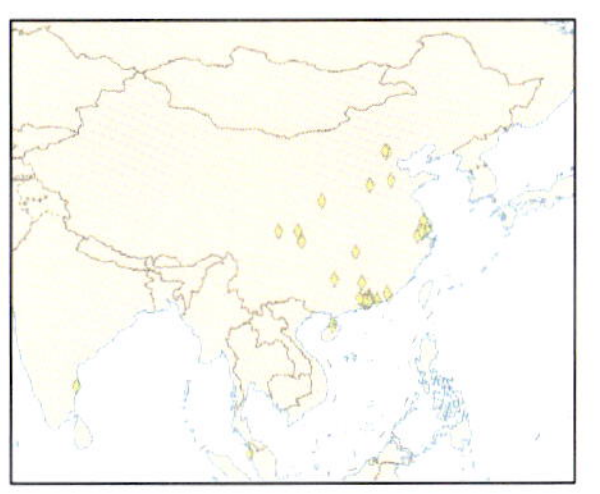

(d) 断供后低端价值供应商

断供后高端价值供应商	CPU（高通，圣迭戈；海思，深圳）、闪存（东芝，东京）、屏幕（京东方，北京）、触控显示与模拟芯片（韦尔股份，上海）、指纹识别芯片（汇顶科技，深圳）、摄像头芯片（索尼，东京；韦尔豪威，上海）、摄像头模组及镜头（舜宇光学，宁波；欧菲光，深圳；丘钛科技，苏州；立讯精密，深圳；联创电子，南昌）、存储芯片（海力士，利川）、电源管理芯片（圣邦股份，北京）、芯片制造（三星，水原）、芯片封测（长电科技，无锡；华天科技，天水）、GPU（海思，深圳）、射频芯片（卓胜微，无锡）、玻璃盖板（比亚迪，深圳；蓝思科技，浏阳）、陀螺仪芯片（应美盛，森尼韦尔）
断供后中端价值供应商	声学零部件（立讯精密，深圳；歌尔股份，潍坊；瑞声科技，香港地区）、电池（欣旺达，深圳；德赛电池，深圳；比亚迪，深圳）、PCB电路板（深南电连，深圳；兴森科技，深圳；沪士电子，苏州）、天线与无线充电（信维通信，深圳）、精密结构件（领益智造，江门；长盈精密，深圳；安洁科技，苏州；比亚迪，深圳）、导热材料（飞荣达，深圳；中石科技，北京）
断供后低端价值供应商	组装代工（比亚迪，深圳）、机壳（三环集团，潮州）、结构件代工（比亚迪，深圳）

图 6-8　华为手机供应商空间分布（断供后）

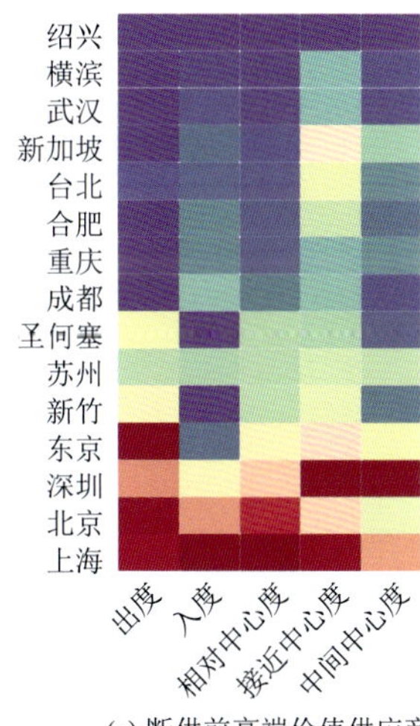

(a) 断供前高端价值供应商

(b) 断供前中端价值供应商

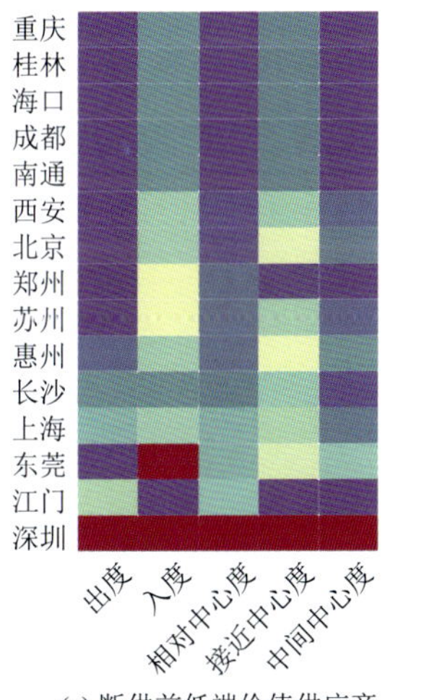

低

高

(c) 断供前低端价值供应商

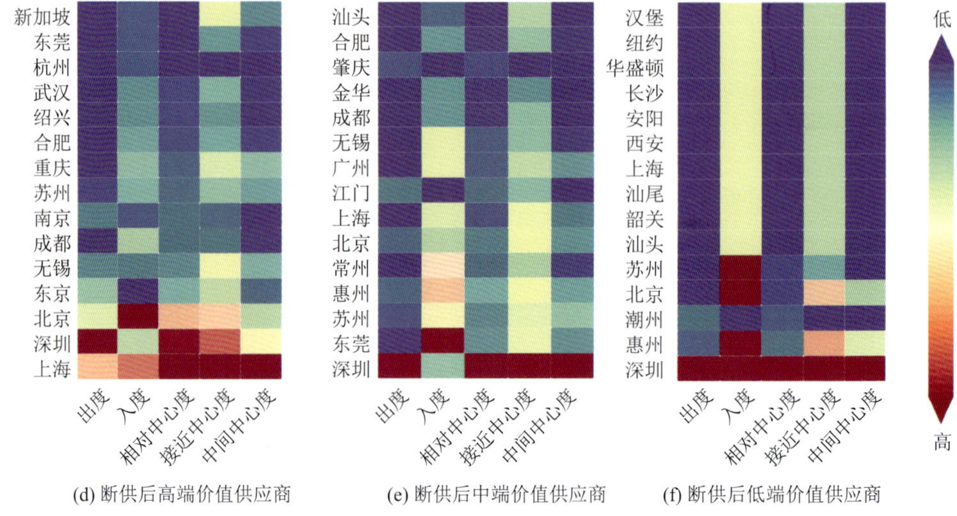

(d) 断供后高端价值供应商　　(e) 断供后中端价值供应商　　(f) 断供后低端价值供应商

图 6-9　断供前后不同等级价值环节的个体网络特征

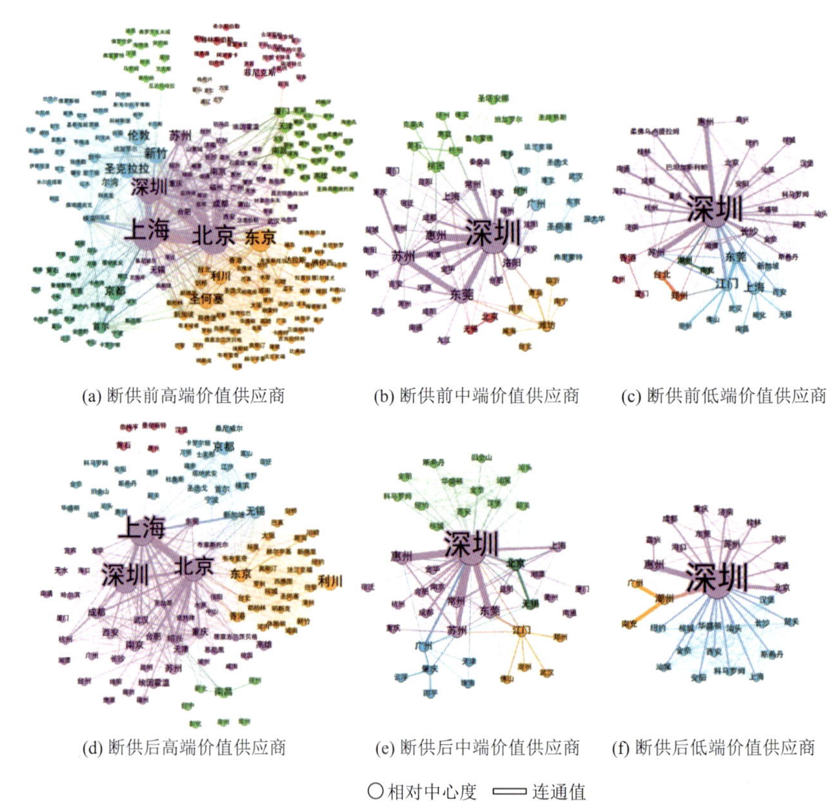

(a) 断供前高端价值供应商　　(b) 断供前中端价值供应商　　(c) 断供前低端价值供应商

(d) 断供后高端价值供应商　　(e) 断供后中端价值供应商　　(f) 断供后低端价值供应商

图 6-10　断供前后城市网络社群结构

注：相同颜色代表一个社区；点的大小反映相对中心度大小；线的粗细反映连通值大小，即城市关联强度